去美国读中学

留学美国中学全攻略

平　章◎著

人民日报出版社

图书在版编目（CIP）数据

去美国读中学：留学美国中学全攻略 / 平章著 . --
北京：人民日报出版社，2017.12

ISBN 978-7-5115-5151-1

Ⅰ.①去… Ⅱ.①平… Ⅲ.①留学教育－概况－美国
②中学－介绍－美国 Ⅳ.① G639.712.8

中国版本图书馆 CIP 数据核字 (2017) 第 305181 号

书　　　名：去美国读中学 ： 留学美国中学全攻略
著　　　者：平　章

出　版　人：董　伟
责任编辑：宋　娜
联系电话：（010）65369521
设　　　计：金刚创意工作室

出版发行 **人民日报** 出版社
社　　　址：北京金台西路 2 号
邮政编码：100733
发行热线：（010）65369527　65369846　65369509　65369510
邮购热线：（010）65369530　65363527
网　　　址：www.peopledailypress.com
经　　　销：新华书店
印　　　刷：北京中科印刷有限公司
开　　　本：710mm×1000mm　1/16
字　　　数：400 千字
印　　　张：23
印　　　次：2018 年 1 月第 1 版　　2018 年 1 月第 1 次印刷
书　　　号：ISBN 978-7-5115-5151-1
定　　　价：68.00 元

再|版|自|序

"平章"，在唐代是官名，意为共同议政，相当于宰相。我们的意思，一是"平"和"章"商议着写了这本书；二是，人生如此大的一笔投资、一个决策，我们努力做你们的高级幕僚，咱大家商议商议呀。

这本书的写作是源自帮助一个中学生联系美国的寄宿学校，从而引发了我们对美国寄宿学校的兴趣，以至开始非常学术地研究这些学校。当时是2006年年初，赴美中学留学现象方兴，对留学顾问公司来说也是全新的市场，对学生和家长来说更是摸着石头过河。读者需要系统的思路上的整合，而我们的初衷也就是想给大家沿河添块儿石头。没想到一石激起千层浪，我们的书应运而生，打开了赴美中学留学市场。

因读者的推动，我们所创立的平氏教育咨询公司风生水起。天下父母都是同样的心，希望孩子有一个光明的未来。在从事教育咨询行业的过程中，我们帮助学生，并和学生一起走向家庭、学校教育更高的成功，所谓"己欲立而立人，己欲达而达人"。从父母对子女教育的终点看起点，我们自己受益良多，心存感激。

在陪伴家庭成长的过程中看到：选择的路径不同，遇到的问题也不同。孩子的成长需要一个支撑系统和理性的关注。在从中国到美国转轨的过程中，不少孩子很好地利用了环境转换的契机和美国的优势资源，实现了自己人生的飞跃。但也有一些孩子，虽志怀高远，但因为缺乏系统的指导和有体系的能力培养，对新环境感到无力，对微环境无为，茫然迷失。如何让孩子成长为他最具生命力的样子，在新的环境中如何利用资源最大化地发展自己？成为了我们过去10年的课题。在我们的新版书中，增加了一些学生和家长对于成长的思考。

　　新增加的第八章《美国，一个新的开始》更试图以最顶尖大学选才的视角看学生，给读者一个角度和简单的索引，去探索自己家庭的价值观、人生经验的利用、教育的宗旨和最高目标，从而对每个家庭做出自己的决策提供一点启迪。希望打算出国留学的学生和家庭能有一个更深的思索和更系统的准备。

　　本次改版，我们主要修订了以下内容：

◆更新了相关数据；

◆增加了赴美中学留学失败的案例以及赴美之后如何规划未来的篇章；

◆根据实际操作案例，增加了更多的事例；

◆删减了关于考试报名、签证等操作层面的指导，增加了宏观思路方面的思考和建议；

◆根据申请情况的变化，增加了关于校园面试及第三方面试的内容

勿 | 忘 | 初 | 心

前　言

父母是孩子最好的学校。

不少读者觉得是我们的书帮助国人开辟了中学生留学美国的道路，甚至将我们的书推为申请美国中学的宝典。我们很荣幸能系统地指出一种可能性，并有机会和读者一起去思考和交流。但我更想说，我不反对什么，也不提倡什么。因为一切环境都可以是对，也可以是错，关键看当事者如何善加利用，是不是有能力善加把握。利用好了，逆境就是成长的梯田；利用不好，顺境也是溺毙天才的沼泽泥浆，更不要说逆境了。

优秀人才的成长需要一个支撑体系，而家庭就是它的田地。幼苗的长成需要经风雨、长见识，但高质量的引领、陪伴和一起成长才是关键。孩子需要同行者，他们需要的不仅仅是同学、老师、设备这些优质资源那么简单。

我们有幸遇到一批中国最优秀的青少年，他们意气风发，志存高远，脚踏实地。截取我和一个优秀学生加菲的一段对话：

"大家把你作为成功的标杆，会动辄和你比，说我和他分数一样，甚至更高，他会的我也会，他不会的，我也会……大家都把你的外在成果作为标准，其实他们不明白，你的核心竞争力在哪里。"

加菲接得很快："核心竞争力在家长。"

我深深认同加菲的感悟，也感叹自己进一步看到了这个孩子核心竞争力的另一部分：感恩的心，和父母良好沟通带来的彼此深切的接纳和认同。我本来想说的是："你对自己认识客观，父母给了你到位的引领、充分的自由。"

加菲认为，自由人才有可能成长为有创造力、有想象力的人，他说："从小在家里就有自由讨论充分发表每个人意见的氛围，大到上什么兴趣班、学什么乐器，小到选择玩具，父母从来都是提供多个方案和利弊，让我自己思考后选择，遇到分歧总是协商确定，一旦选择，除非有特殊原因都要坚持到底。无论是在国内还是在美高（美国高中），我不喜欢仅仅针对学科竞赛大量做题，父母始终支持我；我不想让自己的学业和社会活动安排仅仅围绕申请大学一个中心，父母也无条件地支持我，让我始终拥有发现自己兴趣和理想的自由，让我在物理的探索上可以走得更远。"（加菲2016年秋开始就读斯坦福大学物理专业）

有远见卓识的家长造就了对这个世界有担当的、对事情本身有热情的孩子，他们在人生的整个早上都在努力建设自己，而不是为了争名逐利、华丽包装而去耗尽所有的精力。大学，也只是另一片田地。

当孩子被社会的、家庭的、成长过程中的经历教育得过于急功近利，他们的成长难免会被压抑。被长期压抑的人，无法从自己所做的事情上、从自己优秀的同行者的精神里汲取激情和动力，来感受自己、感受他人、感受事业，从而进一步激励事业的辉煌。他们永远达不到自己发挥潜能的巅峰。

教育或者说学习是一个人成长所必需的，那么家庭和社会该如何造就一个成功的人？唯一可以肯定的是，没有简单的配方，没有单一的答案。但探索自己、探索自己和世界的关系，增长能力，是通往可持续发展的必由之路。美国的学校学习为学生和家庭提供了这种可能，而且这种探索本身就和学校学习是并行不悖的；内心的成长和外在的收获是可以并行不悖的。在探索之路上，需要同行者，更需要适当的指引和支撑。

加菲爸爸妈妈是加菲认可印证的优秀同盟军，他们的思索希望对大家有所帮助。这是加菲妈妈写的一篇文字，和读者们分享：

2012年9月5日。加菲开学注册完毕，正式入住Exeter学校宿舍。我第一次也是最后一次感到惶惑和悲伤，泪如雨下，喃喃地对先生说："我们就这样把即将15岁的儿子留在了一万公里之外，未来绝大部分事情都将由他自己来面对和解决，我们触摸不到，也帮不了他，我们只能祝福他向着幸福的方向去努力。"

如今，加菲同学留美已经整整四年，他在学业、人际交往、心理成熟度等各方面都让我们非常满意，他自己也非常享受美国高中的生活，入学一年后他就说：不来才会后悔呢！但作为父母我们仍然会私下讨论放手还是紧握的问题。

当很多家长跟我抱怨孩子对什么都没有明显兴趣的时候，不知道喜欢什么的时候，面临选择难以决定的时候，遇到困难不会主动寻求帮助的时候，有没有回想一下孩子的童年和少年时期，自己有没有给过孩子自我判断和选择的机会？自己是不是都包办好了一切事情，他们只要照做不误就行了？如果是这样，孩子无论是高中还是大学到国外，抑或是留在国内，都会面临共同的困境：当周围没有人再替他们做决定了，父母鞭长莫及了，孩子就难以适应了。

在期待已久的、对我们家庭做出少年留学决定影响最大的《去美国读中学》再版之际，我和加菲爸爸发自内心地呼吁中国的家长们，无论孩子将来是否留学，都应该在家庭中营造独立思考、平等协商的氛围，从小给予孩子更多试错的机会和信任，那样的孩子无论在哪里都一定会给我们带来惊喜。

去美国读书重要吗？去读哪所学校重要吗？让我们回过头去思考教育的本质，思考我们教育的出发点，答案显而易见：父母才是最好的学校。诚能如此，一个资源更丰富的轨道，会造就更高远的发展可能。

所以，做出选择固然重要，更重要的是不忘初心，才能做到不随波逐流，一路陪伴。

目 录
contents

|实|战|篇|

上

| 策 | 略 | 篇 |

写给那些爱孩子、期待孩子有更美好未来的父母们！

第一章
为什么去美国读中学是很多人的梦想？

有个盲人摸象的故事，说有几个盲人一块去看大象，但他们全都只摸了大象的一个局部就走开了，然后聚在一起争论不休：有的说大象像城墙，有的说大象是柱子，还有的认为大象是蒲扇、水管。

有人给这个故事补充了一个尾巴——还有一个盲人由于某种原因无法过去摸象，于是他听了其他盲人摸象的感觉，把他们提出的看法作为原始材料，去粗取精，去伪存真，综合一下，再加上深入推理思考。

首先，他去打听，进贡来的大象是什么东西？原来是一种动物。在确定大象是一种动物后，那柱子似乎可以看作大象的腿，城墙听起来像是身子，蛇可看作大象尾巴，蒲扇可能是大象的耳朵，而水管该是鼻子，这样一来所有其他人摸象得到的特征，就全部有了合理的解释。

因为中间夹杂了中美体制、文化背景、国情、人种、价值观等等的不同，没有亲身经历过美国基础教育的中国人谈起美国的基础教育，就好比有十个人在一个房间里，十个人谈的都是一件事情的不同侧面，这恰如盲人摸象。

由于各种主客观条件限制，打算留学海外的学生和家长能摸一摸的范围，比故事中的盲人更少，因而我想，仅仅依靠自己进行的个别观察，加上一知半解的局部资料，就对这么大一件关系到孩子的未来、家庭大笔投资的事情做出结论，总有不妥。

孩子终究不是实验品，而成长，也是不可逆转的，既然谈这么宏观的决策，就该尽量有个理智、科学、全面的了解。大家最终得出的结论可以见仁见智，各不相同，但希望我们的"纸上谈兵"能够帮你走完这段历程。

随着中国经济发达程度越来越高，作为人生的经历和教育上的长期投资，出国留学的人也越来越多，在国外攻读学位、获取宝贵经验后，大部分学成归国人员展现了他们在国外所接受的良好教育带来的更高素质，主要表现在以下几个软实力方面：见识、语言沟通能力、生存能力、文化兼容度。

作为科技水平最高、教育资源最发达的国家，美国成为国人留学的首选目的地。图1-1是英国泰晤士高等教育评价机构公布的2016-2017年世界最好大学排名中上榜的美国大学在世界同类排名大学中所占比例和数量。我们可以从中看到排名越靠前，美国大学所占比重越大。前二十名的大学中有十四所是美国大学，前十名大学中有七所是美国大学（包括并列）。泰晤士高等教育评价机构以教学、研究和国际融合度（例如国际学生、教职员数量）作为标准，数据显示美国一个国家竟然拥有全世界近一半的顶尖大学教育资源。

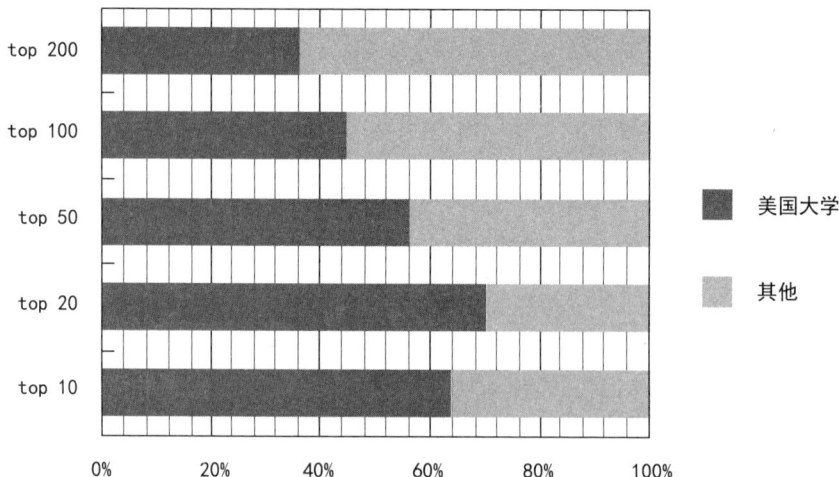

图1-1　世界200所优秀大学中美国大学占比

世界优秀大学的分布强有力地证明了美国作为全球教育中心的地位，从而成为很多学子向往仰慕的地方。2016年，在美国的中国留学生达到35万人。提起出国留学，传统上往往是去攻读大学、研究生学位，自从2006年以来，中学留学开始进入人们的视野，并逐渐形成一股新的潮流，十年来低龄留学人数增长了700 倍，达到近 5 万人。

● **承前启后的中学教育**

毋庸置疑，中学教育在一个学生的整个教育过程中起着承前启后的作用。中学阶段是长知识长身体的重要时期，也是世界观逐步形成和能力培养的极好时期。中学生留学潮从一个侧面反映出家庭对中学教育的重视加深，家长希望孩子从思想、品德、学术、语言和文化以至视野等多方面接受更好的教育。

另外，中学，特别是高中阶段，是为进入大学进一步深造作最终准备的阶段。现实的考虑就是将来在国外申请当地大学时更有优势。所以，学生和家长在这一阶段也非常关心学生发展的一贯性、连续性、可持续发展性，最终目标往往瞄准了世界一流名校，把中学留学看作一种对孩子未来的长期投资。

● **中学生留学现象**

中学生出国留学人数逐年增加，其中美国又成为越来越多学生和家长的首选目标。到底出国读中学有哪些好处？去美国读中学为什么是很多人的梦想呢？选择中学留学美国，进一步增强全面的综合素质，加上本就比较过硬的基础知识，再利用留学时间好好在英语环境中提高英语，然后把握住申请美国本土大学时的优势，很多学生、家长都觉得赴美一途名校在望。实际情况是怎样的呢？美国的中学教育到底是什么样的一种情况？中学留学美国的利弊怎样权衡？十年来中学留学的先行者们遇到了哪些问题？又取得了什么样的成绩呢？为了能让大家根据自己的实际情况做出理性判断，请允许笔者与您一起从美国中学教育的整体状况谈起，从而为做出理性的留学决策奠定基础。

第一节　美式教育理念

（一）教育目标起到了决定作用

美国教育的教学目标和中国的情况有很大差异，这也就直接导致了结果的差异。总的来说，中国采用灌输式教育，在知识方面是非常严谨、系统的。这种教育的结果保证了大批中等和落后的学生跟上进度，按部就班地成长，但缺乏对创造力和探索知识自觉性的保护和激发，缺乏对开启智慧的重视和切实可行的方法论。

被奉为素质教育楷模的美国，基础教育首先教的是最基本的通识，以训练出最基本的思考能力为目标，中学的教学模式是以研究为基础的教学，采取启发、激发和开放式教学，知识的普及和传播并不是最终的目的，只是学习过程中的一种"副产品"，更重视培养学生的自律性、自觉性和创新精神，基础知识的积累完全靠学生自己。这种方式使聪明的、悟性强的孩子越来越拔尖；但同时，天资弱一些的、找不到动力的孩子在知识层面越来越落后，没有适当的知识基础更谈不上很强的学习能力。这种教育实际是一种精英教育，使顶尖人才有发挥才能的余地和可能。

（二）灌输还是启发——启发的是什么？怎样启发？

西方教育理念认为，孩子通过平衡的工作和系统的生活，从中得到的学习经验会建立一个健全完整的人格。其本质是反功利的，是追求人的潜能在更高层次上的自由发展。

很多中国的学生到了美国后会发生这样的困惑：这所学校是不是有问题呀？怎么这么浪费时间？一周三天出去打比赛呀！更有不少开始了解美国学校的学生会问：这学校是不是体育学校、艺术学校呀？没看他们怎么介绍自己的学业成就，就看它介绍学校在运动方面的不懈努力了。

其实刚接触美国中学教育的时候，我也有过类似的困惑：美国学校对绘画的重视同中国对学术、分数的重视可有一比。中国学校里开家长会是分数名次展，美国学校是艺术作品展——题材、体裁、风格多样，也具备相当水准。终究真正从事艺术工作的人少之又少，而要成为艺术家的更是非常稀有，但学校对艺术的重视到如此程度，这是为什么呢？

渐渐结合西方教育理论体会到，教育只有灌输非功利性的创造精神，才有可能培养学生对自然的好奇心和探索欲，才能培养出一流人才。而艺术是独特的、美丽的、富有创造性的，能以准确、生动、鲜明和优美的形象来表达人们的思想感情和理想境界。受到艺术熏陶的孩子，心里多的是爱与美。所以他们学习的并不仅仅是艺术理论、技巧，更重要的是对自我的表达、对美和自然的理解，通过作品带给孩子们延伸了的想象空间和启发。这种熏习，暂时不一定以成就的方式显现，但影响深远，潜移默化，渐渐表现在他们的学习中、思想上，甚至行为处事的美感。从美国学校重视艺术的视角，不同文化背景的我们可以更直观理解发生在美国教育体系里的目标和思路之间的关系——美国整体基础教育思路重视公民素质，追求人潜能的充分发挥，发展人的想象力、伦理、道德和社会责任感；手段是吸收人类文化的精华以丰富思想、锻炼思维、发展表达能力；培养是以整个人为核心的。当一个人的整体层次提高了，就可以做好很多事情。

诺贝尔化学奖获得者美籍华人钱永健的创造发明横跨化学和生物两个领域，他说："我喜欢色彩，也喜欢音乐。"钱永健相信，正是艺术的感性与科学的直觉一起，才让他在细胞生物及神经生物方面做出了如此革命性的贡献。

很多人认为美国数学和理科比中国学校"学得慢"，在中国科学课只用十分钟就可以完成的一个知识点，在美国是学校一星期的课程。事实上，由于教育的轨道和思路不同，所以学习的内容不同：美国数学和理科教习的更多是方法和逻辑，比如实验推导结论的方法，进行实验记录的方法；而我们中国课堂上学习的直接是结论而几乎省略了动手制作、体会和思考的全过程！美国的科学课有很多实验时间，在照着书上的程序做的时候，学生学着遭遇困难、解决问题，习惯于尝试成功同时也体验失败；在自己动手的全过程中，学生学会思考、选择，寻找失败的原因、克服种种困难。如此学到的原理，不再是书本上的抽象定义，而是包含着自己亲身经历和真实体验的道理。

文史课的要求又超出中国学生的能力：小学初中已经进入社会调查和分析领域，有的作业题目可以让我们国内的研究生咂舌。这些源于美国学校从小就开始学习按规范要求查文献、写论文、搞社会调查、写调查报告。美国学校更注重人文素质的培养，认为人文素质是构建创造能力的总支撑，更重视交流、互动、表达与方法。

（三）差距就这样拉大了

美国社会的发展依赖于精英，美国学校实行精英教育，所以整个教育系统为那些有非凡天赋的学生提供了一整套的特殊教育管道。这种管道就被称为"天才教育"。其具体的方法有多种，一种是让参加这个项目的学生，在一周中从正常上课时间中抽出几次，参加内容较深的兴趣课程，这种做法在小学阶段较普遍。另一种是以艺术、数学或自然科学为特色的特长学校，向学生传授相应科目更深入的知识。所有州都要求开设天才教育项目，大部分还提供资金支持。被纳入这种"天才"计划的学生数目因州而异，从 5% 到 12% 不等。大学的招生政策和提供给高中学生的资源中也在不同程度上对此有一定的扶持作用。

美国中学生存在两大分化现象：学校和学校之间的巨大差异，个体和个体之间的巨大差异。美国中学生的平均水平在世界排名并不靠前，但同时美国为世界培养了很多各行各业的顶尖人才。在美国，最优秀的学校表现非常突出，而差学区的学校由于学生、家长的期望值不高，使学生和学校都缺少要求与动力，水平非常有限。再加上从法律和文化上，老师对学生过分"尊重"。正是针对这种巨大的差异问题，布什政府于 2002 年提出了《不让一个孩子落后》的联邦教育法案。

美国重精英、重天分的教育体制，深具优越性的同时弊端也暴露无遗。美国是个金钱万能、消费主义盛行的社会，在学校教育中，学生和家长还往往抱了消费者一样的心态：我付出了就该收获到高分；同时美国崇尚自由、尊重个体，老师和学生的地位是平等的，没有适当的"师道尊严"，老师难以"管"学生。而大量的普通学生由于社会资源的丰富，生活优裕，本身缺乏危机意识、学习动力。所以，我们要知道，美国的教育并不是完美的，和中国一样，美国的教育界也在不断反思自身的局限性、存在的问题，寻求提升。

从整个社会氛围来讲，美国的社会价值观多元，承认人有各种能力水平，并不像大多数中国人认为的那样——只有"高考"才是青少年成才的途径，"万般皆下品，唯有读书高"。美国家长认为孩子学习固然重要，但并不是最重要的，社会生活、文体娱乐不可或缺，可以说比学习更重要。而学校老师呢？是不会去逼学生的。美国社会是一个过分强调自由和自由选择、自由发展的社会，所以这一路下来，学生两极分化现象很严重，所谓强者愈强，弱者愈弱。强的，在高中已经进入科学领域的最前沿去遨游；弱的，连本国语言的简单句和拼写都可能搞不清楚。能修够学分毕业很容易，但同样是高中毕业，所学课程的深度、广度完全不同。不想挑战自己的学生修够简单的学分，在学校互联网上度过大把剩余时间；有自我约束能力的学生，从10年级已经修习大学先修课程和荣誉课程。

美国学生里的精英，或者说，知道自己要做什么、有很高自我约束力的那部分人，同时保存了真挚的对自然的好奇心、对知识探索的欲望，最后有机会发展成为才华横溢、能文能武、广博多闻，有才干、有道德、有雄心的顶尖人才。正如我们所知道的，美国在研究生阶段支付奖学金从海外招收大批工匠型的高级人才，也许正是因为这种制度，才需要填补中间力量的不足。

在世界上，中国父母对孩子教育的重视程度是难有匹敌的，大环境加上小环境，使得在美国的华裔后代经常会有突出表现。在美国中学享有最高声誉的英特尔科学英才竞赛中（Intel Science Talent Search），每年华裔选手都能达到10%～30%左右的比例。2015年度进入决赛的40名选手中，华裔学生获奖者有13名，而华裔学生只占美国学生总人数的1.4%！

美国教育注重学生的全面发展，也给学生提供自由自主设计的空间，学校鼓励学生参加校内外的各种社会活动，通过各种活动了解社会、锻炼能力。这些活动都是由学生自己或社会机构来组织的，如参加学生会、兴趣小组、体育俱乐部、童子军、当图书馆助理员，到政府部门、公司、医院、慈善机构去打短工、当临时工或义工。除了学校的鼓励和推动，大学录取学生时也从这些方面衡量——学生有没有很好的活动能力、领导才能和社会责任心，是不是一个德智体全面发展的人。通过这些课外活动，学生学到了一技之长，增长了社会经验和组织才干，同时也能得到推荐信，这会为他们以后进入大学，尤其是名校，打下良好的基础。

琼（Joan）是美国生的中国人（简称ABC），家住纽约，被包括4所常春藤盟校在内的共9所大学录取，最后选择去麻省理工大学。琼一直就读于所在学区的公立学校。她的父母都是早些年到美国读研究生的中国留学生。11年级时，琼选的6门课都是大学先修课程（AP），父母对琼的选课不太满意，因为琼计划11年级把所有的"美国高考"考完，那么重的AP课挤占了琼"美国高考"的复习时间。美国长大的琼的思路比较偏向美国的校园文化，和在中国接受教育的父母的考试观念格格不入。琼喜欢学习有挑战性的课程，还考上了周末哥伦比亚大学生物课。琼有很多业余爱好，周六下了哥伦比亚的课还有田径、游泳比赛或者划船活动。周日去教堂学《圣经》，晚上参加救护培训。因为都是琼的爱好，自己的选择，琼的生活忙碌而有趣，不会觉得有压力，也没有觉得一定要达到什么程度，虽然琼在一些比赛中拿到过不错的名次，但像她考SAT的态度一样，有什么程度就是什么程度，自然展现。

琼所在的学校11年级有200名学生，琼大概在前10名上下。结果正如琼的父母所料，琼的"美国高考"SAT成绩不是最好，不论SAT I还是SAT II都是每门700多分，算是不错，但还是有很大上升空间。

可以设想，像琼所做的事情都是自己追求的、感兴趣的，所以效果很好，如果琼不去做那么多事情，也不会有谁去逼她、压她，那么少做90%的事情，她也仍旧可以毕业、上大学。大家可以把琼理解为比较典型的美国式"校级三好学生"：学习上，随着轨道自然成长最后挑战自我；活动上，自然探索，有兴趣，有一些小成就；态度上，努力，同时比较自由而本然。

像琼这样成长的学生是有她成长和发展的土壤的。首先是人均资源的差异，美国人均教育资源丰富，关键问题是你想学习吗？你想学习什么？

另外就是产业特点决定了校园文化和教育轨道的不同：中美教育教学目标的巨大差异，与中美两国国民产业结构的不同所造成的对人才知识结构需求的不同是息息相关的。美国超过三分之二的工作机会来自第三产业，而第三产业的特点决定了人才更注重自发自主，有较强的沟通能力，而对纪律性的要求不是很高。随着中国工业化和现代服务业的发展，中国对第三产业人才的需求也在明显增强。

第二节　从中学看大学

在低龄留学的人群中，不小比例的家庭在做这样的打算：到美国读中学，做好充分准备，将来可以考上美国的常春藤。为了实现这个深具挑战性的目标，我们就要了解美国大学的现状。

在美国，接受大学教育的机会十分普遍。近年，美国在册的四年制大学和研究生人数平均在 2000 万人左右，其中在校适龄大学生（从 15 岁到 24 岁）为 1200 万人左右（来源：美国统计局）。美国青年接受高等教育的比例在工业化国家中也处于领先地位。据美国高等教育鉴定委员会统计，全美高等院校超过 6500 所（包括两年制的大专和社区大学），其中 3600 所为四年制大学，可颁授本科学位。美国国务院称，具有宽度、深度和广度是美国高等教育制度质量的关键。美国大学生在学业上享有最大限度的自主权、主动权，可以充分发挥潜力与特长。比如哈佛大学有 3500 门选修课供本科生选择，康奈尔大学有 13000 名本科生，供他们选择的课程达 4000 门。这种可选择性充分保证了学生有机会发展兴趣、发挥特长、进行自我设计。

历史上美国人认为大学课程与就业的关系不应"过分密切"。大学教育不是职业教育，它更应该提供一种"共有价值和知识体系"。美国大学以"大"为本，强调学生要接受除本专业以外的范围宽广的文理自由教育。

在一个技术突破、学科高度专业化、职业化日趋强化的时代，还需要具有广泛背景和良好推理交际能力的综合型人才吗？美国的教育理论家也在同全世界一起探讨这个问题。现在美国大学教育界的主导理念仍旧是自由教育，目标是把学生塑造成具有好奇心、有反思能力和批判性思维、至少能在一个知识领域中进行专门深入学习的人；能够多视角地认识自身和周边世界，为人生打下知识和技能基础，使之能享受到终身学习的乐趣并能适应环境的变化。

一般来说，学生在低年级有机会学习较为广阔领域的知识：自然科学、社会科学、政治、美国文化等。到高年级才开始专业研究。专业可以换，学校鼓励学生学习专业以外的科目，经学历委员会审批学生可以根据兴趣自己组合专业；更可以同时申报修习一个专业加一个辅修专业甚至两个专业。

所以，在美国读大学涉猎的知识面比较广，对社会文化可以有比较全面的了解，对一个人的整体塑造和成长是非常有利的。

同时，美国大学学士学位相对比较难拿。高等院校实行学分制，学生需要进行大量的阅读，通过考试，并最终完成各课程的论文。这对语言和学业帮助很大，但同时也是很大的挑战。那才叫大考三六九，小考天天有，可以说和国内大学情况完全不同。"北美留学生日报"公号上有篇很好玩的微信文章写道："只要学校选得好，年年期末像高考。"在一定程度上描绘出了学术较强的美国大学严肃的紧张的有挑战性的学习生活。对于母语非英语的国际学生来说，文化、语言、学术轨道上的巨大差异，都需要适应，进入大学还只是开始。如果中学期间没有做好充分的准备，语言没过关、主观能动性没有建立起来、文化差异不了解不适应，那用读大学的投资读出语言补习的效果或者更糟，就完全不是接受美国精英大学教育的初衷了。

（一）同样是大学，差别可以很大

美国大学的教育水平有一个很宽泛的幅度。既有强中自有强中手、入学竞争非常激烈的常春藤盟校等为数不少的顶尖名校；也有门槛儿低、开放、多样、入学条件灵活的社区学院，这类学校的学生占在校大学生总数的40%。

在加州既有世界著名的加州理工、加州大学伯克利分校、洛杉矶分校，也有像圣巴巴拉城市学院这样的学府。在圣巴巴拉城市学院这样的大学，即便是国际学生，高中毕业后也无需考试，只要根据个人程度，上10-42周的英语为非母语的ESL（English as Second Language）课程，同时上一些过渡性文理课程，然后"专接本"，升入与该学院有升学协议的四年制大学，就能完成后两年的本科学业。

社区学院教学设施和师资相对稍弱，关键是学生程度参差不齐、流动性大。但它作为大学教育、职业教育、成人教育的综合体，充分适应社会发展的各种需要并以较低廉的费用向更多的人提供受教育的机会，为普及高等教育做出独特贡献。当然美国还有大量介于名校和社区学院之间的高等学府，也各有自己的特色。

从学费上看，从社区大学到私立大学，四年学费用度从 5 万美元到 20 余万美元不等。成绩好的国际学生也有希望获得各种数额的奖学金，其他还有助学金和校内工作机会。奖学金可以由学校授予，也可以由州政府、国际组织提供。美国每年奖学金的发放总额约 80 亿美元，但大学阶段特别是国际学生获取奖学金的机会是很少的。

在美国读书的国际大学生，学费主要有以下几个来源：第一是由家庭资助，占 80%（相应的研究生的数字为 48%）；第二是学校基金资助，占 8%；第三是所在国政府，占 5%；并列第三的是各种私人机构，占 5%；其他还有少数是从美国政府、双边机构、国际组织得到的。关于国际学生在美国可得到基金资助的途径的资料，可参考 EDUPASS 组织的网站：http://www.edupass.org/finaid/sources.phtml

美国本科生中有 78% 打工。打工者不分年龄、性别、种族、民族，不管家庭收入高低、是否依赖父母、是否是全职学生、私立还是公立学校。他们平均每星期工作 30 小时。亚裔学生打工的比例最低，为 68%，比其他族裔的美国学生低10%。打工不仅是学生挣取学费的需要，更是学生学习了解社会、承担责任的需要，更是为大学毕业后找工作铺路。

从高中直接读大学的四年制大学全职学生，只有 35% 的人能在 4 年内完成本科学位，56% 的人能在 6 年内完成学位。这也和打工有一定关系，调查显示，如果每星期打工时间超过 20 小时，对学业很可能会有负面影响。

美国大学之间转校比较容易，当然从次一级大学进更好的大学仍旧要提供高学分、标准化考试成绩，满足一定的条件，而且有些学分甚至有可能不被承认。

（二）顶尖大学的招生程序与招生视角

既然去美国读中学是奔着美国的大学名校去的，我们就不能不说这个话题。

中国家长最关心的事情之一是，谁在和我的孩子竞争常春藤有限的名额？显而易见，最简单的逻辑：美国的顶尖大学整个教室 60% 都是亚裔，那是不可能的。所以，大家关心的焦点是：针对中国大陆到底有多少名额？我的孩子去美国就读高中是算哪儿的名额？如果孩子有绿卡能加多少分？

4 年各学期成绩列表、3 类标准化成绩、2 封推荐信、1 个活动列表，种种自述文书。作为一个优秀的学生，当然要通过广泛深入的学习，通过和一流的同学交换思想经验，来完善自己知识结构，这是非常有效的，但自己什么样，和其他一流同学有什么不同，是要花时间探索的，这样才能真正发展好自己。如果我们还是抱着找标准答案的心态走过美国中学教育，去寻求最顶尖高等学府的认可那肯定是在舍本逐末。必须能很好地回答一个问题：我究竟是一个什么样的人，在高中得到了怎样的成长？是不是发现了自己的优势？是否拼命提高自己的优势并发挥到极致？

因为成长，所以具备了看待世界较高的意识维度，把自己的探索和理解通过走过的道路和成就呈现出来，帮助想了解"你究竟是一个什么样的人"的招生官描绘出数字和文字背后的故事和细节，帮他们解读自己的真实表现。在竞争激烈的顶尖级别的竞赛里，比拼的不是短期的准备和各种"包装"，而是长期系统的培养造就的真实成长。在这场竞争里，优异的平时成绩是必要不充分条件，因为好学的学生成绩好是必然的结果。如果花那么多时间假造一个不存在的人，付出很多违反自然的努力，自己又得不到应有的建设，肯定是费力不讨好的。

曾任哥伦比亚大学学院院长助理的程星教授，出版过一本《细读美国大学》，他有超过 20 年在美国各类大学担任高校管理、研究与教学工作的经历，任职单位包括科罗拉多州政府的社区学院系统办公室、加州大学、纽约市立大学和哥伦比亚大学等。程教授书中专门论述过"常春藤的光环"，笔者曾有幸采访了这位常春藤招生的资深圈内人，他讲的一句话对大家来说很有参考价值："千万不要听信谁说他有进入常春藤的配方，还是花时间探索自己来得更真实可靠。"

美国学生可以同时申请多所大学，国家没有统一的招生机构，录取工作全部是由大学自己做主，负责大学录取工作的是各大学的录取委员会。"高考"没有全国性统一考试的时间，一般大学都接受的 SAT（Scholastic Assessment Test 学术水平测试）或 ACT（American College Testing 美国学院测试）是当今最为主要的两种高校入学考试。一般来讲在这两个考试里总成绩进入前 5% 也是入学的必要不充分条件。

对国际学生来讲，语言考试关也是必过的一道门槛。托福取得不错的成绩也是非常重要的，它是美国大学考查国际学生是否能顺利完成学业的基础保证。TOEFL100 分以上是必要的，最好能达到 110 分以上。

国内传媒由于文化差异往往对分数表现出更多的关注和追求，经常有报道说某某满分考上哈佛，但我们要知道被拒绝的学生中标准化考试满分、学校成绩优异的也是很多的，如果哈佛打算把学生都收成 SAT 满分的，它完全可以做得到。

美国大学更希望看到一个"运转"良好的个体，他多才，有自己的追求和突出的特点。故而很多大学又宣称"高考成绩"在录取过程中所起作用不大，这样一来我们中国学生就真的无所适从了。美国大学不看考试成绩到底看什么呢？作为一个人，他优秀的思考能力、他在行动里所体现出来的社会责任感及自我认同感等这些精英品质是顶尖大学更为重视的。

因为这里夹杂了文化的差异、着眼点的区别，我们不如这样翻译：考试分数不是百分之百起作用，不是唯一重要的因素。但对想进入更有选择性大学的普通学生，标准化成绩仍旧是基本的和比较容易达成的一个指标，另外，每个学校看同样分数的角度、权重、看法也是不一样的。换言之，对于绝大多数普通学生来说，考试成绩是最容易来说明自己状况的东西。比如有些学生想以体育成绩使自己突显出来，那也是完全有可能的，但体育更是具有高度竞争性的，若是只有几年、甚至十年的某项运动的参与历史，也难以直接越众而出。

说到成绩，大学招生也不是仅凭一次"高考"的分数。总的来说，对一般学生，笔者认为标准化考试的成绩在录取决策中起了敲门砖的作用，它说明了学生的学术学习程度和智力水平。这些分数是美国大学所能得到的、可以用以直接比较不同地区和学校学生成绩的最重要标准。

录取委员会同样重视学生高中历年的学业成绩，尤其注重成绩有无上升的趋势，并以此来判定该学生进入大学后能否顺利毕业。所以学生在 9-11 年级的表现，包括 3 年内所学课程的数量、深度、考试的平均成绩、在班级中的名次都是重要指标。谈到平时成绩、年级名次，非常有经验的诸位肯定就会提出疑问：那学校大小不同、水平不同、老师不同，有紧有松，岂不差别巨大，怎么做到公允？美国的名校自己设计了一套排名转换系统、学术排名公式，以资更科学地看待不同学校、不同地区、不同背景的考生。比如某年度，2000 名各校毕业班第一名学生申请普林斯顿，其中不到三分之一被录取，而著名私立寄宿学校菲利普·埃克塞斯特学校（Philips Exeter）的三分之一毕业生被常春藤盟校录取。

SAT 成绩的决定作用，只是在一个比较宽泛的范围内起作用，比如哈佛，SAT 每个部分得分都超过 600 分的，排名在前 35% 的申请人可以初步入围，这样通过分数只是筛掉明显不合格的学生。接下来，顶尖学校招生官更希望看到学生的特色，并看到这种特色可以以什么样的形式贡献学校社区。以他们招生的程序看，是有个基本的分数线的，但超过这个分数线的学生数多于实际招生数几倍，还要再视每个个体情况做出不同的考量。怎样从众多的考生中脱颖而出？才艺、学术自不必说，生活的艰辛、环境的恶劣也是可以考量的因素。那些单亲家庭、吸毒家庭成绩比较好的孩子，比一个普通家庭出来的学生有更大的机会被名校录取。比如一个女孩，父母都进了监狱，这个女孩一度没有住所，天天在地铁里往返乘坐，她原来学习很差，在困境中她发生了很大变化，最后竟然被哈佛以全额助学金录取。这样的学生，SAT 成绩即使不理想，但比一般人考满分说不定都更有说服力，因为在他们的分数里看到了个人奋斗、自我约束、自我要求，所以不能光看分数，还要看分数里的含金量，仅仅会读书，SAT 考满分也不一定能被名校录取。所以说美国人对这个问题更看重个人的全面发展和潜力、趋势。另外，美国著名大学校友捐赠历史悠久，校友募捐是美国著名大学发展的重要资金来源，故此，对校友和捐赠人的子女也有相当程度的优先考量。

总而言之，一个好的学习成绩为你被优秀学校录取奠定了坚实基础，但仅仅有好成绩还是不够的。特别是对成绩不算最突出，处于两可之间的那部分学生，如何展示出一个与众不同、特性突出的自己，就变成能使录取天平倾向自己的有力砝码。这么说吧，在一个学校的候选学生中，你的成绩不是最好的，你肯定不是智力水平不如人，那么你的时间到底用在哪儿了？所以，是否有独特见解、是否全面发展、是否有创新精神和协作精神，成长构成中有无艰难险阻，能否给该大学增添新的内容，包括诸如学生具有艺术天分（被认可的作品或者凸显了创造力）、体育天分（国家级以上的比赛获奖），或者有领导才能（带领周围人群为了同一目标做出有创造力的事情），有社会责任感（在社会服务上有所建树）等等成为中等候选人的最主要评定标准。

申请表以及命题作文（Essay）是申请人表现自己独到之处的好机会。另外就是推荐信了，推荐信也是必不可少的。为人、言谈举止、风度修养、生活中遇到挫折困难的态度和奋发精神，都可以让你在最后激烈的竞争中让招生官员的天平倾向你。有的大学在录取新生时，还要进行面试，从各方面来衡量一个学生的综合素质。

笔者在这里摘抄程教授在讲座中的一段话，可能会更好地帮助读者理解这个问题：

就在今天，3月中旬，春寒料峭，哥大的本科招生办公室里坐着十几位深富经验的伯乐。选战已经到了白热阶段，从早上7点到晚上10点，每个人要看几十份申请书。这些申请人的文件已经是经过了第一轮初筛。哥大采取的是全面筛选（comprehensive），通过阅读每一份申请，已经把明显不合格的筛掉，现在，剩下的都是表面看合格的了。但还要从表面合格的人中再拒绝大部分，因为学位总是有限的。现在，一份申请要经三名评审委员审阅，每个人要写出自己对候选学生的选择理由或不选择理由。

这可比当初高考判卷工作量大多了，这是没有答案的高体力、重脑力工作。下午3点钟，困倦袭来，有时一份申请作文要读三遍才能读明白不是学生写得不明白，而是脑子麻木。这时候，忽然一个学生的文字让评审的脑子一阵清醒，显然，这个申请人是与众不同的了。竞争确实是残酷的……

也许我们可以去给孩子改作文里的一些字句，但无法赋之以创造力，17岁的创造力，不是一个已经被整个世界禁锢了的老朽可以做得来的……

如果你问他们到底要找什么样的人，显而易见他们要找有天分的人，也许他们也难以确言他们到底要找什么样的人。线索就是他们知道他们不想要什么样的人，那种面面俱到却没有特点的人，没有自己的性格、主见的人。

大多数私立大学在录取本科生的时候，会把要求助学金的申请人和不要求助学金的申请人分开，设立不同的录取率，一般给不要求助学金的那部分入学申请人更高的录取率，而要求助学金的那部分人的录取率稍低，这主要是因为学校能提供的助学金数额终究有一定限度。像哈佛这种极富有的顶尖大学则是个例外，只要你够优秀，需要钱读书绝对没有问题，这也和哈佛富可敌国的基金有关，哈佛拥有近 300 亿美元的基金。

第三节　留学去美国还是其他国家和地区？低龄更好么？

（一）留学去美国还是其他国家和地区？

去哪里留学好呢？这么多的留学地区，五花八门的学校。在确定找哪家中介、去哪国留学之前，首先要想清楚求学目标，是求才学、求思想还是求文凭。

一个国家的教育水平是由这个国家的经济发展水平、政治社会环境和总人口决定的。而一个学校的水平是受国家教育水平、思想水平、地区水平和生源水平制约的。

因为没有世界各个中学比较公允的直接对比数据，我们先分析一下留学目标国的高等教育水平趋势，以此对比各个国家和地区的教育水平情况。英国泰晤士报高等教育机构公布的 2017 年世界 200 所最好的大学，分属 30 多个国家，表 1-1 是排名比较靠前和地区国家的数据列表，供大家参考：

表 1-1　部分国家和地区的世界级大学对比

国家/地区	前10名	前50名	前100名	前200名	国内生产总值GDP(亿美元)	总人口(亿)
美国	7(并列)	28	45	73	174189	3.21
英国	3	7	10	28	29451	0.637
加拿大		3	4	8	17887	0.341
瑞士	1	2	3	7	7121	0.078
德国		1	6	12	38595	0.817

续表1-1

澳大利亚	1	4	7	14442	0.223
荷兰		6	10	8663	0.169
日本	1	2	5	46613	1.271
中国香港	1	2	4	2896	0.071
中国大陆	2	2	3	103803	13.71
新加坡	1	1	2	3081	0.540
法国		2	7	28469	0.649

资料来源：根据泰晤士报高等教育（THE）评价机构 2017 年排名；国内或地区生产总值、总人口数据来源于世界银行 2014 年国际各国或地区的统计数据。

在各个层次的教育上，美国花在每个学生身上的政府投资平均是 11,152 美元，仅次于人均国民生产总值最高的瑞士的 11,334 美元，排在全球第二位。而进入世界 200 强的大学中，美国大学的数量还在不断上升，竟然占到了三分之一！

在留学问题上。第一是选择留学的国家。中国中小学教育普遍开设了英语教学，英语系的国家成为留学目的国的首选，除了美国，其他中学留学可选择的国家还有：英国、澳大利亚、加拿大、新西兰、新加坡。其次，法国、德国、意大利、荷兰等非英语系国家也容纳了一部分留学生。此外还有少量中学生会选择去诸如马来西亚、爱尔兰、瑞士、以色列、纳米比亚、南非、塞浦路斯等国家。

第二是要想明白孩子未来的发展方向，关于这个问题总结成一句话：通过教育，孩子需要得到的到底是什么？我们将在第三章针对个体情况进一步探讨这一问题。

第三就是费用，总体上讲，留学费用最高的是美国，以 2015-2016 学年为例，学费加食宿费学年内平均水平达到 50500 美元，还不包括假期和旅行费用等。如果从费用的角度考虑，到美国留学要么有比较强的财力后盾，要么在某方面特别优异，有可能寻求助学金或者奖学金。在私立中学获得财政资助的外国学生只有5%。（而美国学生有约 30% 通过贷款和助学金得到就读私立学校的学习资助）否则可考虑研究生阶段，或者至少大学阶段再到美国深造，因为在美国大学和研究生阶段申请并可获得奖学金的机会可能多很多。

但同时美国拥有世界顶尖的教学轨道、方法及丰富的资源，教学品质高，未来发展的空间也极为广阔。整个社会鼓励自由发展，最大发掘个人潜力，同时尊重个体差异，是一个多元文化共存的开放国家。且作为移民，从工作签证到永久居留绿卡以至公民的路径尚属畅通。

在做出选择的时候，要考虑经济成本，同时也要考虑时间成本、未来发展，最重要的是个体的特性和适应性。我们相信，只要给一个人一块适合的土壤，就会茁壮成长。

（二）低龄更好么？

经常会有家长咨询：我想送孩子去美国读书，是从 6、7 年级还是 9、10 年级，甚至 11 年级开始好呢？或者还是让孩子有一个更完整的美国高中教育才好呢？但又感觉如果孩子早点出去的话会更容易在文化、语言上适应，为大学做更充分的准备；可孩子小，到国外念书不放心，想还是晚点再让他去吧……怎么筹算更好呢？

随着经济收入水平的提高，中国人对子女教育的投入也在不断加大，把教育投入看作对孩子未来的投资，并且早需要早投入，认为尽早在出现需要的时候就大力投资孩子的教育，可以为孩子今后的发展创造一个更广阔的空间。子女的教育，如果用经济学眼光看，这项投资始终是所有投资项目中最难以抉择的一项，投资额高、周期长，加上人的可变因素，什么时候留学的选择成本加大，让家长觉得不可控。

这一"早晚"的决策困扰了很多家长，因为答案见仁见智，更是因个体情况和家庭情况而异。但关系到个人偏好加实际考量，也关系到计划、管理和智慧。这个决策是否正确，要经得起时间的考验。

我们不妨想一想，就以我们的人生经验来看，是不是真的换一个更好的学校，更先进的文化就一定能有更成功的教育"投资回报"？所有的投资都是零，变量是孩子本身。作为家长要从以下六方面进行考量：

★ 孩子的自我管理能力;

★ 学习基础、学习能力和学习习惯;

★ 孩子建立自我认知和身份认同的基础如何:心理成熟度,所面临的挑战度和本身具备的适应能力与抗压能力;

★ 目标——有目标,也要有规划、有步骤、有弹性,才能达成目标;

★ 经济——家庭的支付能力;

★ 父母或者监护人能够提供的有效指导。

简而言之:父母和子女都准备好并且愿意面对生活中更大的挑战么?

我们也看看,作为一名中学生,一般都是为什么选择去美国中学留学的呢?

★ 开启智慧,开阔眼界;

★ 开发自己的潜能;

★ 更直接地过好语言关、文化关,为进入优秀的美国大学学习做更充分的准备;

★ 有机会就读和国内同样优秀或更好的大学,有更大机会升入世界顶尖大学,接受最好的系统教育;

★ 享受美国丰富而广泛的教育资源;

★ 小班教学,高师生比例,有机会得到因个人而异的指导和关注;

★ 在一个有序的社会体系下寻求个体充分的发展;

★ 回避国内高考的压力;

★ 不满中国的分数为导向的教育制度,寻求德智体美劳,对整个人的培养机会;

★ 学习世界上最通用的一种语言与国际并轨;

★ 融入和理解世界多元文化。

很多中学生都有出国读书的愿望,尤其在一些初中生中。一份调查数据显示,有 45.2% 的中学生有留学的愿望,其中,初中生有留学打算的比例大于高中生的比例,高达 47.4%,高中生为 42.9%。当然,这些数据只是体现了中学生自己的一种愿望,可能这个愿望的实现性还不是很高。但低龄留学确实也成为了我国目前一个教育热点问题。那么低龄留学到底好不好？有哪些利弊呢？笔者认为留学带来的是一种新的生活、学习方式，带来一组不同的挑战和机遇，关键是自己怎么看待这些挑战和机遇，怎么应对这些挑战与机遇。根据自己的经验、观察以及与送孩子出国读中学的父母的交流，做出总结如下：

1. 低龄留学的机遇

送孩子出国接受教育，无外乎是为孩子日后更长远的发展打下一个良好的基础。像联合国儿童基金会有个广告说："生活，不应成为孩子的重担。"教育首先是认知；学习，不该成为孩子的负担；孩子，不该成为时间和知识的奴隶；时间，在青少年迅速成长的时段，正是大好的时机，用来成长、形成人生最重要的能力。

家长考虑的教育首先是赋予孩子生命力、资源、成长的机会，其实就是希望赋予孩子一段充满惊喜和可能性的旅程。如果家长和学生不忘记自己出发探索世界时的初衷，挑战就会成为机遇，可以造就一个人的成长。

● 开启智慧开阔眼界

留学，不仅是一场教育，更是一种经历。在信息发达的当今社会，孩子知识层面的发展日益提前，高中阶段是社会经验、自我认知都已经积累到一个相当水平的时期，这时正是逐步清晰自己人生目标和世界观的关键期。让孩子们自己去观察具体的事物、经历具体的事情，再根据这些观察和经历去抽象出观念来。

有句话说：眼界决定境界。十几岁的年龄就能走出国门，去看看不同的世界，这对一个人的一生都意义重大。了解不同的文化，学会用另一种文化思维，看看不同的生存状态，能帮助学生更好地面对自己，思考自己想要什么样的生活，对做出一生的正确选择有很大的帮助。当然，这也需要成年人高水平的指点，有一个去除杂草和修枝剪叶的过程。

● 年龄较小时出去留学，学习语言和融入当地社会较快，为读好大学做更充分的准备

心理学研究发现，一个人成年后从一国到另一国，往往会遭遇"文化震荡"，即外国文化和母国文化之间的巨大差异而造成的巨大不适应感。

相对大学生和研究生而言，处于中学阶段的孩子在学习新知识和适应新环境方面，有着更大的潜力和独特的优势。首先，中学生在思维方面还没有太多习惯势力的禁锢，也不太在乎"面子"问题，有种初生牛犊不怕虎的劲头。其次，与国内一味追求学习成绩的教学环境相比，国外中学更鼓励孩子提问、思考、自主学习，并有着丰富的课外活动，这些都能极大地激发孩子的好奇心和求知欲，帮助孩子更快地适应周围的环境，迅速提高语言能力，寻找和建立自我。这种较快的融入，为今后在国外的继续求学和生活打下很好的基础。

美国学生的大学课业压力是最重的，同时对学生自律自我管理能力有很高的要求。由于对环境的陌生、语言交流的障碍及学习的吃力，会对留学生造成很大的心理压力和精神负担。而从预科学校开始，就可以给学生留出一些时间，强化英语及学习大学预备课程，扎扎实实，一步一个脚印，在申请进入大学学习前，在预科学校的学习会为今后的大学学习打下坚实的基础。而且在当地生活了一段时间之后，学生对希望进入的大学、专业及今后希望从事的行业都会有一个更客观、具体、切实的打算，从而选择他真正喜爱的适合的路径，其实是可以节省探索的时间的，更能全情投入学习工作中。

● **给孩子提供一个更广阔的空间，脱离父母的娇生惯养，锻炼独立自主的能力**

中国现在这一代的孩子绝大多数是独生子女，衣食住行基本都是父母安排好的，包括上什么学校，课外参加什么活动。甚至出现过大学生不知道如何剥鸡蛋壳的真实而又无奈的笑话，这都是孩子缺乏自立生活能力造成的。

做父母的如果希望孩子早日成才，"授之以鱼，不如授之以渔"。父母终究不能陪孩子一辈子，所以最好的做法是教授和培养他们自己生活的能力。放手单飞是最见效的一个做法。

这就像我们中国有句老话所说的，人没有吃不了的苦，只有享不了的福。这不是宿命的说法，而是说，人对环境的适应能力是非常强的，可塑性也是很大的。当孩子被放在一个陌生的环境里时，自然会锻炼出自主独立的生活能力。

尤其美国文化强调"靠自己双手挣钱"，父母从小就不溺爱孩子，培养他们独立生活的能力。生活在这样的一个中学环境里，会让中国孩子在潜移默化中重新审视自己，从而更好地适应社会。

一个人水平的提升需要通过经验和实践学习的机会。适应全新的环境的过程就是快速学习的过程。通过探索事物因果关系、发现环境运作规律，把所学的知识应用于现实世界的各种复杂和不可预测的情境当中，这本来就是最高境界的学习方式。如果孩子准备好了从这样的学习里吸取营养，这本身就是高效的学习。

让孩子冒适当的小风险，让他有机会检验自己前期对社会、对自我的认知并及时调整，是人生长河中成本最低的独立锻炼的机会。由于本身就处于快速学习、试错的年龄，更何况这时候还有师长、学校在旁辅以适当的轨道和规范作用，甚至走些小的弯路，也可以随时纠偏。前提是孩子和父母已经具备了一定的容错率，能容忍小风险、允许试错的成本。

- **因材施教——关注度和所提供机会的平衡**

从学校的要求和选择性来讲，美国有不同类型的学校，选择余地比较大。从学生个体的需求来讲，不是每个人都擅长于书本知识的学习并产生最大的竞技效果。关注孩子现阶段的需要，打造一个自信、有才能的社会人成为当代有识之父母的关注焦点。怎样给孩子提供他所需要的引导、资源，让他有可能从经历中学习、汲取营养，让他获得锻炼的机会从而增长能力，再进一步提高自己的自信度，这样让他以一点为突破口，渐及全局，成为一个有竞争力的个体才是留学成功的关键。所以，一个适合的学校，对处于人生观逐渐确立阶段的中学生来讲，影响尤为重大。

- **多元标准造就更全面的综合发展**

我国的应试教育模式造成了对学生单一的评价标准，书本学习、分数是衡量一个学生好坏的最主要标准，在国内读三年高中，往往只是为了应付高考而被动地去学习一些自己没有兴趣的科目，高分低能的例子比比皆是。特别是高三，基本就是为应付考试而学习。而西方教育更注重方法论，也关注学以致用，给孩子们时间和经验去理解和应用，学校教育不光是知识和技能的培养，更是理念上的指导。

而美国的学校价值观多元，这从美国高考"选择"学生的标准就可以看出：除了学术学习，体育、艺术、学术研究、性格、背景、对群体的贡献、努力、为人处世到领导力,都被纳入高校可能考量范围内。这种多元标准本身就更能激励学生多元发展。

出国读高中,可以避开高考的压力,用宝贵的时间学习更实用的知识、语言,了解社会、文化。

相比而言,国外的中学教育更强调联系实际,也鼓励动手实践和独立思考。如果在我们良好的基础教育之上,再去国外的中学学习,无疑是种很好的互补。除了学术课,学校还有丰富的课外活动和课外社团。内容涉及体育、艺术、文化、科技等方面,可以培养和开发多种兴趣。

美国是个多元化的移民国家,所以特别重视多种文化教育。在美国读中学的过程,就是一个接触并理解、接受多元文化的过程。老师、同学可能都来自不同的地域,有着不同的肤色和母语,当然也有着不同的文化和宗教背景。这是极大的挑战,中学时代有过这样的经历,对于未来步入社会,和不同的人相处沟通,会有极大的帮助。

● 美国大学升学机制是建立在一个更长的时间维度上,有如一场"长途奔袭全能越野赛"

现阶段中国教育体制最缺乏的就是:帮助孩子建立长距离的时间感,培养主动、寻找人生多种可能性的能力。如果我们能利用好美国的高中升学机制,会对孩子们的成长有很大帮助。

因为美国的学校体制,特别面向美国最顶尖高校的选择,高考项目变成了高中阶段从 9 年级开始历时 3-4 年的"长途奔袭全能越野赛",这就要求参赛"选手"有能力从一个更长的时间维度去考虑问题,做出长期规划和持续的努力。如果有机会、有智慧并善加利用,美国大学的升学规划是一个非常好的锻炼和学习的轨道。

看待世界的维度不同,人生的认知度和自由度就不同。当青少年不计得失地敢于努力做好自己,才能站在时间点交汇的地方,满怀希冀地透过美国高中的竞争机制,顺应其规律,看到自己可以发展的多种可能性。这时孩子的自由度获得提高,意识的维度也有望提升。通过经验,他有机会深刻体悟自己在一段时间轴线上的选择如何造就人生不同的可能性，他渐渐明白自己的每一个决定都在塑造出一个特有的自我，从而真正有益于人生下一个阶段渐渐离开轨道和父母的管束，而更要靠自觉意识去完成人生的修炼与提升。

家长在这样的机会面前要考虑的是：只是让孩子读好书，有个好的学校成绩，还是能为了更长的目标而努力？选择不同、眼界不同，格局也就不同。

● **有机会就读和国内同样优秀或更好的大学**

目前中国和世界发达国家的人均教育资源相比还是有差距的。国内目前高考扩招，虽然进入大学更容易了，但如果不能进入一流的大学学习，教育资源就比较受到局限。相对进入国内一流的清华北大的概率来说，在国外读完中学之后，有更多的和清华北大一样优秀的学校可供选择。或者说，有更大机会就读比国内能申请到的更好的大学，而且是用另一种语言学习。这本身就扩展了人生的宽度。

而且在选报学校之前可以亲自去参观大学，增加对学校的感性认识，加上学校升学顾问有针对性的指导，使学生能真正做到有的放矢地选择学校。

● **人文学习和提高输出能力的机会**

高中阶段，美国学校在学业上承上启下，也是最注重人文理解和表达的一个阶段。

大学英文讲师麦克法兰说："我发现几乎所有中国学生都有一种特有的共性：喜欢把同一个意思不断重复表达。这可能和中国语言有关，也许和中国学校的写作训练有关，还有待探索。但结果是明显的：文章读之乏味，缺乏有效的对比，而且难以靠普通的写作技巧提高。"

因为美国中学非常重视人文通识教育，口头表达能力和写作能力的提高不仅是写作技巧的提高，更是思考能力和自我表达能力的提高，这对在美国成功完成中学乃至大学学业至关重要。

美国中学系统的写作训练从自内而外寻找挖掘学生的经历和人生体悟，到完整系统地描述事物发展的过程，到整合思路、做出取舍、构架铺陈，逐步进入问题论述，使学生的写作能力得到极大的提高。

由于在美国读中学，学生的语言能力、独立能力、沟通交流能力，都会有极大的提升, 对于未来的就业和发展也有很大的帮助。

2. 低龄留学可能存在的巨大挑战

● 加大了自我认同的挑战

琳和雯一起长大, 在中国都是好学生, 甚至琳还比雯成绩突出一些。但到了美国两个人却走上了不一样的道路。雯见山开路, 遇水设桥, 利用一切机会茁壮成长起来。

琳也说不上差, 不错的学校、不错的成绩, 但琳变得缺少了生趣, 只是对外撑了一个还不错的架子, 父母和琳都知道有了差错, 拼命想调整, 却又不知道问题出在哪里。父母就不断暗示、明示琳, 让她调整, 要向雯学习。在异国成长的迷雾里, 琳和父母其实都还没有意识到一个关键的分歧点: 琳成长中的同一性问题没有得到很好的解决。

成长是一个完整的、不断内化的过程, 每个阶段不会重来。知识的学习只是成长的一个方面, 更重要的是在自我发展的基础上形成个人能力。

中学生正值青春期, 是心理和生理由儿童转向成人的时期。从心理需求的发展阶段讲, 这一成长阶段的孩子需要通过和周围人群的互动找到认同和确立自我, 并回答内心深处的同一性问题: 我是谁? 我能成为什么? 我来自哪里? (种族、宗教与国家) 这种强烈的需要发展出自我同一感, 也可以说是解除"我是谁"和"别人认为我是谁"之间的矛盾。只有这些基本问题得到了内在的答案, 这个阶段的孩子才逐渐建立起自我的同一性, 从而能够遵循作为一个人的内在发展规律, 进一步与他人发展真正的亲密关系, 发展出一种负责的能力, 在人际互动的社会系统中逐步锻炼和提升自己的能力以适应不同文化。在生活中, 稍微留心我们就可以轻而易举地观察到, 处于该阶段的青少年尤其关注自己在同龄人面前的形象, 他们希望展露自己最完美的一面, 但又感受到外表与内心间的差异, 有时甚至无所适从。其实他们是在不断积极探索如何将自己早期的自我认识中形成的角色认同整合到新的同一性之中。"若个体缺乏自我同一性感受, 那么他也将无法体验存在感。"(理查德埃文斯《与心理学家埃里克森的对话》)

"如果一个孩子从内心深处不确定自己是否有魅力, 如果你无法找到自己的内在驱力、不知道自己是谁、不知道自己想成为怎样的人、不知道自己在他人面前的样子、不知道自己是否在做着正确的决定，他就只能将自己束缚于错误的朋友、性伴侣、领导或职业。"（自理查德埃文斯《与心理学家埃里克森的对话》）

像琳这样处于青春期的孩子，本应该在和周围的有效互动中发展出自我潜能，但当她脱离了原有的文化、家庭生活环境，同时遇到异国文化带来的新的多元价值观、全新的社会文化生活环境，在种种隔膜中，她产生了一种深深的隔离感，因而产生了轻度的焦虑、抑郁。琳努力用功的时候，周围成绩优异的美国同学们在玩，琳感觉自己很笨；而当琳放下对成绩过于执著的追求，父母站在遥远的北京审判着她的内心："小时你是学霸，不用扬鞭自奋蹄。现在这都需要父母摇摇扬鞭了，还不如小时候。"

"随着能力倾向的发展以及社会角色的尝试，此阶段青少年的自我整合能力有所提高"（理查德埃文斯《与心理学家埃里克森的对话》），但正是这一阶段，原本在童年期已经建立起来的确信受到质疑，如果不能有效地形成稳定的自我同一感，又无法在新的社会属性中寻求社会角色的统一，孩子会陷入深刻的矛盾。如果再遇到家长无法设身处地对孩子表示真诚的支持、对他的努力表示赏识，而是给予空洞的赞扬，甚至不断地批评质疑，则这些额外的挑战不仅无助于青少年潜能的发挥，更给他寻求巩固自我同一感造成了极大的问题甚至障碍。

当孩子遇到文化和发展的挑战，而家长又对规律缺乏认识，他们不仅不能指导孩子，自己也开始陷入恐慌。因为不信任自己的传统文化，转而不顾一切地希望融入新的异国文化，但更大的分歧产生了：他们口中所述说和理解的异国文化和孩子所感受到的异国文化也难以统一协调起来。孩子看到自己与周围同龄人的生活方式的差异，他们的自我同一感就更加受到打击。于是许多孩子在和家长互相影响之下，同时开始对自己的角色产生困惑，并不断催生消极影响。这时，有的父母和孩子原本也没有建立起适当的信任感，孩子就更缺乏重要长辈的赞赏所带来的信心，再加上也没有周围同辈的认同，他就可能无法形成稳定的自我同一性的整合。当青少年困扰于自身的种族、性别、宗教或者阶级时，角色混乱就有可能产生，这会给青少年带来许多后续的发展问题。

严重的困惑导致孩子逃学、行为古怪，甚至开始吸毒、打架和犯罪。他们会拼命地矫正，这反而会导致强烈的同一性的中断。于是孩子们就竭力希望否认自己的出身，尤其是否认母国文化，甚至会认为自己的出身是阻碍自己更像美国人的绊脚石。

这个问题并非无解，作为家长，面对新的文化形态，不能用原有的文化作为认识和评判现有一切现象与行为的标准，而应该正确认识青少年成长发育的需要，认同并鼓励孩子："你掌握经验的方式虽然有别于他人，但也是可以成功的方式。"同时，父母从对分数、大学的纠结中走出来，回到关注价值和目标本身，就能解除孩子的困惑。

所以，当琳和父母一起开始正确地面对成长中曾经被忽略了的内在问题的时候，琳开始突破自己的瓶颈、找回自信、走向更广阔的天地。

● 一匹野马

凯的妈妈认定是同宿舍的美国室友带得儿子陷入了对电子游戏的狂热中，要求学校换宿舍。可是室友虽然爱打电子游戏，但事事都做得不错。凯的妈妈也很迷惑：我们凯从来都守学校规则，不上课而去打游戏，这怎么可能？

这一阶段孩子纪律方面的问题主要出现在"超速"上，想迅速长大，想要更大的自由度。这时候父母的管理工作比较需要技巧，一方面要支持孩子的"成人"行为方式，另一方面要保证在一种合理、缓进的步伐下，让孩子形成合理的判断能力和责任感，而不是不受约束，在冲动的驱使下焦灼胡乱地去成长。如果父母决定让孩子独自留学，在这之前，父母就应该提早从一线退下来，从孩子的管理者变成顾问，给孩子更大的试错空间、更多的机会学习锻炼自我管理。否则当一个完全没有自我管理经验的出国留学的孩子蓦然发现了一个广阔的自由天地，其实对孩子和家长都是很大的挑战。父母可施加的影响变小，而如果没有提前对孩子的独立、自我管理做铺垫，孩子会因缺乏足够的经验和责任感而开始出现各种问题，财务的、学校的、法律的、个人的、和他人之间的，打破所有的规则和承诺，同时他们的自我价值观也受到很大的冲击并一路下滑，"我怎么回事儿？总是把所有事情弄砸，我的生活破碎混乱。"另外，他们可能在生活中也缺乏明确的指向："我不知道自己想干什么！"独立和压力带来的挑战造成了焦虑。

更糟糕的是，当孩子本身有问题的时候，前来找他的同伴也都是有类似或更严重问题的孩子们，他们打成一片，从彼此身上找到共同点，从而逃避压力和沮丧绝望的感觉。这时候往往就开始酗酒吸毒。你的孩子可能面临：

★ 夜生活过度造成的睡眠不足；

★ 过度零食造成的营养不良；

★ 挥霍、过度消费造成的负债；

★ 学习压力造成的拖沓成性；

★ 独自一人时候感觉非常孤独，在群体中找不到安全感；

★ 缺乏目标，做事情无目的性；

★ 酗酒、吸毒、私自乱吃药、逃避关怀；

★ 在竞争下，由于意识到自身的缺点，但无力把压力变为行动的动力，反而不断降低自我要求；

★ 失去勇气，焦虑、疲惫。

像凯这样长期处在老师、家长严格的管理下的学生，刚开始获得自由的时候，惯性作用也还能表现不错，但往往一遇到挫折和挑战，他们虚弱的内在信念无法抵抗外来的压力，就开始放弃努力、自暴自弃。

● **出国前的真空期**

别说是孩子，即便大人都很容易因生活中的巨大改变而影响心理和原有的常规生活。而准备出国并不是一两个月的事情，往往会牵扯一两年的时间，很多孩子觉得反正要出国了，而且，又从种种渠道听说国外学习压力小，读书容易，而全然放弃了国内的学习，疯玩起来，就等出国了。如因种种原因留学不成，白白浪费了一年的青春是非常可惜的。即便能够走出去，也会面临很多需要适应、学习的东西，白白浪费一两年的时间也是很可惜的。知识断层也给自己接续两边的学习造成更大的挑战。更何况一口气松下去了，再提起来也不是容易和简单的事情。所以，在考虑是否打算留学的时候，也要考虑到这些方面对孩子的冲击。

● 环境造人，出国就等于找到好的环境么？

寻求机会的时候其实都是抱着良好愿望的，但面对现实，当自己的基础和环境提供的轨道差距较大的时候，让一个孩子在异国他乡自己寻求轨道、创造学习的轨道、接续学习的轨道、跨越障碍做三级跳，那是极大的挑战。有些时候家长和孩子都认为换了环境问题就可以解决，可以重新开始了。但现实是十几岁的年龄，大多数孩子还没有形成完整的人生观，甚至缺乏最基本的判断对与错的能力，比较容易受环境中不良因素的影响。出国后因为没有父母管束，缺乏适当的引导，如果周围再有不良影响，容易出现"失控"，会出现厌学、疯玩，或者想家忧郁等等，这样的状况下留学能否成才让人忧虑。所以，如何给孩子选择一个好的环境也是出国留学成功与否的关键。

另外，再好的大环境下，个人的"微观环境"方面也有各种不确定因素和困难。像我们之前所说，中国的孩子独立性相对比较差，习惯被别人安排好的生活，缺乏来自内心的动力。对环境求全责备，对自己放任姑息。而且小留学生大多为独生子女，在家"集万千宠爱于一身"，出国后与外国寄宿家庭或学生打交道时的不良生活习惯暴露无遗，也容易引发诸多矛盾。不会社交，找不到自己的圈子，被孤立的感觉使他们失去自信。

还有的学生本来在国内读高中时英文水平一般，现在去了国外，短期内学业表现不好，怎样去调整、引导，对父母和子女双方都是一个大课题。

即便环境不错，适应不错，学习不错，孩子的潜能真的得到了开发么？还是说仅仅换了一个环境？孩子更快乐了么？更有思想和目标了么？整个家庭有了更好的沟通和生活方式了么？什么是自己的家庭通过留学想要追求的目标，这个关键问题其实是在决定留学之初就要经过审慎思考和确定的。

● 孩子和父母分开成长

孩子独自面对大量的信息变化，未必有这个智慧去分辨其中的对错。这个年龄段的孩子正经历各种生理和心理走向成人的变化，他们有各种各样的问题和恐惧，如果没有适当的、正确的、系统的引导，孩子会迷失，这种苦闷会延续到成年以后。

远在异国的未成年孩子正处于巨大的变化之中，父母只能遥控，而孩子面临的很多情况父母有时也十分陌生，难以去了解孩子的学习情况、情感发展，也就更加难以去指导孩子。

而对孩子来说，即便是父母跟随一起出国，也不一定能得到足够的引导，何况是父母不在身边，很快，有些孩子会觉得父母根本不理解自己的处境、环境，更不要说引导帮助了。

很多小留学生从不同的角度表达了这样的意思："我能跟他们（父母）说么？他们不懂，瞎指挥，只会增加我的压力。"这种矛盾该如何化解？也许很难就事论事说是非。只是选择了留学，其实就是选择了生活中新的挑战，这需要孩子和父母都迅速适应环境、成长起来。

● **失去文化根基**

教育是给孩子提供各种有益的机会，意图让他的心胸格局、气度、眼界越来越开阔，这样才会成为更杰出的人。而这些都和一个人的文化背景息息相关。文化内涵对人发展的重要性在于它会融进一个人的思想意识和行为规范之中，渗透到精神生活的各个领域，成为支配一个人思想行为和日常生活的强大力量。

文化的长养不是一蹴而就的，它通过逐步构建知识结构、阅读理解经典、遵守礼仪和制度而形成，又通过个人和他人的交往，靠语言和直觉多层面地理解周围人的思维模式、价值观念、伦理规范、行为方式、审美情趣、风俗习惯等，再经过个人的理解、演绎与印证，逐渐沉淀成为文化积淀，深深地成为一个人意识形态的重要组成部分。文化关系到一个人的世界观和方法论，和他的理想、信念有机联系起来，对理想和信念起支配作用和导向作用；成为一个人行为的调节器，制约着人的整个心理面貌，直接影响人的个性品质。

而中学到大学，正是世界观和方法论形成的关键时期，正确的观念、面对复杂选择时的勇气、长期坚持的毅力在这个阶段逐渐定型。美国可以提供优秀的资源和平台，但作为个体如果不参与、不会参与、不会寻求舞台和没有勇气展现自己，就谈不上精彩。很多学生即便跨越了基本的学识关，又落在文化的陷阱里。

在孩子尚没有能力把中国文化融会贯通时，就接受西方教育的皮毛，否定自己的背景、出身，不屑于作中国人，就有可能失去了真正的文化根基。

其内在动因是目前为世界所仰慕的西方文化，英、德、法、日的风头过去了，现在便轮到美国最吃香。当孩子对新的文化还缺乏深入客观理解认识的时候，放弃了东方文化在智慧上高深博大的优越性，误把美国作为整个人文文化的指标，进而一味模仿追求物质文明的进步，贪图享受逸乐，穷追工商业的发达，以争取经济的富裕，在宝贵而紧张的青春岁月，更无余力去好学深思，盲目重视自然科学的技能。而放弃对于人文思想的研究与反思，他们就会由于盲目而成为有冲劲、有干劲却无文化根基的青年。

所以说，年少时候心态开放，学习可塑能力尚强，既有希望造就成学贯中西的英才，却也有危险成为中西文化冲突的牺牲品。

美国一项调查显示：私立学校学生在大学毕业后对自己工作的满意度并不比公立学校毕业的学生高。是否可以由此推论，出国读了大学，也未必比在国内升学、发展来得好，对生活更满意？这个我们不敢妄下结论。

到美国读中学，为一部分人提供了一种可能性，对一些人来说这是很好的一条路，它使我们地球村的小居民多了一种选择。但没有哪条路是可以保证成功的，更不用说会无风雨险阻。关键还是一个人性格的养成、做人做事的能力和长期的努力。

地球上没有天堂，在哪里都有不快乐的、在边缘挣扎的人群。最普通的学校如是，哈佛耶鲁如是，寄宿高中也不例外。即便在美国最具选择性的学校，毒品也是禁而未绝的，每年因各种问题被学校请走的学生占不小比例。过去10来年，上万的大学、中学留学生有的成功，有的失败，他们的经历证明：美国，你想努力就有人给你助力，但你想往下掉，也没人像在国内那么拦着你，而且掉下去没有底儿。

正如任何事情都有两面，挑战和机遇因人因事而作用方式不同。出国读中学也像一把双刃剑，有利、有弊、有风险。上述利与弊的分析，是基于整体的情况而言的，具体到某一个个体，具体情况又有所不同。所以，家长和学生在做出去国外读中学的决定之前，一定要针对自己的情况做出分析，切忌盲目跟风，道听途说。

总的来说，笔者认为，对于一个相对成熟的、有自我约束力的学生，如果家庭有财力支持，父母本身或者监护人也能持续提供有效指导，能到美国就读优秀的高中，虽然是一笔较大的投资，却是一笔个人收益相应丰厚的、着眼未来的投资行为。

不论父母还是学生，如果决定走上留学之路，都需要好好思考和衡量那些可能的挑战，面对选择的变化做出适当的规划。我们也会在后面的章节里给出更多的资讯，帮助家长和学生做出适合自己的选择。

第四节　父母是孩子最好的学校

现在中国有个流行的说法："美国小学水平糟糕，但美国人到了大学就精英辈出了。"他们过于轻易地得出结论："高中设备好、老师水平高，特别是分重点高中、天才班，又有顶尖的私立学校。"和绝大多数中国人从美好意愿出发，但很中国式地解读美国的"教育"异曲同工，但这样似是而非的结论其实缺乏指导性。

中国人重视教育，随着中国经济腾飞，家庭有更大的能力去投资教育。当孩子们按照父母日益重视教育的脚步，为他们勾画的教育蓝图走到未来的时候，社会和家庭逐渐看到绝大多数的这种"成功未来"是在压抑下获得的成功，是靠"比同学们更能够接受压抑，配合压抑。""赢的是老师和家长，而孩子们是这场博弈的牺牲品。"（语自张曼菱北大演讲《压抑的胜利》）在成长的过程中，孩子们错过了自我探索、自我认识、认识自己和世界关系的最好时机；走向社会之后，当他们的假设、认识都是基于那个已经错误了的自我认知，很难再找到一个本来可以有创造力的、卓尔不群的自我。

有远见的中国家长在反思，从自己身上、"邻家孩子"身上感知到这种压抑的"成功"代价过大，天性的发挥无从谈起。于是家长们本着对中国教育的不满，把孩子送到美国，甚至陪孩子一起移民美国，他们发誓要让自己的孩子"成功"。但换个体制，所有问题就迎刃而解了么？学校本身终究是一种体制，它提供轨道，最终轨道是要由人来利用它，没有哪个体制可以保证所有人成功，得到同等的收获。

当家长费尽心思地更换大文化背景去努力争取让中国孩子在美国获得成功的时候，事情的关键其实变成了：当事者要去探究和把握美国究竟给自己提供了什么样的机遇、什么样的挑战，自己又该如何善加把握利用，不断建设、提升自己的综合素质。以免浪费宝贵的时间，因为成长的过程不会重来一遍。

家长和孩子都盲目地用对中国的理解去应对孩子在美国会遇到的问题，以为自己在走正确的道路，那实际只能是撞大运了。

我们要搞清楚问题的关键：什么才是美国教育的秘密？

美国教育的秘密是"三合一的秘密"：丰富的资源、探索的空间、自由的发展。它是建立在一个基础之上的：对天赋、对人自然本质的尊重。

有效利用美国教育轨道的关键点是：激情和自律。在孩子成长的过程中，过程控制的关键点相应地变成：如何让学生通过所经历的学习与活动，发掘到自身的激情所在，同时学会自律的技巧，才有可能最好地利用到美国教育的秘密，成就自身的发展和飞跃。

美国教育的"秘密"守护的是孩子们的想象力、创造力、敢于冒险的勇气和胆识，在这些重要的核心素质面前，分数、知识都是副产品，是做对了过程，就可以水到渠成获得的，而不该是穷心竭虑付出所有"天赋"的高额代价追逐的表象和蝇头小利。

一听"天赋"这个词，千万不要被吓到，觉得高不可攀，是神童才具备的能力。恰恰相反，每个人都有自己的天赋，就比如枣很难培养出梨的味道。天赋是人生最大的财富，所以西方教育理念相信"教育"是在尊重天赋的前提下养成的。教育不能偏离本性、禀赋，更不能扼杀孩子本身的学习热情、兴趣、偏好。

过早地拔苗助长，让小树苗没长成前已经压抑成草，已经人为地矮化。小树苗上承阳光、下接水土的天性被压抑，结果树苗或者萎蔫，或者被过分固定、过分雕琢成为盆景，或者过分依赖外接的输液而失去了自身自然循环调整的功能。

美国教育有其自身的问题，本国教育工作者也在不断反思自己文化、体制的问题。宾夕法尼亚大学心理学副教授安吉拉·达克沃斯（Angela Duckworth）在 TED 上的演讲《成功的关键：坚毅》里提出："我还没有听说过哪一个孩子是完全自动'上链'的。""每天规定一定的练习时间没什么错，虽然你的孩子可能会抱怨，但如果你很坚定，他的抱怨会日渐减少，练习的乐趣反而会与日俱增。"坚毅是需要通过自己所做的事情习得的一种性格、习惯，安吉拉特别针对的是美国教育中过分放任，把放任等同于"自由"的问题。

从中我们更要明白，真正高超的引导是需要有针对性的，并没有放之四海而皆准的"轨道"能解决所有人的问题。一般中国家长的问题，并非不会"规定一定的练习时间"，中国家长的问题在于"知行易，知止难"。以帮助孩子习得"坚毅"性格来说，一般来讲，中国家长做好这件事情的难点是拿捏好分寸，要等待孩子本身想做一件事情，家长再帮助他去学习如何通过自律达到自己设立的目标。

形象一点说，家长的责任就像是和孩子跳好三步舞，进、退、进，退、进、退，不断往复。

第一步：眼界决定境界：让孩子看到你希望他能达到的境界（不仅仅用眼睛看，要令其体验到）；

第二步：自己要做的事情才能做好：等他决定做什么（帮孩子寻找他喜欢的事物，并学着在他喜欢做的事情上不断投入）；

第三步："上链"：要帮孩子做到他所想要做的事情。给他资源上的支持、技能上的支持、感情上的支持、信任上的支持。让他学会如何进行深入而广泛的探索，逐渐唤醒他内心的最大渴望，并协助他学会树立自己的长期目标。

这个过程不能一味冒进，要允许孩子徘徊犹豫甚至踩教练的脚。家长要认同，这些过程都是学习"跳舞"必经的过程。中国社会近二十年的教育、社会文化都是三步变一步：直接"上链"恰恰是当今中国教育问题最直接的表现。

在三步舞中，只有第一步引领好了，第二步退了、等了，才能谈得到第三步的"上链"问题，才有可能进得了、进得好。如果家长能注意掌握好跳舞的秘密，控制好了三步舞的节奏，家长和孩子的美丽舞蹈就可以一直跳下去。孩子会更容易在发掘自身激情所在的同时，学会自律的技巧，从而能更好地利用美国教育的秘密，成就自身的发展和飞跃。

第二章
美国私立寄宿中学的魅力

美国上议员查理·亚当斯（ADAMS，Charles Francis）是绝对的名门之后，祖父是美国第二届总统（约翰·亚当斯），父亲是第六届美国总统（约翰·昆西·亚当斯）。在他的自传中提到："在我的问题上，犯了一个根本错误，我被留在家里，上了一所志趣不相投的走读学校。我可以毫无保留地说：这个错误严重地损害了我的一生。"他认为如果他能够被送到寄宿学校，情况会完全不同，他就能比较平稳地渡过他后来的所谓艰难岁月。查理·亚当斯倒确实是把他的双胞胎儿子送到了麻省的 Groton 寄宿学校。

私立寄宿学校到底有怎样的魅力让查理·亚当斯如此抱憾呢？

第一节　美式教育结构

因为中美教育体制、着眼点、目标的不同，所以，要理解美国的中等教育，了解私立学校，还得先从美国整体的中学教育谈起。

（一）州政府决定学校制度

美国 50 个州中每一个州都有各自的教育法规，州与州相比有些法律相同，有些又不相同。一般的小学（Elementary School）包括幼儿园（Kindergarten）和 1-5 年级，6 到 8 年级为初中（Middle School），9-12 年级称作高中（High School）。

也有很多地方初中（Middle School）是 7-9 年级，从 10 年级开始才是高中。

美国教育结构比较复杂，一所学校可能从几个公有和私营机构获得资助或者联邦资金拨款。美国没有一个全国性学校制度，也没有联邦政府开办的学校（军事院校除外）。

美国的中学由公立和私立学校两部分构成，两者最显著的不同在于资金来源。公立学校的资金一部分来自地方、州以及联邦政府的教育预算，另一部分来自所在学区纳税人缴纳的税收。私立学校也是非盈利组织，学费只是学校运营、发展资金来源的一部分，另外还有慈善捐款以及一些非公共部门如宗教组织的捐赠，也有少部分的联邦拨款。

美国政府重视教育，州政府税收的 40% 左右用于教育投入。政府为公立和私立学校都参加的联邦教育计划提供指导和拨款，教育部监督这些计划的实施。美国实行 12-13 年的义务教育，采取划分学区、就近入学的政策，所以大学以下的学生近 90% 就读于公立学校，这些学校不收学费，甚至教材都由学校提供，由学生循环使用。

（二）多样化的教育

不上公立学校的学生大都上收学费的学校，所以一般笼统称收学费的学校为私立学校。

五分之四的"私立学校"当初都是由宗教团体创办，在创立后又逐渐分化。有的学校虽然有宗教隶属关系，但经济逐渐独立，成为自负盈亏的有宗教偏向性的私立学校；更有进一步独立，逐渐发展成了无宗教偏向性的私立学校。我们书中所提到的私立学校，指的就是这样经济独立的、有宗教偏向性或无宗教偏向性的私立学校。

而另一部分则保持附属于某个教会、教堂，经济来源主要是教区教民的资助，虽然学校也接受非本宗教群体家庭的学生，但学校内部整体维系是宗教的共同而单一的价值观、宗教观，而这也是资助人、教堂所关注的中心内容。这些学校虽然也收学费，但是属于另一类：教区的教会学校（Parochial School）。

作为公立学校有益补充的私立学校，特别是寄宿学校，学术气氛非常严谨，在不同水平和层次上补偿了公立教育的不足。私立学校同时重视经营业绩和教学质量，延续了西方教育中非功利性激发各种创新的思想意识；进一步加深对学生个体的了解以及尊重，试图激发个人发展的内驱力；利用同畴竞争和学习的趣味性、针对性对学生施加积极影响；提供学生通过自己的努力与智慧，以自己的方式来实现目标的可能性；进一步达成教与学的统一。传统上，寄宿学校就是一种精英教育，到现在又有一些变化，下面的"深入介绍私立寄宿学校"小节将进行详细分析。

另外，现在美国还有超过百万的学龄青少年由家长自己承担教育子女的工作，而且这一数量还在逐渐增加，这种做法称为家庭教育。之所以选择家庭教育，各自原因不同，但最主要的理由是他们不愿意受体制的束缚，认为孩子需要有针对性地学习知识内容，形成各学科间的融会贯通，并让孩子有更多的时间去自主探索、学习和自由发展。

美国没有任何全国性课程，不过各地中小学的核心课程体系是相似的。例如，几乎每一所小学都教授数学、语言技能（包括阅读、语法、写作和文学、书法）、文科课程（历史、地理、公民学和经济学）、理科课程（物理、化学、生物）及体育。许多学校都教授计算机，因为计算机已成为其他课程的有机组成部分。

全美中小学教师中，具有学士学位的占 52%，硕士以上学位的占 43%（寄宿学校此比例为 68%）。

美国教育的高投入、高师生比例的教育设置，使美国具有世界一流的教学设施、教学服务，使得采取启发、激发和开放式教学的教育方式成为可能，使得开发个人的潜能和因人而异地设计教育发展方案成为可能。在美国读中学可充分利用这种教育资源丰富的整体优势。美国是一个平等竞争的社会，只要你在某方面有过人之处，就有发挥的余地和可能。但同时要注意，较强的自我约束能力，勤奋努力是出色的必要条件。如前一章所述，美国存在着个体和个体之间的巨大差异，在这个消费主义盛行的社会，如缺乏自我约束能力，再失去中国式的"压力"，整个人变得放逸也是有的。而在世界范围内，美国中等以下的学生在知识领域并不享有优势。相对而言，美国高中的中国学生表现突出的，能名列前茅者，大部分同他们在中国受到的扎实的基础知识教育和好的学习习惯分不开。

美国教育的多样性和这个国家的多元文化一样，不断汲取异质文化的有益营养以发展自身，焕发出各自特有的活力。也为学生和家庭提供了高度自由选择的可能性。下面是一个五年级华裔学生对自己初中择校问题做出的决定，可以从一个侧面看到在美国长大的孩子的思路——寻找适合自己的需要轨道。

小升初选校的决定
——一位美国五年级小学生在自己评估过所有的选择后自己做出的决定以及理由

在公立和私立学校之间选择？两难之间。两种学校都有宝贵的童年和教育。

现在看来我还是会选公立学校。我在公立学校长大。我和朋友们就读于双语项目中，我们真心喜欢西班牙语。

在私立学校，学生们更有礼貌，也更训练有素。家长们喜欢这点，但也存在问题，孩子会长成大人，可世界上没有一个地方是只有作风端正的人的小世界。私立学校的孩子们对真实的世界缺乏经验。

公立学校会帮我树立在任何人面前的一种自信。在公立学校的课堂上，学生学习程度极端不同。大家可以从彼此身上学习，从好的中学习，也从不好的中学习。私立学校课堂学生人数少，大多数学生也处在同一水平上。你就无法从其他水平的人那里学习了。

私立学校课程进度快。孩子们有时会被弄糊涂。公立学校老师解释各种可能的情况，直到每个学生都能懂得为止。

公立学校教给每个孩子最基本的东西，而且教得透彻、直接而明确。

私立学校是很好的选择，但我想公立学校更适合我的需要。

原　文

Choosing between public schools and private schools? Tough one. Both schools contain valuable childhood and education.

My choice is probably public. I have grown up in public schools. My group of friends has been in a program called dual language, and we really enjoy learning in Spanish.

In private schools, everyone is more educated and proper. Parents may like that, but the problem is, once the children grow up, they are not going to have a place just for educated and well behaved people. They won't have any experience for the real world.

Public schools can help you build up confidence in front of all kinds of people. During school in public, people have different levels in learning. Most people can learn from each other, no matter good or bad. Private schools have less students and most kids are at the same level. You won't really be able to learn from one another (level).

Private schools go faster in curriculum. The children may get confused. Public schools explain the situation until each person understands.

Public schools teach every basic a child needs. They teach it thoroughly and straight forward.

Private schools are good choices but I think public schools are more suitable for me.

—Eleanor Wu (10 years old)

第二节　美国私立中学概述

据 NCES 美国国家教育统计中心统计，美国的学龄少年儿童中，接受家庭教育的学生是 150 万人；5500 多万在校中小学生中有 10.8% 上私立学校（其中教区教会学校在校学生占总学生人数的 3.7%）。

美国共有超过 3 万所私立学校，其中近万所有 9 年级以上的高中，共有 139 万在校学生。

私立中学总体来讲，具备如下特点：学术要求更高，价值观念和体系更明确，师生比例更高，社区环境更安全。但是美国也存在地区和地区间的、学校与学校间的水平、宗旨的极大差异。

追本溯源，美国私立学校往往始自一些有共同旨趣的个人、团体，为了共同的教育理念集结在一起，希望以相同的价值观和理念塑造共同的社区。这也是为什么绝大多数私立学校都或多或少在其早期有着宗教的基因——相同的信仰更容易集结人力、财力。

在价值观极其多元的美国社会，从小接受不同价值观的教育，造成人与人之间思想理念和世界观上极大的差异。走入现实社会，不同价值观的人群之间是否能相互包容、理解、接受又成了问题，所以一些有条件的学校引入优选的外来血液，以图进一步提高自家子弟的素质。于是他们开始招收不同文化背景、国际背景的学生以达成学校"基因"多样化的目的，同时学校也让学生走向世界，通过贫穷旅游和交流交换学习达到吸收外来营养的目的。

这也就是中国学生作为国际学生进入美国私立学校机会的文化需求。如何寻找到适合自己的母国文化平台，贡献自己的异族基因，完成"和而不同"的成长，成为每个打算高中留学的家庭需要面对的一个关键问题。

（一）私立中学的类别与简介

为了加深对私立中学的了解，我们把它们进行分类分析：

1. 按学生住宿情况分

● 走读学校（Day School），高中每学年平均收费约 28000 美元。

● 寄宿学校（Boarding School），寄宿生比例从 5% 到 100%，平均为 68%，因学校而异。高中每学年平均收费约 50475 美元。寄宿学校又可细分为以下两种：

★ 全体住宿校（All Boarding），即 100% 学生住校，一周住校七天，全美只有 20 多所这样的学校。

★ 部分学生住校，也有居住在附近的走读生（Boarding-Day School），这一类学校最多，有近三百余所，寄宿生比例从 5% 到 99% 不等。

学期内七日住校（7-Day Boarding）费用最低的是宾夕法尼亚州（GA）的 Mercyhurst Preparatory School，学费食宿费每年只需 9175 美元，收费最高的是新罕布什尔州（NH）的 Oliverian School，达 77295 美元。绝大部分学校收费在平均线 50500 美元附近。

周日至四住校（5-Day Boarding），高中每学年平均收费 38000 美元。

2．按学生性别分

● 男女生混校（Coeducational Schools），占绝大多数。

● 男生校（All-boys Schools），只招收男生。

● 女生校（All-girls Schools），只招收女生。

在十九世纪之前，单一性别教育更为普遍。十九世纪之后，随着教育普及，现代化的推进，男女合校广为建立。在美国，单一性别学校只占百分之一。然而，最近全球范围内，单一性别学校悄然复苏。研究表明，单一性别学校更有针对性，同时在敏感年纪减少了不必要的社交压力，能更有效地提升学生能力，给学生更多机会去践行自己各方面的能力。

3．按学校培养方式和方向分

● 大学预科（College Preparatory Schools），学生以申请大学、适应大学教育为目的学校。

● 艺术学校（Pre-Professional Arts Schools），训练并帮助学生成为在不同艺术领域（音乐、视觉艺术、戏剧、芭蕾舞、创作等）的艺术家。学生将来既可以进入任何传统大学，也可以进入像音乐学院、艺术学院这样的专业院校。

● 军事化学校（Military Schools），这种军事化学校具有和其他私立学校一样的基本特点，但是更强调团队合作的重要性和价值，教给孩子纪律和服从。通常这类学校要求统一着装和进行军事化训练。

- 特别学校（Specialty Schools），特别针对问题学生的治疗型学校。

4. 按照宗教附属关系

总的来说，宗教学校和非宗教学校最大的区别就是资金来源：一个资金主要来源于宗教团体，另一个是非宗教团体。经济的独立会造成不同程度思想和经营的独立。有宗教附属关系的学校中最多的是天主教学校、基督教学校，其他还有卫理公会派、公谊会派等多达18种宗教教派的学校。宗教学校多会有该教教义的宗教教育课程，有祈祷、弥撒或者静默时间。这些学校也欢迎不同宗教背景的孩子，并多数能尊重他们不同的哲学体系。

- 非宗教学校（Non-denominational），无宗教附属关系的学校。

- 有宗教附属关系的学校（Religion Affiliated Schools），属于前面提到的，虽是很久以前教会组织创建的，但随着时间的推移，社会的需要，资助主体的改变，学校运营费用不再单单是教区教民的收入和捐助，而开始增加其他方面的收入和基金运转，以致独立运营。虽然和教会有关，但招生和选择性有自主权。绝大多数有宗教附属关系的学校并不极端，除了少数学校有较为浓厚的宗教感外，大多数学校的宗教色彩并不过浓，宗教感浓厚与否往往可从其学校介绍、网页上窥见一斑。

- 教区教会学校（Parochial Schools），全美有7千多所教会学校。教会学校向教区所有适龄儿童开放，教区学校网络基本平行于公立学校网络，其间最大区别就是教会学校是教堂捐款资助，而公立学校是财政税收支持。除特殊情况，美国宪法不允许州财政支持教会学校。相应地，教会学校的学生父母是要承担学费的，但老师的收入比公立学校低，据统计整体低45%。（数据来自：Steven Greenhouse "Teachers' Pay: Adding Up the Impact of Raising Salaries"）

5. 按照学校提供的年级

- 高中校，一半以上的寄宿学校只提供9-12年级高中阶段教育。

- 初中校，只有6-9年级这一中学阶段的教育的学校。

- 中学校，学校提供 6-12 年级的中学教育，还有一些学校收 7-12 年级或者 8-12 年级的学生。

- 全制学校提供 1-12 年级，甚至从学前的幼儿园（Pre-K/Kindergarten）开始到高中毕业的全部大学前教育。

- PG 年级，部分高中校除了 9-12 年级之外，还 提供有一个特别的 13 年级——PG（Post-Graduate）年级：类似国内高中的复读班，给那些尚未准备好上大学或者没有申请到自己满意大学的 12 年级毕业生再修习一年的机会。

（二）私立寄宿中学还是走读校?

谈到中国学生去美国读中学，由于自身情况不同，有很多可能性。如果是新移民或者是临时人口，因为美国实行的是大学前的义务教育，从 5 岁幼儿园开始直到 18 岁中学毕业，都可以进入当地的公立学校免费学习。居住在一个学区的 5-18 岁之间的孩子自动就是该学区的学生，对于往美国探亲或者随父母工作学习的孩子也是同样的待遇。有些学校甚至会为英语差的学生配备专门的"私人"辅导老师。但这部分不属于本书探讨的范畴。

直接以去美国完成中学学业为目的的学生，因为签证和身份的关系，能就读的是私立学校。这些私立学校在美国移民规划局注册，有资格发放 I-20 表，从而可以从海外招收学生。学生凭 I-20 表可向当地美国领使馆申请赴美的学生签证。

我们下面所述及的私立学校都是狭义的，指不包括教区教会学校（Parochial Schools）的独立的私立学校。这部分私立学校又分为走读学校和寄宿学校。

1. 近三百所私立寄宿学校

寄宿学校是为学生提供食宿的学校，大部分寄宿学校也接受走读生。寄宿学校属于私立学校中特别的一类，有近三百所，是本书介绍的重点。

美国的私立寄宿学校是独立自制的学校，向学生和教职员提供住宿，寄宿学校的教职员全力把学校建设成一个目标一致、资源共享、权利义务明确、环境安全、学习具有挑战性、生活丰富多彩的生活学习社区。

如果看过美国电影《闻香识女人》(Scent of a Woman)，你就会注意到故事就是以一个寄宿高中生的生活展开的。虽然电影为了烘托主人公而对他所在的寄宿学校（新英格兰地区的一所男校）有所贬低，但仍然从侧面展现了美国私立寄宿学校的若干风采。该电影的拍摄地就是著名的私立寄宿女校 Emma Willard School。

学生和家长在考虑去美国读中学时往往把目标首先锁定在寄宿学校上，这是出于几个非常现实的原因。

首先，寄宿学校由于其特殊属性，其教育教学质量高于一般私立学校，一些详细比较我们将在后续小节展开陈述。日本学者石角完尔在《美国的超级精英教育》一书中写到："美国实力的源泉在于寄宿学校。"他认为美国的寄宿学校教育是美国人才辈出的秘密武器之一。

其次，很多私立走读学校没有校车接送，学生要自己解决交通问题，每天接送孩子上下学都是一件大事。即便可以搭到学区的公车上学，照顾学生三餐住行也是一项额外的负担，更何况走读学校学生有可能需要参加学校以外的活动，那就更难了。所以即使在美国有挚友亲朋，在生活上讲，寄宿仍旧是比较理想的选择。

再次，从安全、纪律角度考虑，寄宿学校能为学生提供每周 7 天 24 个小时系统的管理和保障。所有寄宿学生在宿舍和餐厅享受一样的待遇，相对而言，人际交往比较简单，学生也容易在中学阶段和当地同学建立比较深厚的友谊。

最后，绝大多数寄宿学校都提供多种课外活动、艺术项目、体育项目、社区服务机会供学生选择。在美国重视孩子教育的家庭，从孩子很小的时候，已经陪伴孩子一起探索知识层面以外的各种爱好以及周边资源和机会。但作为国际学生和新移民家庭，自己去摸索清楚这些资源的时候，时间也都过去了。很多家庭选择美国求学是为给孩子提供发掘自己天分与兴趣的机会，去完成整个人的"德智体美劳"的教育。寄宿学校的课外活动设置更适合和方便国际学生的需求，让学生容易迅速找到自己的天赋和兴趣所在。

2．三万多所私立走读学校

美国共有三万多所私立走读学校，规模不等，学生群体、文化基因各异。它们的选择性和挑战度有一个非常大的跨度。

因为私立走读学校的基数大，选择性和挑战性最强的学校中，私立走读学校比寄宿学校的数量更多。在选择性最强的100所私立学校中，寄宿学校占10所，剩下的90所都是走读学校；在这90所顶尖私立走读校中，超过四分之一是男女分校。这个比例从一个侧面说明单一性别学校作为一种教育教学方式对发掘学生潜力还是有着其非常独到的实力的。

在这三万多私立走读学校中，越来越多的学校开始接受国际生入学。接受，是否合适？这是另一重考量。那么走读校给国际生提供了什么样的机会和挑战呢？

相比私立寄宿学校，就读私立走读学校对国际学生和家庭在以下几个方面提出了更高的挑战。

第一点，就读走读校的学生就要选择家庭寄宿，全方位进入一个与有着完全不同文化背景的人家长期生活在一起，必然要更直接地面对如何融入与适应的挑战。比如，在家务的问题上，曾经有从走读学校要求转学的家长抱怨，寄宿家庭让儿子承担太多的家务，"我的儿子难道是去美国当长工的么？"细问之下了解到，所谓"太多的家务"是指日常整理自己的房间、洗碗、除草等工作，但这在美国家庭里，本来就是孩子需要承担的家务。可是对于中国学生来讲，从心理到能力都是挑战。学生的自理能力、沟通能力，如何和美国家庭相处，处处都需要学生自行面对和调整。

第二点，走读学校的学生大多从小学和初中就是同学，更有很大比例，本身家庭背景、宗教价值观都是相类似的，他们之间已经产生了自己根深蒂固的小圈子，给文化背景差异很大的母语非英语国家的学生的融入带来了更大的困难。这同样也要求学生有比较强的沟通能力，较强的自信，并能积极主动去沟通和克服困难。

第三点，学生需要自行补足轨道之外的需要。整体而言，走读校是为父母在当地的学生群体而设计的。国际学生的个人兴趣与需求和学校轨道不一致的部分，需要靠学生自行主动想办法去补足。比如学生菲菲到了美国私立学校后发现，学校的课外活动自己不感兴趣，她自己最擅长的活动是小提琴，虽然可以参加学校乐队，但乐队水平比较低，自己想参加郡或者州乐队，需要自行找老师当教练，而且还要了解参加考试的诸多手续、曲目。没有成年人到位的指导，要完全靠一个新生自己去摸索，很容易错过时间和机会。不过挑战也是机遇，如果能自发自觉地寻找新的方式进行补足，也可以让学生站在一个更高的水平上锻炼自己的能力。菲菲通过互联网，创立了一个网站，组织中学生通过在线方式举办多文化沟通访谈活动，也和中国同学一起创立了微信公众号，用以相关交流。同时菲菲也通过网络完成了约翰霍普金斯大学的数学课程。菲菲在走读学校就学期间所体现出的主观能动性也获得了目标大学的高度认可。

总之，如果是选择就读私立走读学校，不能仅仅考虑学校的整体学术挑战度、升学走向，更重要的是从孩子自身出发，看看这种选择是否适合他的需要。

从走读学校转学去寄宿学校的孩子中，绝大多数坚决转学的最主要的原因都和学术无关，反而是和活动匹配、寄宿感受有关。学生的留学是否成功，首先要取决于他是否能很好地适应、融入周围环境，在感觉较为自然的基础上，才有可能追求卓越，从而激发潜能，获得长足的进步。

近几年，随着私立寄宿中学的申请人数剧增，申请难度越来越大，竞争日趋激烈。越来越多的中国家长选择让自己的孩子就读私立走读学校。相应的，美国部分私立走读学校也新增或者扩招中国学生，除了传统的家庭寄宿方式之外，部分走读学校会自己租赁房子，安排老师来统一管理国际生的住宿，也有的走读学校会把国际生的住宿整体交给一家机构来管理和安排。但分散的家庭寄宿仍然是走读学校解决国际生寄宿问题的主要方式。

（三）美国私立寄宿学校概况

以下是近300所独立的寄宿学校（Boarding School）的总体情况：

表 2-1 寄宿学校总体平均情况一览表

类别	项目	全美私立寄宿学校总体情况
类别	宗教信仰	大部分无宗教归属，有部分属于基督教的某个分支
	建立年份	1910 年
	校园面积	110 英亩（约合 445154 平方米）
学生	9–12 年级学生数	295 人
	有色人种比例	20%
	国际学生比例	20%
	寄宿学生比例	68%
	SAT 平均分	1130(满分 1600)
教师与教学	提供第 13 年级	无
	周六加课	无
	统一服装	正式
	班级规模	12
	教师：学生比例	1：7
	为母语为非英语学生提供的英语课	有
	AP 大学预修课程数量	16
	校际体育项目	14
	课外活动组织	23
	教职员中持有硕士以上学历者	68%
	暑期课程	有
财政	校务基金	¥1600 万美元
	寄宿学生学费	¥50475 美元
	非寄宿学生学费	¥28200 美元
	向本国学生提供财务资助	是
	接受助学金学生比例	35%
	向国际学生提供财务资助	否
	奖学金	无
申请	通用申请	SSAT 通用申请或 TABS 通用申请
	申请截止日期	1 月 15 日
	标准化考试	SSAT, ISEE, TOEFL, SLEP
	录取比例	57%

从表 2-1 中可以看出，美国的私立寄宿学校通常都有悠久的历史（平均都有

百年以上），学校面积比较大（平均45万平方米），有色人种占20%，国际生占20%，充分体现了美国多元文化交汇的特点。小班教学，师生比例高，平均班级学生数量12名，大部分学校有为母语为非英语学生提供相应的英语课程（ESL），师资力量雄厚，多数寄宿学校的教职员拥有硕士以上学历。

这些学校平均有1600万美元的校务基金（Endowment），这项基金主要靠学校自己筹款以及投资收益，最少的不到一百万美元，最多已经达到八亿多美元，是学校发展的有力支柱。绝大多数学校都会向有需要的本国学生提供财务资助，而不向国际学生提供资助。学校财政收入的约三分之二来自各种捐款，三分之一来自学生学费，财政相对稳定。

对生源有一定的选择、要求，学生录取比例平均在57%左右。几所竞争激烈的学校录取比例达到10%。即使入学要求不高，选择性不太强的学校也有10%左右的淘汰率，对生源有所选择，在一定程度上保证了学生群体的质量。

这只是整体平均情况，美国学校的突出特点就是各有特色，所以这一平均情况并不足以让我们了解美国学校。要理解美国寄宿学校，还要深入看进去。

第三节　深入介绍私立寄宿学校

在美国提起寄宿中学，首先让人想到的是令人自豪的团体，各种各样背景的同学老师，打成一片的社区环境，自立、自觉、自律、有趣而挑战的学习环境。

（一）私立寄宿学校具体情况

1．私立寄宿学校的历史

当考虑让孩子上寄宿学校的时候，你是不是很想对所选择的学校有个全盘的了解，包括简单的历史延革，以帮助你做出正确的选择？确实，在美国，寄宿学校不是新生事物，大多数私立寄宿学校已经有超过一个世纪的历史，马里兰州的西诺丁汉学院（West Nottingham Academy）是美国第一所私立寄宿学校，成立于1744年，已经有270多年的历史。像许多那个年代成立的寄宿学校一样，西诺丁汉今天仍旧保持着旺盛的生命力。

表2-2 美国最早成立的寄宿学校名录

学校（所在地）	成立时间
West Nottingham Academy (宾夕法尼亚州)	1744 年
Linden Hall School for Girls (宾夕法尼亚州)	1746 年
Governor Drummer Academy (马萨诸塞州)	1763 年
Salem Academy （北卡罗来纳州）	1772 年
Phillips Academy Andover （马萨诸塞州）	1778 年
Phillips Exeter Academy （新罕布什尔州）	1781 年
Georgetown Preparatory School(马里兰州)	1789 年
Fryeburg Academy (缅因州)	1792 年
Lawrence Academy (马萨诸塞州)	1793 年
Cheshire Academy (康涅狄格州)	1794 年
Oakwood Friends School (纽约州)	1796 年
Deerfield Academy (马萨诸塞州)	1797 年
Milton Academy (马萨诸塞州)	1798 年
Westtown School (宾夕法尼亚州)	1799 年

看这份美国最早的寄宿学校名录就会发现，它们都集中在作为北美思想启蒙主导的东北部地区。美国私立寄宿学校的运作是模仿英国的寄宿学校。在英国，最古老的寄宿学校可以追溯到很多世纪前。19 世纪早期，随着大英帝国的扩张，寄宿学校的概念开始盛行。当越来越多的英国上层社会人士为在海外的军队和政府服务时，他们希望自己的孩子能在英国本土受教育，所以应运而生了越来越多的寄宿学校。美国最早的学校像英国英格兰地区的学校一样，几乎都是专为信仰基督教的富有的白人家的男孩而开设的。

事实上，寄宿学校存在的根源还是因为实用性。过去，国土很大，而即使是最富有的家庭也没有足够的能力解决交通问题。对许多学生来说，每天去当地的学校都是困难的或者不可能的。住在学校成了一个受欢迎的解决办法。所以，为满足富有家庭的额外需要，最早的寄宿学校应运而生——全体教职员、神职人员和学生们都住在学校里。

很多寄宿学校都有宗教附属关系。在早期也有一些特别为美国本土印第安人开设的寄宿学校。这些学校的目的与其说是为教育，不如说是为了进行同化。

随着工业革命带来的财富重新分配和交通状况的改善，19 世纪，寄宿学校以空前的速度增加，为中上层阶级提供服务且成为进入最优秀大学的管道。那个时代没有标准化考试，对顶尖大学的招生委员会来说，中学背景是学生最强有力的证明。到今天很多知名的寄宿高中和一些顶尖大学间仍旧保持着畅通的近似管道的关系。很多寄宿学校的学生在毕业后能进入诸如布朗、斯坦福、哈佛、耶鲁等享有盛名的顶尖大学进行深造。

寄宿学校提供给上层社会的孩子更好的教育，而且让背景相似的个体有一个志趣相投的氛围。这提供了超越教育之外的交际空间，为学生长期发展提供了重要而宝贵的社会资源。并且，在声望很高的寄宿学校学习，能增加学生的社会自豪感。

19 世纪 90 年代，一种新的寄宿学校诞生了，它是专门帮助有问题的年轻人而设的特种寄宿学校。这种专门的寄宿学校已经帮助了成千上万名青少年重新建立自信和自尊，并且重新回到了正常生活，回到了他们的家庭。这类专门寄宿学校，既提供极好的学习机会，也进行严格的品格培养和规范，目标就是帮助今天的问题少年成为明天的有用之才。

过去几十年，美国的寄宿学校还经历了一系列的转变。

和其他私立学校一样，寄宿学校的费用不断增长。据统计，如今学费、住宿费是 15 年前的 3 到 4 倍。同时，由于出生率的负增长和全球人口、收入状况的改变，一个家族里好几代人进入同一所学校的"世袭式"学生的比例正在下降，外国学生和非白人学生的数量上升到如今的 15% 左右，有些学校国际学生甚至达到了 60% 的高比例。顺应时代和新的教育理念，寄宿学校开始重视多样化——学生特长的多样化、背景的多样化。如今的寄宿学校已经平民化，学生家庭已经以中产阶级为主，兼顾社会各阶层的子弟。为了实现多元化的教育，很多寄宿学校对有需要的本国学生提供助学金，使得他们进入私立学校、寄宿学校学习成为可能。

另一个重大的转变类似体制改革，仅仅看很多寄宿学校迄今仍保留的名字就能稍许体会到——Academy，英文里是学院的意思，这是这些学校从百年前建校之初保留下来的名字，因为在那时候这些寄宿学校也兼有大学阶段的教育。经过百年发展，随着美国的中学、大学教育改革，寄宿学校都已经完成了从学院制度到现代的大学预科学校的转变。

总的来说，与百年前比，今天的寄宿学校在学术和社交方面仍然保有极大的吸引力，更进一步加强师资建设和教育教学更新，重视多样化，所以今天的寄宿学校每每信心十足地向学生和家长承诺——帮助学生实现个人成长，在这个变化的世界取得杰出的成就。

2．校园环境

正如我们在前面表 2-1 里所看到的，美国的私立寄宿学校面积很大，平均面积大约 45 万平方米，大致相当于 68 个国际标准英式足球场。学校面积不一定和学生数量成正比，大城市的学校面积较小，郊区的学校面积比较大，比如，2003 年成立的奥利夫利安学校（Oliverian School）位于新罕布什尔州（New Hampshire）北部，学生只有 50 人，但校园占地面积达 1800 英亩。

每个学校各有特色。有的校区有围墙，很封闭，有的则不。一般学校通常按照功能划分有：教学区域、图书馆、课外活动区域、运动和户外活动区域、宿舍区、餐厅。宿舍区除了卧室之外，通常有公共休息室、电视室、洗衣房和可以做简单食品的厨房。大一点的学校会有不止一个餐厅，方便学生就近用餐。

美国的中学，运动场的占地比教室的占地要大，大都有美式足球场、英式足球场、网球场、棒球场、篮球场和室内运动场。一般也都至少有一个画室、一个表演艺术厅。有的学校还有展览馆、博物馆。

通常在学校的网站上都会有学校地图和校园照片。

3. 教师配置

● 科任老师 (Teacher)：

美国的高中采取学分制，高中的学生没有像中国传统的"班级"的概念。上课的时候，学生到老师所在的课室去上课，因此，在一个教室里，可能有 9 年级学生，也有可能有 12 年级学生。教课老师的任务就是在课室（通常也是该老师的办公室）等学生来上课，上完课学生就离开，有问题可以留下跟老师沟通。通常每一位老师都会有一个对外办公时间（Office Hour），这是专门为老师答疑而设置的。

所以，学生的管理通常是由下面将介绍的训导主任、学生导师和家房老师来进行的。

● 训导主任 (Dean)：

管理全校学生的大总管，他的主要任务是处理比较严重的学生违规事件，比如处理学生的停课、停学、处分、开除等。因为美国是法制社会，很多时候，训导主任要跟当地警方和法庭合作，管理一些问题学生或者监外执行的学生（学生犯法，但罪不至坐牢，法庭判监外执行，学生也跟平常一样到学校上课，但全程在学校的监控之下）。

每个学校都有自己的手册，旷课怎么处理，违规怎么算，都预先讲得明明白白。学生严重违反课堂纪律，老师通常是不管的，填一张表，训导主任自然会找学生、联系家长。假如学生在课堂上造反，导致课堂无法正常教学，老师通常会叫个学校保安，把学生带到训导主任的办公室，其他的事情就由训导主任和学生导师去办了。

● 学生导师 (Advisor)：

每一个学生，从一入学，就会被分配一个导师。通常是一个学生导师分管同一个年级的几名学生。学生导师的工作是指导学生如何选修课程，帮学生把选好的课程输入系统。导师也负责联络家长，向家长汇报学生的思想学习情况。有时，因为学生导师都有心理辅导的训练，他们也可以为学生做心理辅导（或者用中国话说——思想教育）。

● **家房（班主任）老师（Homeroom Teacher）：**

一些高中生的课程表中有"家房"（Homeroom）的时间。一些人说家房老师就相当于国内的班主任。家房的功能一般是在每天上课之前，或者是每天找一个时间，让同一年入学的学生聚在一起，方便进行一些其他的学生管理活动。比如，记录考勤，宣布通知，又比如学生自治委员会的选举的提名、竞选，都是从家房开始的。现在，越来越多的州要求统考，由于统考是针对高中某一年级的学生进行的，（比如加州的高中毕业考只让高中第二年和第三年的学生参加）家房也提供了一个聚集同一个"年级"（虽然他们并不一定都上同一个年级的课）的学生的机会。家房老师通常只起协调、宣示、登记、统计的作用，不管学生的成绩或者纪律问题，家房老师也一样教课。

● **顾问（Counselor）：**

美国人讲术业专功，学校里配备有各种顾问。

学生患上忧郁症、精神有问题要找心理咨询顾问自不必说，即使有些微的情感问题，难以向同学启齿，也可以找心理咨询顾问。

每个学校都配备有大学申请顾问，负责指导学生如何申请大学和奖学金，如何为了这个目标而选课、安排时间。

有些较大的学校还有职业顾问，负责指导学生如何找工作，参加社区服务。

总的说来，相对于中国中学的班主任的职责，在美国则由学生导师（Advisor）、家房老师（Homeroom Teacher）和顾问（Counselor）共同分担。

4．教学方面

● **上课的方式不同：走班制**

美国高中的学分制，类似国内的大学，课程也分为必修课和选修课。每个人选的课程科目组合、深度都是不一样的。没有固定的班级，每门课上课的学生都有不同的组合。所以可以做个比喻，学生像是顾客，课程像是超市里的商品，学生上课就像去超市购物。区别是学期开始你就要想好、定好自己专门买哪几样"商品"。

因此，老师坐在教室里，学生根据自己选择的课程每节课走进不同的教室上课。比如一门微积分课教室里可以同时有四个年级的学生。通常每节课中间会有5分钟时间供学生换教室。

● 各科分数

高中生每学期的成绩都很重要，它是高中生升大学的基础。要想获得高中毕业证书和考上大学，美国高中四年的各科期评平均成绩必须在3分以上。GPA期评成绩一般包括三个方面：平时的考试成绩约占50%，期末考试约占20%，课堂发言和作业约占30%，所以远非一考定终身，恰恰相反真正是大考三六九，小考天天有。

将来，你高中四年的成绩单会被送到你要申请的大学。学校送分的时候也会相应填写学校总平均分GPA。有的学校是报出乘以课程难度系数后的加权平均（Weighted）了的GPA分数，有的学校则报的是未经计算课程难度系数的GPA平均分。加权与否是各校统计制度不同，并不会直接影响大学的判断，因为大学审核的时候会有自己独立的标准和计算方式。大学得到的也不是一个简单的分数值，而是一张表格，里面详细列明你每个学期的选课和所得成绩。

● 课程的选择尤其重要

为了同时照顾到不同程度的学生，中学不但设有快班、慢班、荣誉班，还专门开设有大学预修班（AP-Advance Placement），学生可以自由选择课程的难度。

每个学校的课程数目不同，通常大型高中全部的课程几百门，小型高中也有几十门课程，这些课包括传统领域：数学、英语、历史、科学、体育等，也包括商业、管理、艺术、音乐、技术教育、健康、家庭与消费者科学等等。有些课程是为了促进学生全面发展而设置的，在中国的课程表里可能从来不会看到，比如：汽车修理、木工、心理学、家政课等等。

在这些课里有必修课程和选修课程，学校对必修课程和选修课程的学分都有一定的要求。学生只有拿到规定的学分才能取得毕业资格。每个学校规定的毕业学分也不尽相同。

课程根据难度不同，又分为普通课程、强化课程和AP课程。比如你可以选择的课程列表里，有化学课，就有普通化学课，强化化学课和 AP 化学课。所谓 AP 课程就是大学预修课程（Advanced Placement），是对高中生开放的可以选修的北美和世界大多数大学承认学分的大学一年级课程。高中生只要上了这些课，并通过标准化单科 AP 考试，就可以得到大学的学分。重要的是，学生得到的 AP 学分越多，就可以从一个角度证明学生的学术能力，这样进入一流大学的机会自然就更大一些。

但并不是说学生可以任意选择，想上什么课就上什么课，每一门课都有所谓的"资格要求"。学生只有具备了一定的条件和顺序才可以上。比如，"微积分"课，学生必须在"三角函数"课及格之后才能上"微积分"；而"三角函数"要求学生必须在"高等代数"这门课及格之后才能上；"高等代数"课又要求学生"初等代数"和"平面与立体几何"这两门课都及格才可以上。对于转学的学生也一样，选课前要先考试。

说课程选择非常重要还有一个原因，进入顶尖大学除了 SAT 考试成绩之外，学校更看重学生在中学四年的课程安排。从个人的课程选择可以看出来你对上大学准备好了没有，适合进入什么样的大学。换言之，学生选的课程越具挑战性，则在又一个角度证明学生的学业情况和能力。所以，大学就通过高中四年的课程计划来审视录取对象的全面学术表现。

所以总体上讲，在做课程选择时，需要考虑学科的选择和课程的难度。可以这样说，你在高中时期选择上什么课程、得了什么样的学分，就大体决定了你进哪一类的大学。

因为课程选择的重要性，所以大学申请顾问的意见非常重要。他们最了解自己学校的课程设置，也最了解大学的要求。通常顾问会在高中一开学时和学生有一次面谈，了解学生的未来志向和目标，然后给他们一些课程选择的建议。所以高中生全部课程计划，早一些的，在 9 年级开学时候就已经基本订好了。

另外，美国学校对体育课重视程度高，可选择的体育项目多，也重视学生兴趣。大部分寄宿中学每天下午都有一节体育课，还经常要和别的学校比赛，一比赛就是两个小时。所以，你一参加那项体育活动，竟然就直接进了校队，从此替学校冲锋陷阵。美国的体育课更重视学生的态度、精神，而到底要对自己提出多大的挑战也多半看个人的选择。

● 中学生到大学去

如果学校各种深度的课程仍旧难不倒你，满足不了你的学术追求，就到大学去。很多优秀大学都有针对高中生的课程，通过一定的考试，你就可以在中学阶段就去大学读书了，所得学分在大学阶段也适用，可以减少上大学的压力。而且，因为参加这种课程本身就有一定的挑战度，所以在申请优秀大学时也是自身能力很强的一个证明。美国最好的就是这一点，如果你有余力想发挥、想挑战自我、想出色，总会有合适的人、合适的机构、合适的资金去帮助你。

● 特别针对国际学生的课程

对于英语是非母语的国际学生，先过语言关是最重要的。所以很多寄宿学校都提供以英语为第二语言的课程（English as a Second Language），也就是 ESL 课程。有的学校还设置了科学第二外语课程。目的是给母语为非英语的学生一个桥梁，逐渐过渡和尽快提高英语能力，顺利完成高中学业。所以有这种需要的学生在选择学校时，该学校是否有 ESL 课程也应作为一个重要因素。在多数学校，ESL 课程是需要额外支付费用的。

● 关于作业

过去大家对美国中小学的误区是读书容易，压力小，作业少。事实上并非如此。关键还要看你所在的学校，以及你把自己未来的目标定义为什么，这之间作业量差别巨大。

在一些大城市比较差的学区，如果老师留作业稍多，校长会出面说话。而且一般美国学校你不完成作业老师也不会把你怎么样，顶多给一个低的作业分。

而优秀的学校里，想上一流大学的学生，想极大挑战自我的群体，他们会选择大量有难度的课程，而不是修够毕业的分数就完了，这也就意味着他们需要完成更多的作业。

私立学校的老师一般每门课会布置 45 分钟到 1 个小时的作业。

另外美国的作业和中国传统的作业是有差别的，比如要求学生抄写和背诵的作业少，而让学生动脑筋思考的作业多。比如历史课针对二战的作业会问："你是否认为当时只有投放原子弹一个办法去结束战争？"这些研究性的课题，能充分调动学生的积极性，去查找和了解相关史实，并自己动脑筋去思考问题，而不是死记硬背课本。而这种作业投入的时间，也会因态度不同、自我期许不同，有天壤之别。

还有的时候，老师布置的作业，不是单一这门功课的作业，而是需要结合其他学科的知识一起来完成，比如在英语课分析一篇小说的时候，需要了解当时的历史状况。还有的作业，需要学生组成一个小组分工合作去完成。

总之，在美国中学读书的作业，对学生有着更大挑战，也意味着更大的空间和开创性。这直接体现了美国整体教育开放、自由的特点。

● 特殊教育：生命教育和生存教育

从上世纪 80 年代开始，美国等西方国家规定在中小学实施生命教育，其目的在于帮助学生科学地了解人的生与死，坦然面对生命历程中不可抗拒的客观规律，从而活得更充实更有价值。

生命教育的第一个重要内容是教育学生学会珍惜生命，提升生命的质量。第二个重要内容是教育学生如何战胜面对死亡的恐惧，坦然面对死亡。第三个内容是帮助学生正确面对亲友的死亡。

而生存教育是一种"能力的培养"，包括培养适应新环境的能力，对于竞争压力的忍受能力，在平等竞争中创造自己独特性的能力，发挥并表现自己优势的能力。这其中也包括领导能力的培养。

这些特殊的教育内容对处于青春期成长阶段的中学生都是非常重要的，教给他们去思索人生，帮助他们正确地对待生命、提升潜能、适应社会，为将来成长为一个成功者奠定基础。对于接触这方面内容比较少的中国学生，这些教育更是至关重要。

5．老师作为推荐人

在申请大学的时候，你至少要在学校找两位推荐人，因此老师对你的评价也是非常重要的。美国老师看学生的角度是怎样的呢？他们喜欢什么样的学生呢？

在一项调查中发现，美国老师喜欢活跃的、有独立思考能力和见解的学生。

优秀大学寻找的学生，是有创造性思维能力、有敏锐的分析判断能力、有发现问题的眼光和理性的批判精神、性格独立、坚强的学生。

美国教育教学的目标是开启学生的智慧。由于教育目标的不同，好学生的观念自然也有一些区别。

表2-3　中美老师眼中优秀学生标准对比

中　国	美　国
能够知道答案	能够提出问题
长于记忆	长于猜想
带着兴趣去听	表达有力的观点
能理解别人的意思	能概括抽象的逻辑
能抓住要领	能演绎推理
完成作业	寻找课题
乐于接受	长于出击
吸收知识	运用知识
善于操作	善于发现、发明、创造
喜欢自己学习	善于反思、反省

所以，想考顶尖大学的学生，上了高中以后，就要把这个问题放在头脑里：我可以找哪位老师作我的推荐人？我怎样向老师展示自己？怎样最有效地和老师沟通？更重要的，我要把自己塑造成什么样的学生？

6. 丰富多彩的课外活动

美国寄宿学校通常有更多的课外活动，也鼓励学生进行社区服务和做义工。

私立寄宿中学平均有14项体育活动和23种课外活动。

除了中国中学通常的田径和球类运动之外，美国中学的体育活动通常还有滑雪、游泳、网球、棒球、高尔夫球、垒球、曲棍球、冰球、越野、击剑、骑马、划船等运动。

俱乐部的活动内容更是丰富多彩，大的学校多达上百种俱乐部。传统的俱乐部活动有艺术俱乐部、合唱团、管弦乐队、戏剧俱乐部、辩论俱乐部、读书俱乐部等，学生除了参加自己感兴趣的俱乐部或者组织之外，自己也可以召集、成立一个新的俱乐部。比如日本动画俱乐部、反对酒后驾车俱乐部、反对家庭虐待学生社等等。

不管是兴趣俱乐部还是体育队、音乐队，只要有兴趣就可以加入，并有机会代表自己的学校参加一些校际活动、参加比赛。

这么多的体育、课外活动，并不是摆给谁看的，学校或者说他们的教育理念切实地希望这些活动和多种层次多种角度的学术课程一起能让学生找到自己真正感兴趣的项目、发掘自己的潜能，从而激发整个人向上、探索、追求的源动力。

在假期，特别是暑假期间，学生可以去拜访亲戚和朋友，也可以参加各种夏令营活动，夏令营也根据兴趣有很多方向可以选择：艺术、学习、野外生存、国际文化、健身、体育，仅体育夏令营又有足球夏令营、潜水夏令营、登山夏令营、骑马夏令营等等。

另外，很多优秀大学里也开有针对高中生的暑期班，可以拓宽知识领域，体味大学学习。

比如哥大的暑期班有针对将进入 11 年级 12 年级和大一学生的课程，哈佛有为期八周的针对中学生的多种课程。

假期也可以去做义工、参加社区服务，或者到医院、公司、政府部门作见习生。

美国对于人才的培养强调全面发展，所以这些丰富的活动也为学生多方面发展创造了条件。而且丰富的课余活动也对申请大学很有利，大学希望看见的是一个自成体系运转良好的个体。对于在中国强调学习成绩、应试教育体制下长大的学生，利用去美国读中学的机会，可以开发和培养自己更多的兴趣和潜力。

7. 日常生活

美国人喜欢任何事情都有个公约、准则。很自然每个学校都有自己的学生手册，简单的有十几页，复杂些的多达上百页，包括了学校生活的方方面面。既有行为做事的大准则，写明学生所应遵守的共同价值标准、权利、义务，也包括细微而具体的外出规定、作息时间、电话使用、异性关系、旷课、违规处理，涉及学习生活的方方面面。

● 着装

大部分寄宿学校都有统一校服。分三种情况做出规定：上课着装、非正式场合的着装、特殊场合的着装。

即使着装比较自由、没有校服的那些学校，也把着装要求很明细地写在手册里——什么场合应穿什么衣服。

有的学校再热的天，男生也要穿衬衣、系领带，有些学校的规定甚至细到衬衣要扎在裤子里面、必须系皮带、男生不能戴耳饰等等。一般手册里都会规定女生裙子的长度、要遮盖部分的范围。

必须穿着外套或
绣有校名的毛衣

衬衣应束于裙
或裤内

西裙或西裤，底边
需超过离膝四英寸

脚穿皮鞋，内衬
短袜或高筒袜

西装外套、领带，或
者是绣有校名的毛衣
加领带

不得戴耳饰

正装衬衣要求
扎于裤子内

必须扎皮带

西裤。可穿卡其布
裤，不得穿仔裤

正装男皮鞋。极冷天
可穿皮靴。

图 2-1　宾夕法尼亚州 Hill 学校的着装要求

● 宿舍生活

每个宿舍楼区都有宿舍管理人作为宿舍监护人（Dorm Parents），住在该区内，管理学生的宿舍生活及辅导学生功课。

宿舍类型各种学校各不同，一般有单人房和双人房，也有一些学校一个房间住 3-4 人。卫生间为 2 人或多人共享。宿舍内附设厨房、交谊厅及休闲区，学校都有宿舍学习时间、熄灯时间、电话使用、电脑使用、男女生互访、外客来访的规定。一般都是早晨 8 点集合或者上课，晚上 11 点熄灯，不过具体也因学校和年级而不同。

学校会提供公用电脑，以供学生对内对外联系、搜索资料，但往往允许学生自备私人电脑。宿舍会有有线或无线网络。学校对网络安全、合法使用、时间都有严格规定。

周末，学校往往会不定期地组织住宿学生参加各种活动、出外旅行，充实学生生活，也是借着尝试新事物增进学生各方面的能力。

● 同学们

一般学校低年级都会是两个学生住一个宿舍，在室友分配问题上，学校会考虑尽量搭配背景不同的学生，特别是外国学生会尽量配一个当地的室友。这样的好处是不言而喻的。特别是对国际学生来说，在增进友谊的同时，增加对当地文化、风土人情的了解，迅速提高英语能力，逢年过节也多了一种融入对方的方式。

除了室友，一些学校还会另外为国际学生分配短假期寄宿家庭，友谊家庭是同年级同学自愿结对，这种安排又为国际学生的节假日增加了丰富的内容。

你选六门课的话，你就有七个班，因为还有一个是指导老师直接指导的，几个学生也算一个"班"，每个班的同学都不一样，再加上兴趣小组，你总有机会和不同的人交往。

总之，在学期内，寄宿学校成为学生的另一个家，老师及同学生活、学习在一起，就像一家人。在这种 24 小时学习环境下，能让老师及教职员掌握每个学生在教室、比赛场或宿舍的情况。允许教职员和学生分享课堂内外的生活。寄宿学校的毕业生多认为寄宿学校经验是独一无二、难以忘怀的，学生在这个校园社区内生活、互相学习、彼此包容，并为之贡献每个人的能力。

（二）私立寄宿学校的优点

对学生的选择，还有健康、民主、宽松、开放的学习环境，这样一种独立完善和谐良好的学校社区，是寄宿学校突出的地方。

每班只有 12 名左右学生的小班教学，多层次多元化的课程设计，使老师和顾问能够针对学生个别情况给予关注与照顾。

学校的环境和教学方式，有助于培养学生独立思考的能力，帮助学生成功申请理想的学院并能在未来大学表现突出。

在学习期间，老师和学生打成一片，像生活在一起的大家庭。孩子们离开父母过住宿生活，断绝了父母的娇生惯养；在严格的规章制度和教职员工的指导下，接受的不仅仅是学业教育，更重要的是人品教育和思想教育。

通过前面对美国私立寄宿学校的介绍，大家可能对这类学校已经有了一个印象：美国私立寄宿学校是培养精英的学校。那么让我们再总结一下，美国私立寄宿学校到底有哪些独一无二的优点？特别是针对中国学生而言，它的吸引力在哪儿。毕竟选择远渡重洋去美国寄宿学校学习，对学生和家庭而言，都是一个非常重大的决定。

总体上讲，美国私立寄宿学校的学习为学生提供了这样的机会：

● **通过离开家庭生活而学会独立、纪律和成熟**

中国这一代的孩子绝大多数都是独生子女，加上中国目前家庭教育中存在的溺爱倾向，大多数孩子缺乏独立性。在家习惯依赖父母，没有自己的主见，不善于自己做决定，更缺乏自我管理、约束能力。到美国读中学，可以让孩子在一种被动的状态下，完成自我成长，逐步走向成熟。

在寄宿学校学习的过程，孩子会从管理自己的时间开始，学会遵守纪律；从安排日常生活中的小事做起，学会给自己设立目标，给事情排出优先级，加上顾问的指导，他们会逐渐形成一套处理问题的思路，为进入大学和最终进入社会做好准备——知道如何给自己进行人生规划，知道什么是重要的、自己需要做什么，才能到达预期的目标。这就是美国人常常强调的所谓大局观（big picture），其实就是指大到规划人生，小到具体事情的大局。这不仅能帮助孩子在大学里取得成功，更能使他们终生受益。从这个意义上看，进入美国的私立寄宿学校，会对孩子的一生产生巨大的影响。

还有一点就是，青春期，孩子在父母身边时，由于父母严格的管教，难免使孩子对父母产生一些抵触情绪，甚至认为父母是"可怕的魔鬼"，当孩子离开父母独自生活一段时间之后，他们会尝试去理解和接纳父母的意见，改善彼此的关系，更会对父母心怀感激。

● **为进入世界一流的大学提供学习的轨道作用**

不可否认，这通常是家长选择送孩子来美国读书的最主要最直接的原因。从下面的数字我们可以知道，美国拥有全世界一流的大学。

——最近100年，全球赢得诺贝尔奖人次最多的前20所著名大学的毕业生中，美国为164人次，排名第二的英国为85人次。

——英国泰晤士高等教育评价机构公布的2017年世界200所最好大学排名中，美国有73所，英国有28所上榜，前20名的大学中有15所是美国大学，哈佛大学长久以来稳居第一宝座。

美国大学招收国际学生，不必在美国读高中也是有机会进入美国大学。只是绝大多数学生还是需要一个轨道，从起点到终点承载他们，而美国的学校在同样的价值观、社会文化、"高考指挥棒"的作用力之下，正提供了这样一个通往美国大学的学习轨道。

英语的提高、对美国文化的了解和融入等等，都能有助于大学申请以及在美国大学融入、适应、发挥自己的潜能。做好任何事情都是需要时间和准备。就读美国的中学，能为将来读大学做比较充分的准备。要知道在美国读大学还是要真枪实刀努力学习的，基础太差也不行。

● **更明确一致的价值观**

价值观代表一个人对周围事物的是非、善恶和重要性的评价，其主次排列，构成了个人的价值体系。价值观和价值体系是决定人们期望、态度和行为的心理基础。整体上讲，美国是个比较成熟的社会，它的社会体系和价值观比较明晰，每个寄宿学校都有自己的校训、使命，是所有学生、教职员工所尊重，为之而努力的价值标准。

图 2-2 Phillips Academy Andover 的校训刻于徽章之上
Finis origine pendet (The end depends on the beginning), Non Sibi (not for self).

比如麻省人才辈出的安多福菲利普斯学院（**Phillips Academy Andover**），校训是"结果决定于初衷。人生并非为自己。"它包含了两层意思，首先是生活中出发点的重要性，然后就是，人生当为整个世界，自私自利并不创造意义。

健康而明确的价值观、价值体系，能净化学生的心灵，使学生的生活更清澈、有序。

● **鼓励不断尝试新鲜事物**

选择去美国私立寄宿学校本身就有点儿像冒险，因为要面对的都是新鲜的，以前没有接触过的东西。青少年本身就会对新鲜事物充满好奇和探索的兴趣，所以你很幸运能身在这样一个团体里和同学们一起去冒险和探索。

在寄宿学校学习生活的过程中，你会不断闯入未知的领域里，会遇到不同类型的人，发现自己在新团体里的位置，学习新的科目，掌握新的技能，这样就能不断地挑战自己达到一个新的高度，开拓思维，提高创造力。反之，遇到的挑战越少，就会过的越舒服，但自我提升也就越少了。新的挑战意味着学生经常可以有个人成长的机会，不断增加自信。

有很大一部分学生刚到美国,对美国的学校、美国的同学和老师，是不适应的，甚至是不喜欢的，当他们慢慢接受、发现别人的长处，就是他们开始适应的时候，也是他们的眼界真正意义上进一步放宽的时候和人生观进一步走向成熟的时候。

● 流利的英语听说读写能力

对一个外国学生而言，如果不能定期说英语，学习英语是很困难的。虽然国内也有很多沉浸式英语教学，但这和身处一个真正的英语环境是无法比拟的。在私立寄宿学校，和以英语为母语的孩子一起上课、运动、生活，这给中国留学生提供了时时用规范的英语交朋友和沟通交流的机会，这对学生能把英语作为一种语言去提高有巨大的帮助。

大多数私立寄宿学校也提供以英语为第二语言的课程（ESL），能帮助国际学生更快的提高英语。这些课程通常都是小班上课，主要为了提高国际学生的听说读写能力。

● 领导力和责任感

除了学习之外，寄宿学校提供了丰富的课外活动，而且由于价值观的不同，整个文化不重视考试排名（学生的排名是不对外公布的，有些学校甚至不对学生排名），所以，有各种特长的学生能够有发展自我的机会从而脱颖而出。避免了学生单纯的学术考试成绩的对比和竞争，使学生能够更全面地发展，同时还鼓励学生进行自我管理，为学生提供大量的充当班级或者运动场上、社团里领袖的机会，他们的领导能力得到了前所未有的锻炼。

更多的集体活动和生活也能够让学生开始学习与人相处的艺术，了解团队合作的重要性，并且能逐步意识到自己应该在团队中扮演一定的角色，承担相应的责任和义务。这对孩子未来走入社会，都有极大的帮助。

● 能结识全世界的新朋友，建立深厚的友谊，积累人际关系

寄宿学校通常会招收一定比例不同国家和种族的学生，以实现多样性。学生结识来自不同国家和不同文化背景的同学，大家宗教信仰不同、语言不同、地域不同，但每天要朝夕相处，这能帮助学生克服面对不同文化时的障碍，在和不同的人建立友谊，了解不同的文化的同时，学会用另一种文化思维，增加个体的心胸和包容能力。

只有在寄宿学校才有一起生活的机会，大家像家人一样相处，所以通常住在

一个宿舍的同学，甚至一个宿舍楼的同学都会建立起非常深厚的友谊，而且这种友谊会非常长久，甚至成为一辈子的朋友。可以想象一下，你在全世界都有自己从 15 岁开始就一起努力的、相互了解的朋友的情景。

在某些时刻他们也可能会成为你一生事业发展的基石。通常情况下，寄宿学校的毕业生会对母校和校友更热情，更有集体自豪感，这种感情往往超过对大学校友的感情。这种传统和历史影响着每一个在这里学习的人。共同的校训使得人们之间有种更强烈一致的价值观、有力的联系和感情，并能持续一生。所以，就读美国私立寄宿学校，你的身边就会有一个出色的精英团体，成为未来立足社会的重要人脉。

● **能和老师建立亲密的联系**

学生在每一天里，和学校教职人员都有大量时间相处，比如在教室里和授课老师一起，运动场上有教练，在课余的社团里有顾问，宿舍里还有舍监。因为每天这种长时间的接触，能使学生在学习上非常容易得到老师的帮助，同样，由于和老师的这种相处，能帮助他们在综合能力上迅速提高，能自主学习，并得到及时有效的引导，这在其他环境里都是很难得到的机会。

● **能就大量不同种类的课题进行小班学习并能得到个别辅导**

寄宿学校通常都是小班教学，平均每个班的学生为 12 个学生，老师和学生的比例平均是 1 ：7，这样就使得老师在课堂上能照顾到每一个学生的需要。而且教室通常都特别设计成有利于每一个学生参与的结构，使彼此之间能够有眼神的交流，使学习对学生来说变得更容易。这也是很多美国家长送自己的子女上寄宿学校的一个重要原因：得到针对个体的个别的关注，终究教育只有适合的才是最好的。

● **多元化发展**

私立寄宿学校鼓励学生多元发展，在课外有丰富的活动，培养学生各种特长，比如音乐、艺术、文学、科学、表演等、体育等。

● **24 小时照顾，安全环境**

近年来对美国校园枪击事件等的报道，使家长对美国中学校园的环境非常担忧。但在私立寄宿学校里，安全是能得到保障的。学校里到处会有安全检查系统，任何武器和异常一旦被安检系统发现，警报系统就会自动报警。任何非学校人员进入学校都需要严格的登记，包括学生的家长。

在 7 天寄宿制度的学校里，学生 7 天 24 个小时都会在校园里，除了上课之外，宿舍里会有管理老师来管理学生的生活和进行功课辅导，使学生能得到 24 小时的照顾，专心学习。学生的行踪也受到密切而人性化的监控。

美国教育部一项正在进行的关于教育的研究结果显示，总体来讲与美国的公立学校和私立走读学校相比较，私立寄宿学校在如下各方面具有更大的优势：

图 2-3 至图 2-7 为公立学校、私立走读学校和私立寄宿学校类比。

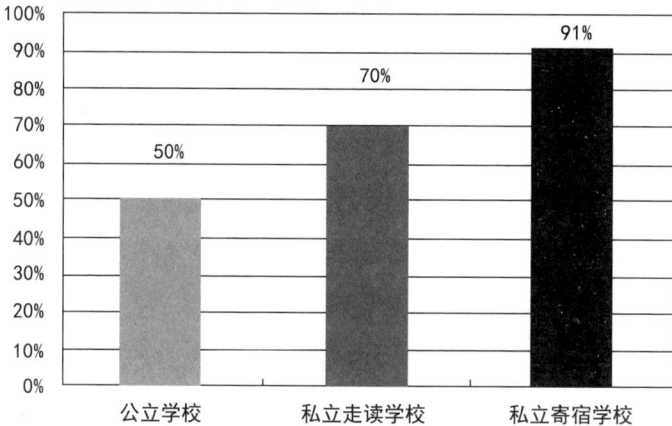

图 2-3　学生认为学校具有学术竞争力的比例

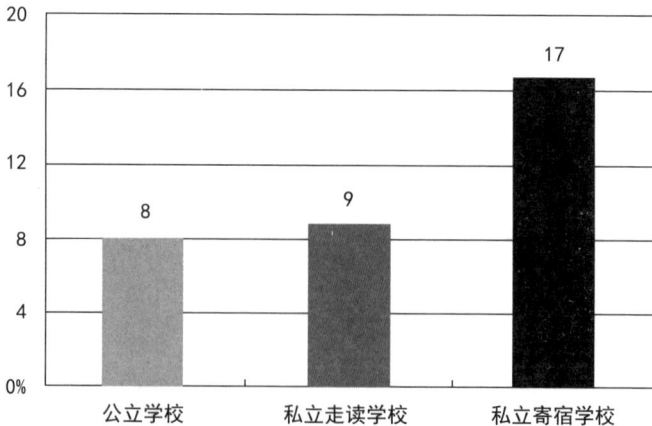

图 2-4　学生每周花在作业上的时间（小时）

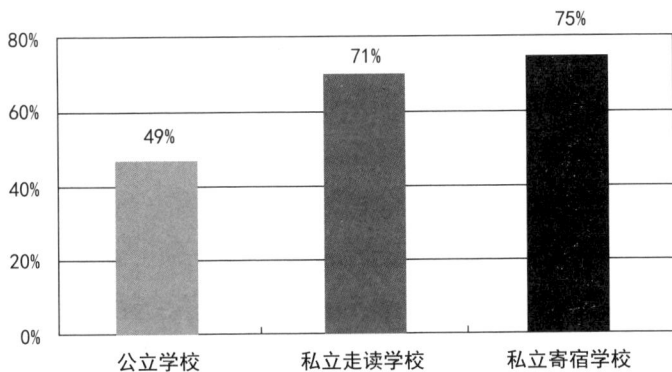

图 2-5　学生认为能受到同等对待的比例

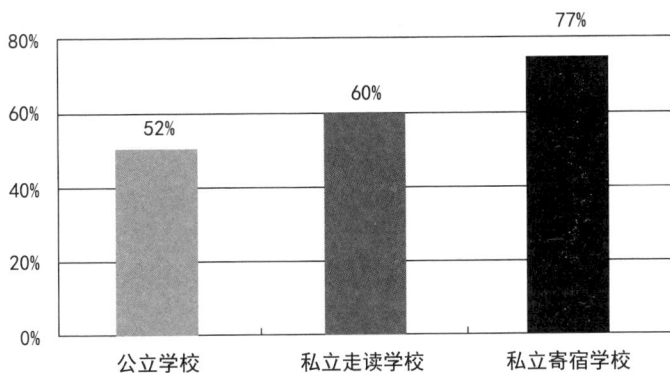

图 2-6　学生认为学校能提供领导力锻炼机会的比例

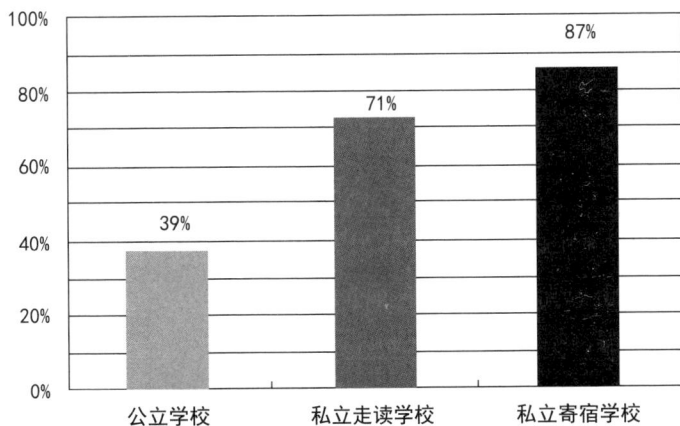

图 2-7　毕业生认为中学阶段已为上大学做好准备的比例

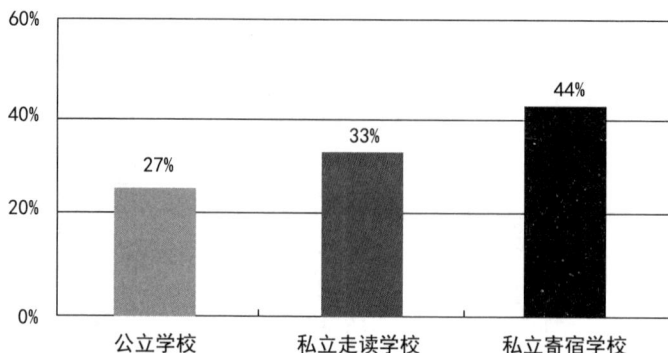

图 2-8　学校毕业生在职业生涯中期就已经成为高级管理者的比例

（三）人们对私立寄宿学校理解的误区

虽然私立寄宿学校相对公立学校和私立走读学校有自己的优势,但长期以来,人们对私立寄宿学校的认识还是存在一定的误区,这一小节,我们总结了大家最常提到的问题,以帮助大家更好地认识美国的私立寄宿学校。

误区一：私立寄宿学校是否会缺乏多样性

超过八分之一的寄宿学校学生是有色人种或国际学生。寄宿学校比公立学校通常更有多样性,因为寄宿学校积极地创造多样性的条件——他们尽量招收不同区域、背景的学生,而公立学校通常只招收本地学生。居住地域接近的人,在人种和社会经济特性方面都比较相似。

寄宿学校还特意为不同的学生创造出更多的机会在一起,无论是在宿舍、教室或者运动场,你会发现你总是和不一样的人相处,这样你不可避免地就能了解他们。

误区二：孩子们在寄宿学校没有乐趣

在任何学校,定点熄灯和各种规矩都是寄宿生活的一部分。但和你对寄宿学校印象不同的是,寄宿学校其实有很多乐趣。去和寄宿学校的学生交流,他们大部分也会这样告诉你,这里可以交到非常好的朋友,课余生活非常丰富,充满乐趣。

寄宿学校关键的还是强大的学术优势,坚持去培养孩子的独立能力,并给你机会去选择。你如何使用自己的时间,你的哪些行为能帮你达到目标——作为一个人的整体的成长，而不单单是学习。鼓励独立成长，不断遇到有新意的人，做你感兴趣的事情，这三者通常都是非常有趣而且有益的。

误区三：在家庭或者公立学校遇到问题的孩子才被送去寄宿学校

有两种寄宿学校，一种是大学预科，另一种是治疗性质的学校。这两种学校有时会引起人们的混淆和误解，认为寄宿学校只是为那些在家和学校有问题的孩子准备的。

大学预科类的寄宿学校是针对那些有意愿获得进一步挑战和发展的学生。对于那种在家、在学校已经很出色，并希望获得进一步挑战和提高机会的学生，寄宿学校是理想的选择。这种学校不是为那些吸毒、酗酒和有行为问题的孩子准备的。这类寄宿学校甚至军事化学校最主要的目标是通过严格的教学和丰富的活动机会，帮助学生升入适合自己的优秀大学，也为他们的人生走向独立自主做进一步的准备。

治疗类的寄宿学校是针对那些在家和在传统学校有困难的学生的。帮助学生升入大学也是这类学校的目标之一，但是这类学校更是为了处理那些有行为或情感问题、存在不良习惯和重大学习障碍的学生。

大学预科类寄宿学校和治疗类寄宿学校任务不同，也服务于不同的群体。所以大家要分清这两类学校，避免对预科类学校的误解。

误区四：难以和自己的家庭联系

特别当互联网重新定义了寄宿生和家庭的联系方式以后，寄宿学校为学生提供互联网接入口，大多数学校在每一个宿舍楼都有接入口，有的甚至在每一间卧室都有，Wi-Fi 基本覆盖整个校园。这种互联网连接在一天的一定时间段可以使用，这样学生可以和父母保持日常联系。根据学校的政策而通电话，也可以保持和家庭的联系。父母也可以随时去学校探望子女。

误区五：你必须非常有钱才能进私立寄宿学校

今天，私立寄宿学校大约三分之一的学生接受金额不等的财务资助，其中国际学生中 5% 接受资助，学生的家庭收入水平也不仅仅局限于中高收入阶层。通常，学校会通过申请助学金、贷款、奖学金等方式帮助低收入家庭的孩子达到他们能够进入私立学校读书的目的。最近 10 年出现的成体系和规范化的针对私立学校学生的贷款资助项目，使得私立寄宿学校教育越来越平民化了。在有些学校，本国学生，家庭年收入在 7 万 5 千美金以下的可以获得全额经济资助。

如今越来越多不同种族、民族、地域、经济状况的家庭送孩子来上私立寄宿学校，使得私立寄宿学校适应时代，更多元化，更包容，其对教学的严谨和强调学生的个人成长的优势并没有改变。

误区六：进入顶尖寄宿学校能保证学生进入顶尖大学

不少家长看到顶尖私立寄宿学校有很大比例学生进入最顶尖的大学，也听说顶尖私立学校和顶尖大学之间有一定的管道作用，所以认为孩子进入了顶尖私立寄宿学校就能保证学生进入顶尖大学。美国大学的录取是非客观录取，并不是仅仅看一些基本数字。面对最顶尖大学的选择，更大程度上是如何在周围人群中脱颖而出的问题。所以我们还是强调适合的才是最好的，学生能在一个适当的群体里发现自己的激情和天赋所在，从而让能力得到极大锻炼、潜能得到极大发挥，在这样的前提下，学生才能脱颖而出，显现出独特性。如果在高中阶段还是停留在满足轨道要求的层面上，学生也还是很难在最顶尖的竞争中突显出来。

（四）私立寄宿学校指南

为了让准备申请美国寄宿学校的学生更能有的放矢，选择最适合自己的学校，笔者把大学预科类寄宿学校分成了三类，艺术类和军事化类特种学校则根据种类单独列表。我们尽量详尽地收集了每所学校的可比信息，从提供寄宿年级、资金规模、学费、入学平均分数，到人数、住宿生比例等。请见后文附录：平氏私立寄宿学校分类。

平氏私立寄宿学校分类的标准主要是基于以下认识。

1. 寄宿学校的毕业生考入的大学

这直接决定预科学校的目标达成。

学校最大的分水岭是毕业生进入一流大学的比例，其中最主要是考入世界著名的常春藤盟校，以及其他一些一流大学如麻省理工学院（MIT）、斯坦福（Stanford）、西北大学（Northwestern）、卡耐基梅隆（Carnegie Melon），还有一些顶尖的文理学院如威廉姆斯学院（Williams）、艾姆赫斯特学院（Amherst）等的情况。

表 2-4　常春藤盟校

哈佛（Harvard）	耶鲁（Yale）
普林斯顿（Princeton）	哥伦比亚（Columbia）
康奈尔（Cornell）	达特茅斯（Dartmouth）
宾夕法尼亚大学（the University of Pennsylvania）	布朗（Brown）

2. 学校招生的选择性

即对入学学生的要求和选择水准。学校的选择性高低，直接决定了学生群体的竞争程度、学生的彼此影响、学生的学业程度甚至学校的课程设置。由于同畴竞争、同学间互相影响等因素，适当的学校，使得学生有机会更大限度地发挥自己的潜能。

比如一所寄宿学校进来的学生平均是 80% 左右的 SSAT 成绩，学生的录取率是 20%，出来的学生有 30% 考入顶尖名校，我们认为这属于正常发挥。当然，它是属于一类校。但同时，一所学校进来的学生平均是 60% 左右的 SSAT 成绩，学生的录取率是 40%，出来的学生有 20% 考入顶尖名校，我们认为这仍旧属于平氏一类学校，因为它能够帮助一些中等偏上的学生拔尖出头。

3. 学生群体差距以及学校对学生学习差异性的兼顾

这也无所谓好坏，只是说有些学校学生差距比较大，在这里学业非常突出的到学业比较差的学生都会有一定的比例，那我们会作为考量，把它的主要学生群体的状况作为该学校所在大类。

4. 学校资源情况

资金规模、师资力量、后勤服务、教学研发能力、校风校纪、课程设置、教学水准，这些最终决定了学校对学生帮助的程度。比如地理位置和口碑，决定了生源，同时也是一种长期积累的资源，也会影响大学对该学校教师评语、推荐的看法。

有些学生、家长特别关心学校的排名，但我们这一部分特意没有给出从一到几百的排名。因为这没有太多具体意义。比如排名 50 的学校和排名 70 的学校有什么本质区别呢？未必有，也许这20名的差距，只是拿了苹果比梨子。每个学校都有自己的特长、追求、具体情况、新生质量等等情况，没有一个指标可以客观地衡量一切。所以我们做了一个平氏私立寄宿中学分类表，按照上述四方面各占一定的权重，把学校分成了三类：

表 2-5 平氏私立寄宿中学分类表（部分）

一类	选择性强、同畴竞争最激烈的学校
二类	选择性、竞争程度中等的学校
三类	学业竞争不激烈，转型类学生的学校

读美国的中学，受到好的中学教育是留学的目的之一，在此之上，终究是要上更好一点的美国大学，也是让自己在申请大学的时候更有选择的余地。所以一定要明白，美国大学和中国的不一样，不是只看学生的高考成绩，他们更看中学生在学校的一贯表现，以及是否是一个运转良好的个体。所以选寄宿中学不是选最牛的，最声名卓著的，最重要的是要看学校是否能够帮助你，你在学校里是否能如鱼得水。选择合适的学校的相关内容，我们将在"下篇——实战篇"中详细介绍。

第四节　私立寄宿学校的组织

美国有全国性和各地区性的寄宿学校专业组织，我们书中囊括的寄宿学校都是通过了地方、地区、国家专业组织和地区教育委员会的认证，并且定期重新认证评估，具备相当资格的私立学校。同时各协会也均为会员学校和目标学生提供专业咨询服务。通过联系一个专业协会，可以得到一系列学校的咨询，以便做广泛的调研和横向比较。

（一）寄宿学校协会 (The Association of Boarding Schools 简称 TABS)

寄宿学校协会是一个寄宿学校全国性专业组织，该协会为会员学校提供专业培训、组织研讨会、组织招生大会。其已经连续举办了 21 年的亚洲招生会，一般在每年的 10-11 月份召开。从 2006 年秋季开始把中国列为一站，会场分别设在上海、北京、香港，过去几年每年有 60 多所寄宿学校参会。具体参会学校、时间、地点每年的 9 月以后可以陆续从网上查到。

该协会每年更新、出版的《寄宿协会学校指南》（TABS Boarding Schools Directory）可以从网上索订，海外客户需付邮费。

（二）10 校招生联盟 (Ten Schools Admissions Organization 简称 TSAO)

常春藤盟校所在地——美国东部，一向是美国思想经济文化的中心，在这里，一群有着共同目标和传统的著名私立寄宿学校共同成立了一个叫 10 校联盟的组织，它已经有超过 50 年的历史。这 10 所学校在多领域开展合作，目标是为了更好地满足学生和家长的需求。这些学校除了提供已有的经验和传统之外，各自在学生培养和学术上都有最高的标准。网址为：http://www.tenschools.org/。

作为一个招生联盟，他们举办共同的巡回招生大会，使用统一的教师推荐信格式。

表 2-6　10 校联盟

中文校名	英文校名	所在州
乔特罗斯玛丽学校	Choate Rosemary Hall	康涅狄格州
迪尔菲尔德学校	Deerfield Academy	马萨诸塞州
希尔学校	The Hill School	宾夕法尼亚州
霍奇基斯学校	The Hotchkiss School	康涅狄格州
劳伦斯维尔学校	The Lawrenceville School	新泽西州
卢米斯查菲学校	The Loomis Chaffee School	康涅狄格州
安多福菲利普斯学校	Phillips Academy Adover	马萨诸塞州
菲利普埃克塞斯特学校	Phillips Exeter Academy	新罕布什尔州
圣保罗学校	St. Paul's School	新罕布什尔州
塔夫特学校	The Taft School	康涅狄格州

（三）中西部寄宿学校联盟 (Midwest Boarding Schools)

中西部，从俄亥俄到堪萨斯，从明尼苏达到阿肯色，10 州的 31 所优秀的寄宿学校组成了中西部 31 校联盟，他们为近 10000 名学生提供中学教育。

（四）西部寄宿学校协会 (Western Boarding School Association)

39 校联盟包括东起德州，西至夏威夷之间美国 8 个州的 32 所寄宿学校，包括加拿大的 7 所学校。

其他还有很多独立学校协会，其会员既有寄宿学校也有普通私立走读学校，在此不作介绍。

第五节　介绍几所寄宿学校

下面具体介绍四所优秀大学预科学校，每所寄宿学校各有特点，他们长于帮助的学生群体范围不同，各自的历史延革和重点也不同。因而我们的介绍也各有侧重，以便读者能从不同的角度去了解美国寄宿学校的整体情况（我们列明了一些学校进入常春藤大学的比例，但这一比例只是参考，因为如麻省理工、斯坦福还有著名的文理学院等和常春藤盟校同样声名卓著的大学是被排除在外的）。

（一）菲利普埃克塞斯特学校 Phillips Exeter Academy (PEA)

著名的私立寄宿学校菲利普埃克塞斯特 (PEA) 成立于 1781 年，迄今已有 200 多年的历史。它提供 9-12 年级以及 PG 年级共 5 个年级的高中教育，有 1000 多名学生，在寄宿学校里算是相当大的高中校了。

PEA 男女混校，美国学生中有色人种占 44%，国际学生来自 34 个国家，占 11%，80% 学生住校。师生比例 1 : 5，每班平均 12 名学生。该学校的教学涉及 19 个科目，有 450 多门课程可供选择。另有 159 个课外活动俱乐部，涉及 21 种不同运动领域的 62 个运动队。

学校永久基金规模 11.5 亿美元。2015 年的财政年度预算达 9,300 万美元，其中 1900 多万美元用于学生助学金的发放。

2015-2016 年的寄宿生学费为 47790 美元。学费收入占总收入的 30%，校务基金投资收益占总收入的 53%，赠予 9%，其他收入 8%。

1. 不讲课的学校—哈克奈斯 (Harkness) 体系，把启发式教学推展到极致

PEA 最吸引世界优秀中学生的地方在于其优异的学术水准，这也是全世界的学生选择 PEA 学校的最主要原因之一。

PEA 声称他们拥有自己独一无二的哈克奈斯教学方法。哈克奈斯教学方法最早开始于 1930 年，由圣保罗毕业的爱德华·哈克奈斯（Edward Harkness）先生首倡，经过几十年的成功经验，为一些私立学校所采用，但把这种思想发展到极致的，当属 PEA。目前哈克奈斯体系已经延伸到 PEA 学校生活的方方面面。

哈克奈斯教学方法的核心是：老师和学生围坐在一张椭圆桌旁，带着对每个人的尊重，一起去提出问题，思考、理解，并最终学习到知识。每个人到班级里是准备分享、讨论、发现，无论是小说，还是原子能或分子结构。在 PEA 的教室里，从来不会听到老师演讲式的讲课。连数学课的内容也被设计成手册的形式，用语言讲解概念。这种教学方式对学生的表达能力、语言能力要求很高，也同时是一种挑战。

学校的每个人，包括教师，也总是处于倾听与引导、寻找问题的状态，从而导向真正重要的答案。去怀疑一件事情是容易的，但是去质疑一件毫无疑问的事情是真正困难的。这就是学生在 PEA 学到的批判性思维，无论事实是多么明显，在我们知道原因之前，我们不真正知道任何事情。

事实上，哈克奈斯不仅存在于课堂上，任何东西都是用研讨会的形式来教授。你可以在宿舍里、在戏剧作品里、在运动场上看到哈克奈斯体系。用学生的语言形容"它是有趣的，令人愉快的，它是解决各种问题的方法……"

哈克奈斯体系不仅帮助学生学习，而且教会了他们尊重、分享与合作、同时也学习等待，学习立论、设论与驳论。而这一切形式最终还是为目的服务的：PEA 的教育对形成一个学生的性格大有帮助，为他们成功的人生奠定了坚实基础。

2．注重学生背景的多样性

PEA 和绝大多数寄宿高中一样，都有一定比例的学生接受学校资助来支付昂贵的学费。PEA 也把经济资助推向了一个中学所能达到的极致：它采取 Need-Blind 的招生录取政策，录取时不考虑申请人是否有需要资助的要求，一旦录取后，学校根据学生的家庭收入给予无息、不需偿还的经济资助。

为了让那些低收入家庭子弟能更容易地融入他们比较富有的同学中间，学校甚至曾给一个单亲家庭的学生 1000 美元的资助买电脑，为学生校外的音乐学习付费，为必备的绘图计算器资助 100 美金，竟然还会带一些学生去买被单、文具。

2007 年起，其资助政策更进一步推行到：家庭年收入 7 万 5 千美金以下的学生全免费，包括学费、食宿费、书本费、电脑、学习用品、床单床罩，健康保险和技术服务费。

部分或全部接受经济资助的学生 2014 年在菲利浦·埃克塞斯特达到 46.3%。事实上家庭收入达到 20 万美金的家庭也仍旧可能接受部分经济资助。这一政策也适用于国际学生。

凡名校，必具一流校长、一流师资、一流生源。英国剑桥大学校长甚至认为在办好一流学校的诸因素中，生源的重要性占 70%。不管你是否认同这一比例，生源质量之重要是毋庸置疑的。在美国寄宿学校中，大家公认 PEA 的学生非常用功。PEA 由于其优异的成绩、良好的名望和悠久的历史,学生的生源是非常好的，选择性非常强。但它在录取学生的时候，既考虑学生的成绩、水平，同时也考虑学生的背景，他们非常注重学生的多样化——特长的多样化、背景的多样化。现代美国教育思想不想造成大一统的灌输，而是希望把这个世界的多样性呈现给学生，让学生自己去思考、追求。在这种使命和理念的支持下，PEA 学生群体中既有大量中产阶层子弟，也有大富大贵人家的孩子，外国的公主王孙，同时也不乏来自低收入家庭的自强出色的人才。事实上，由于其稀缺性，这些美国名校为了争夺较低收入家庭、少数族裔的优秀学生，为了这种多样化的宗旨，在一定程度上宁愿在成绩上、在收入上做出容让。

PEA 助学金的发展幅度和那些著名高等学府的步伐是一致的。从这里可以看出，一方面是美国的整体教育理念，另一方面也是目标的指导作用，因为中学教育的成败，始终有一部分是以大学的认可进行衡量的。

表 2-7　2014-2015 年度的招生数字

类　　别	数　量（人）	百分比（％）
总申请人	2339	100
录取人数	449	19.2
录取的校友 / 教师子弟	35	7.3（占录取人数）
新签约学生	322	13.8（占申请人数）；71.7（占录取人数）
新进入学生的 SSAT 平均分	2107	85

3．学习之余——宁静的小城

PEA 位于美国东北部新罕布什尔州（New Hampshire）的小城埃克塞斯特（Exeter），学校占地 671 英亩，学校内有建筑一百多座，其中有 9 层楼高的图书馆，馆藏近 30 万册图书。由于学校资金充足，设施水准很高。宿舍宽大舒适，一般低年级学生一至两人一间宿舍，高年级学生每人一间宿舍。

2006 年由校友约翰费舍捐资扩建的菲利浦埃克塞斯特学校
游泳馆。以当年退休的游泳教练罗杰耐可顿的名字命名。

两个餐厅从早 7 点一直开到晚 7 点，提供品种多样的食品。学生经常会因去别的学校参加体育比赛而赶不回学校就餐，餐厅会给学生准备盒餐。餐厅也会为学生团体的活动特别定做餐点。

PEA 的学习生活是紧张的，由于学校对学生要求严谨，学生自我期望值高，再加上同学间竞争促动，不少学生经常会学习到午夜以后。虽然学习紧张，但每天的体育活动以及课外兴趣小组、社区活动、同学间的交往也是不可或缺的重要部分。

到了周末，住宿生会到小城去逛逛，看看电影、跳跳舞。埃克塞斯特城市小，居民仅有 14000 人，人民和善自然。小城里有连锁超市，药店沃尔格林（Walgreens）、CVS。另外校车还会定期载学生去稍远的大型超市沃尔玛（Wal-Mart）和绍氏连锁店（Shaw's）以及购物中心。周末也可以乘汽车和火车去波士顿，约 1 小时的车程。埃克塞斯特距大西洋只有 10 英里远。

PEA 也经常会有名流来访。它是美国总统竞选的一个重要演讲点，几乎每个总统竞选人都曾来 PEA 演讲。

PEA 学生普遍以自己的学校为荣，对学校生活非常满意，对哈克奈斯体系分外推崇。学生热爱学习、尊重传统，和教师亲密无间。大多学生认为学习是艰苦的，但学习之余也有很丰富的生活可以享受。很多学生认为在 PEA 学习的经验是人生的挑战，这种挑战使学生认识自己、发挥自己潜能到极致。宿舍群体很亲密，学生间友谊很深，可以说是"战友般的"友谊，这种友谊对将来的生活和发展都是一种无形且无价的资产。学生们认为同学背景的多元化对自己帮助非常大。

4. 几近完美的大学申请辅导

PEA 的大学申请辅导工作的目标是帮助每个学生找到和自己兴趣相投的大学，从而逐渐确立自己此后多年的学术发展的基础。

PEA 的大学申请辅导顾问组由九名员工组成。主任伊丽莎白·朵兰从事教育工作超过 30 年，是一名临床心理学咨询硕士。在朵兰众多的教育工作经历中，最引人注目的她曾在塔夫斯大学担任了十年的招生工作，一直做到资深招生主任，负责完善政策措施、本科生的录取还有财务资助工作。迄今她在 PEA 已经工作了 19 年，这 19 年间，她领导下的大学申请辅导顾问除了日常帮助学生申请大学的工作外，还建立了一个被《纽约时报》称之为几近完美的大学申请咨询交互网站。PEA 的大学申请辅导教师多有大学招生背景。

在 2012-2014 年的三年间，908 名 PEA 毕业生进入 191 所不同的大学。PEA 的毕业生被很多颇具选择性的大学录取，其中学生最集中的大学如表 2-8 所示。约 46% 的 PEA 毕业生进入了表 2-8 中的 20 所大学，其中 23% 进入常春藤盟校，4% 的学生进入哈佛大学。

表 2-8　2012-2014 年间录取埃克塞斯特学生数量最多的 20 所大学

学　校	排　名（2014 年《美国新闻周刊》排名）	录取人数（人）
Yale University（耶鲁大学）	综合性大学 3	36
New York University（纽约大学）	综合性大学 32	36
Columbia University in the City of New York（哥伦比亚大学）	综合性大学 4	34
Harvard University（哈佛大学）	综合性大学 2	33
Princeton University（普林斯顿大学）	综合性大学 1	27
Brown University（布朗大学）	综合性大学 16	25
Georgetown University（乔治城大学）	综合性大学 21	24
Cornell University（康奈尔大学）	综合性大学 15	22
Carneige Mellon University（卡耐基梅隆大学）	综合性大学 25	22
MIT（麻省理工）	综合性大学 7	21
University of Chicago（芝加哥大学）	综合性大学 4	19
Stanford University（斯坦福大学）	综合性大学 4	19
University of Pennsylvania（宾夕法尼亚大学）	综合性大学 8	18
Dartmouth College（达特茅斯学院）	综合性大学 11	18
Williams College（威廉姆斯学院）	文理学院排名 1	14
University of Michigan（密歇根大学）	综合性大学 29	14
Tufts University（塔夫斯大学）	综合性大学 27	13
Wellesley College（韦尔斯利学院）	文理学院 4	13
The George Washington University（乔治华盛顿大学）	综合性大学 54	7
Duke University（杜克大学）	综合性大学 8	6

（二）圣保罗学校 St. Paul's School

著名的圣保罗学校成立于 1856 年，迄今已有 160 年的历史，隶属基督教圣公宗。圣保罗的 2000 英亩长满森林的绿地上星布着 112 座建筑，这里是 541 名学生（学生 9 到 12 共 4 个年级）和 112 名教职员工的家园——学期间所有学生、老师全部住校，是真正的全寄宿学校。所以，圣保罗的师生显得格外团结紧密，学生发现当大家学习和生活在一起时，可以创造意想不到的效率。

男女混校，有色人种占 39%，国际学生 17%。录取比例是 16%，新生的平均 SSAT 成绩在前 11%。师生比例 1 ：5，每班平均 15 名学生。有 54 个课外活动俱乐部，涉及 19 种不同运动领域的体育活动，其中校际运动队 17 个。

寄宿学费 54290 美元。学校每年收到的捐款有一到两千万美元，永久基金规模 5.51 亿美元，年财政预算达 4800 多万美元，其中 900 万美元用于 193 名学生助学金的发放，36% 的在校学生接受学校资助。

1. 延续历史创造未来

圣保罗学校毕业生的共同感受就是怀念圣保罗的日日夜夜。在他们的记忆里，或许有片断式的一位同学、老师，一次活动，一种味道，一处小屋，一片草场，而真正不可磨灭的是整个圣保罗学校争取成功的努力，那种雅量，一年年不断追求更新、日日前进的翩翩风姿。

2006 年 6 月圣保罗学校庆祝了它的 150 岁生日。80 岁老人，圣保罗学校校友、国会众议员、康宁玻璃公司前 CEO、20 世纪美国杰出的企业家艾默里·霍顿（Amory Houghton, Jr. ）为母校祝寿，他的致词中讲道：

未来不是历史的一个线性延伸。任何企业、机构如此，学校亦如此。一个学校，关键的问题是它掌握在谁的手里？谁是它的后继者？也就是它想成为一个什么样的学校？而教师、家长、学生、校友在不同的位置掌握着圣保罗的历史，是这些人使这种绵延相续成为可能。如果我们欲求其下，则必得其下；如果我们追求平庸，我们就只会平庸；但，如果我们追求更好、优秀、处于领先地位、在黑暗中闪光，我们也将得到我们之所求。圣保罗学校，是我们的学校，我们所得到的将是我们所追求的。所以，让我们追求好的东西！永远追求好的东西。

160 年来，圣保罗学校培养的学生从成功的球星、艺术家、作家、社会活动家、演员，到企业家、银行家、政治家、科学家，不一而足，其中中国人比较熟悉的有对小儿麻痹研究做出突出贡献的诺贝尔医学奖得主约翰·安德斯（John Enders），前民主党总统候选人、现任美国参议员约翰·克里（John Kerry），哈克奈斯（Harkness）体系的发明人、慈善家爱德华·哈克奈斯（Edward Harkness），前美国中央情报局局长罗勃特·穆勒（Robert Mueller），大名鼎鼎的美国报业大王赫斯特家族的第二代威廉赫·斯特（William Randolph Hearst）。

2．在这纷繁的世界中带着深沉的思索寻求平衡的发展

圣保罗小得可以成为一个家庭，大得可以容纳从思想到活动的多样性。一年里有 9 个月，圣保罗学校的 500 多名学生和 100 名老师就生活在美国东北偏北的新罕布什尔州首府康客德（Concord）。背倚白山 2000 英亩土地上，错落有致地排列着 118 座建筑。火鸡河从校园流过，葱茏高大的白皮松环抱着 4 个小池塘，学生们夏天在火鸡塘游泳、划船，冬天滑冰、打冰球。池塘、树木掩映中哥特式的尖顶教堂、牛津风格的教学楼和伊丽莎白式的餐厅相呼应，一片宁静和平的景象。

圣保罗学校的圣彼得教堂

直到今天，圣保罗学校与外界隔绝，形成一个封闭的社会团体。但封闭式教学的圣保罗学校并不把自己封闭在多彩的世界之外，它注重交流、注重有目的有

选择地引进校墙外好的东西。每个学期都有各领域的学者、艺术家、诗人、政治活动家、各国的交换学生来圣保罗学校参观访学。学校规定学生每年至少要参加十小时的社区服务，这是最基本的要求；此外还有很多社团，学生可以作为志愿者服务社区和社会，帮助康客德有需要的老人和孩子。圣保罗学校的学生在接受学校系统的人生和学识教育的同时，在这些交流中学习、反思、引进新鲜的思想和精神；在已经非常广泛的学术活动之上，这些活动让学生进一步开阔眼界、了解社会生活的各个领域。

这500多名聪明的高绩效的学生群体，幸福和幸运地被学校无微不至地照管着——从身体到灵魂。学校以教书育人为中心，处处精心，样样经过深沉的思辨，力求照顾好这2000英亩土地上每个个体的需求。

新到的每个学生都分得一个"大哥哥""大姐姐"，成为他们的指导人和支持人。

学生的兴趣爱好得到极大的尊重和支持。学生想参加什么体育活动、参加什么社团，都可以做得到，如果想参加的活动在学校里找不到，就可以考虑开创自己的社团组织，学校会提供资金支持、教师协助。

圣保罗学校，让人想起《牧马人》里的一句话：种什么活什么、做什么像什么。这就是圣保罗的创造力和生命力。

圣保罗学校的设施非常先进，有世界一流水平的天文馆，新建的现代化体育场和游泳馆。学校对艺术教育非常重视，其艺术教育在某些方面甚至可以和专业学校媲美。学校有四个表演艺术厅，钢琴课和音乐课是一对一教学。舞台表演课在圣保罗学校是非常受欢迎的一门课程，其指导老师是曾经在好莱坞的演员。艺术与雕塑课的教师在艺术家领域小有名气，其在研究生时就两次被命名为最出色的学生雕塑家。

圣保罗学校学生一致认为自己的老师是称职且热爱教育工作的。小班教学保证了老师和学生之间充分的交流，老师鼓励学生提问题，希望他们具有批判性思维，课堂活跃而有新意。学生如果想做更深入的研究，或对某个特别科目有格外的兴趣，都会备受鼓励。学生随时都可以自己选题，要求老师另外开课、单独指导。

老师不仅仅是老师，更是圣保罗社区的一员。每个学期老师会请学生到家里来玩，当然会有好吃的；每年的校长招待会上，校长家的柠檬罂粟籽儿蛋糕据说是新英格兰最好的美食。

500 多学生分住于 18 座宿舍楼，每座楼小小的，容纳二三十名学生，每个宿舍楼配有三名舍监。从晚 7 点半到 11 点，都有一个辅导老师在公共娱乐室内，大多数同学会留在公共娱乐室学习。每天早上 8 点钟都是礼拜时间，每周有一个晚上学生会有一个讨论时间，主题从诚实、责任感到当今各种社会问题。帮学生找到正确的切入点理解这个社会，形成自己比较成熟的观点，并用学校的价值观、理念去切实地影响学生，为孩子的现在和未来做一些现实和有益的工作。

学校伙食非常好，有多种选择，早餐有谷物、面包、威夫饼、火腿、水果，还可以订单份现做的煎蛋；午晚餐有色拉吧、汤吧、甜食吧以及多种主菜可供选择。餐厅采取了一个小小的但有新意的措施，取消了餐盘。只是用碟子取食物，旨在杜绝浪费。在物质极大丰富的社会，你懂得珍惜么？懂得惜福、惜物么？圣保罗学校做出了它的努力。

每周有两次指定座位的正餐时间，在这种场合会有机会认识新的同学，而且每桌有一位老师，这一组人有 3 周共 6 次在一起熟悉、聊天儿的机会，3 周以后，又会指定新的座位次序。

圣保罗学校属基督教新教门下圣公会，学校有两座教堂，圣保罗和圣彼得教堂，每周 4 天的半小时晨祷，不仅对教徒十分重要，即使对没有宗教信仰的那些学生们，这宝贵的半小时也能使他们在这纷繁的世界里得到沉淀和静思。

学校的目标就是，教育学生成为一个完整的人，尊重自己也尊重别人，使之在这个复杂多变的世界上能有所建树。

3．大学咨询

圣保罗坚信决定一个人成功和快乐的不是你所要去的大学的质量，而是要去这个大学的学生自身的素质，所以，圣保罗学校把申请大学作为整个人的教育的一部分，把毕业生申请大学看作圣保罗成长的顶点，是个人成长和增加自我认识的好机会，是学生做出人生重大决定的最好实践。

本着授人以渔的态度，咨询顾问致力于指导学生和家长如何透过海量的数据、信息寻找出对自己真实有用的部分，从而在生命的这一重要阶段做出理智而明智的决定。圣保罗大学顾问的信条是：学生是申请大学的主导者，顾问要做的就是去除申请大学的神秘疑云，教导学生当他们在有控制能力的时候学会如何去控制生活、做决定。伴随着申请过程，学生从青少年走向成年，这是让所有参与这一过程的相关者激动的时刻。

圣保罗有四名大学咨询顾问和一位办公室主任，每名顾问负责分管当年的30多名毕业生。

在2011-2014的四年间，556名圣保罗毕业生进入了128所不同的大学。圣保罗的毕业生被很多颇具选择性的大学录取，其中圣保罗学生最集中的大学如表2-9所示。约50%的圣保罗毕业生进入表2-9中的20所大学，其中20%进入常春藤盟校，3.2%的学生进入哈佛大学。

表2-9 2011-2014年间录取圣保罗学生数量最多的20所大学

学 校	排 名 （2014年《美国新闻周刊》排名）	录取人数（人）
Georgetown University（乔治城大学）	综合性大学21	28
Brown University （布朗大学）	综合性大学16	23
Columbia University in the City of New York （哥伦比亚大学）	综合性大学4	21
Dartmouth College（达特茅斯学院）	综合性大学11	19
Harvard University（哈佛大学）	综合性大学2	18
University of Michigan （密歇根大学）	综合性大学29	16
Stanford University（斯坦福大学）	综合性大学4	15
Williams （威廉姆斯）	文理学院1	13
Cornell University （康奈尔大学）	综合性大学15	11
Tufts University （塔夫斯大学）	综合性大学27	11
UC Berkeley （加州伯克利大学）	综合性大学20	11
Washington U in St. Louis （华盛顿圣路易斯大学）	综合性大学14	11
Yale University （耶鲁大学）	综合性大学3	10
Princeton University （普林斯顿大学）	综合性大学1	10
Trinity College （三一学院）	文理学院45	10
Bowdoin Wallace University （鲍德温华莱士大学）	文理学院5	10
Bates College （贝茨学院）	文理学院19	10

Colby College（科尔比学院）	文理学院 15	10
New York University （纽约大学）	综合性大学 32	9
Wellesley College （卫斯里女子学院）	文理学院 4	9
Middlebury College（米德伯里学院）	文理学院 7	9

（三）韦伯学校 The Webb Schools

美国西海岸的加州韦伯男校和维维安韦伯女校共享 70 英亩的校园，合称为韦伯学校。它是一座中等大小的私立寄宿学校，提供 9 到 12 年级的高中教育，学生总数是 413 人。加州韦伯男校是比较年轻的寄宿学校，成立于上世纪的 1922 年，主要招收男生；1981 年成立了维维安韦伯女校，开始招收女生。

学校是男女分校加男女混校的双重制度，男女生比例将近 1∶1。有色人种占 56%，国际学生有 20%，主要来自欧洲、亚洲和非洲。有 65% 的学生住校。师生比例为 1∶7，每班平均 16 名学生。学校有 56 名教员，全部具有学士学位，其中 83% 有硕士以上的学位。90% 的老师都居住在校园里。

学校种类齐全的文科课程中还包括了 28 门 AP 课程。另外，学生可以参加表演艺术、视觉艺术、体育活动（15 种体育项目，42 个运动队）等。每学年寄宿生的学费是 58225 美元。永久基金规模 2 亿美元。

1．一个校园，两所学校

事实上，韦伯学校的校园是由三部分组成的：加州韦伯男校，维维安韦伯女校，以及古生物学基地——雷蒙德阿尔夫博物馆。这就决定了韦伯学校最大的特点是学习环境独特——兼具了男女分校与合校的优点。

这样的学校环境决定了韦伯学校有真正独特的教育哲学。神经学研究表明，男女生不同阶段在学习的实力和需要上是不同的。既没有正确的，也没有错误的，或者更好的，仅仅是不同而已。尤其是在 9 年级和 10 年级时，韦伯学校的教学课程反映了这一调查结果。所以，在前一两年大多数的核心课程都是男女生单独进行的，比如英语、数学、历史和自然科学，这样使得教学方法和内容都更有针对性。2011 年开始才逐渐引入男女一起上课的方式，越来越多的课程变为男女生共同进行的。

拥有共同的校园，成为一个团体，遵守同样的道德规范：诚信、勇敢、道义、自尊与尊重他人。这些最高的荣誉准则融入到韦伯学校的教学与生活，成为韦伯学生共同的价值观。

2. 丰富多彩的学生生活让你做最好的自己

学校鼓励学生在教室内外都追求成功，希望学生能充分挖掘出自己的潜力，在智力和情感方面都能茁壮成长，每个人都争取成为最好的自己。

3. 极大的可能性

在韦伯学校，你将成为一个大思想家去思考你自己以及培养对学习的热爱。你将成为更有自知之明的人，喜欢尝试新东西，提高自我的责任感和自主性。韦伯学校倡导尊重、领导力、服务理念，这些观念将贯穿你在学校的整个时间。

4. 探索学习

在韦伯学校，你被更多的资源包围，例如雷蒙德阿尔夫古生物博物馆。关于化石、恐龙、古生物学的吸引力会成为你想去韦伯学校的全部么？当然不是。但是你会有一个去发现和传递知识的愿望。这里有一群富有献身精神的教师团队，他们不仅是你的老师，还是教练、顾问和宿舍的家长。90%的老师都住在校园里，形成了一种受欢迎的紧密的家庭联系。在韦伯学校，同学不仅仅是同学，还是兄弟姐妹。

5. 忙碌的社团

从新生入学到毕业典礼，学生将有好几年的时间生活在一个互相帮助、互相激发的有趣的团体里。在学生生活的方方面面你都能感受到韦伯学校的强烈传统。比如韦伯日的意味深长的高级礼拜演讲，班级篮球联赛等等非常生动有趣的活动。舞会贯穿全年，从万圣节的 Boo 舞会到冬季半正式的、正式的舞会。你可以加入唱诗班或者管弦乐队，或者参观艺术吧，在那儿，你在参观你的同学创作的艺术品时可以享受茶点。你还可以跟着古生物探险队去挖掘化石，去附近的圣加百利山（San Gabriel Mountains）徒步旅行，或者在周六的早晨去海滩冲浪。

6. 独一无二的雷蒙德阿尔夫博物馆

坐落在韦伯学校校园里的雷蒙德阿尔夫博物馆是北美唯一隶属于中学的古生物博物馆，这座博物馆也提高了学校相关领域的学术教学水平。

韦伯学校校园里的雷蒙德阿尔夫博物馆

约 80 年前，学校的生物老师雷蒙德·阿尔夫教授开始收集化石，收藏在学校图书馆的地下室里。几十年间，雷蒙德·阿尔夫收藏室逐渐成长为一个国家认可并具有资格认证的公共机构。阿尔夫教授的"业余爱好"开创了 7 万块化石的非凡的收藏，馆藏品中 95% 是韦伯学校的学生、教师和毕业生收集的。

博物馆是世界上最大的脚印化石收藏之家。涵盖了每一个地质时代，包括几个组装完整的恐龙化石骨架。通过代代相传的探索研究，博物馆给韦伯学校的学生提供了学习古生物学、地质学、博物馆学的深入研究学习的机会。由著名的艺术家 Millard Sheets 设计的这座独特的圆形建筑物还包括了物理、化学、生物实验室和化石准备车间，为学生提供了丰富多彩的学习环境。

7. 得天独厚的地理环境

韦伯学校坐落在美国西海岸加州的圣嘉宝丽（San Gabriel）山脉，克莱蒙特（Claremont）大学城的外沿，驱车向西一个小时就可以到达洛杉矶市区。距离安大略（Ontario）国际机场只有 20 分钟车程，可以享受机场提供的短程客运服务。

距离洛杉矶国际机场和奥林奇郡（Orange County）的约翰韦恩（John Wayne）国际机场都只有 1 个小时的车程。

韦伯学校在洛杉矶盆地的中央，退可守大学城的清静美丽，进可观多元文化汇聚。洛杉矶附近是西部文化娱乐大汇聚的中心，环球影城、迪斯尼乐园只有 20 分钟车程，全美最好的博物馆、表演艺术中心、高等教育中心都驱车可达。住宿学生周末的生活很丰富：不仅可以去看电影、逛商场购物，稍远处有拉瓜纳（Laguna）海滩、贝弗利山。野外的短程旅行去上山下海都很容易，因而这里的学生课余喜欢冲浪、徒步旅行和露营。

8．专业的升学辅导

韦伯学校的大学顾问根据学生兴趣、目标，为学生量身定做在韦伯发展的 4 年学习活动规划。每年都会有百所左右的大学来访，学生可以和招生办公室人员进行面对面的沟通。大学申请的全过程，大学顾问的服务精神和专业知识贯串始终。平均每个韦伯学校的学生会收到 5 所大学的录取，85% 的学生被第一志愿学校录取。

2015 年，韦伯学校共培养了 100 名毕业生，毕业后全部升入四年制大学，其中 92% 进入全美前 20 名的综合性大学或前 20 名的文理学院深造，28% 的毕业生进入常春藤、麻省理工和斯坦福。

表 2-10 是韦伯学校过去 6 年间毕业生进入最多的 20 所大学的统计。

表 2-10　2010-2015 年间录取韦伯学校学生数量最多的 20 所大学

学　校	排　名 (2014 年《美国新闻周刊》排名)	录取人数 （人）
University of Southern California （南加州大学）	综合性大学 25	35
New York University （纽约大学）	综合性大学 32	19
Wellesley College （卫斯里女子学院）	文理学院 4	17
Georgetown University （乔治城大学）	综合性大学 21	17
Cornell University （康奈尔大学）	综合性大学 15	17
Barnard College （巴纳德学院）	文理学院 32	12

Carnegie Mellon University（卡耐基梅隆大学）	综合性大学 25	11
UC，Berkeley（加州大学伯克利分校）	综合性大学 20	11
Boston University（波士顿大学）	综合性大学 42	10
Loyola Marymount University（洛约拉玛丽蒙特大学）	地区性大学 3	10
Columbia University in the City of New York（哥伦比亚大学）	综合性大学 4	10
UC, San Diego（加州大学圣地亚哥分校）	综合性大学 37	9
Pitzer College（匹兹学院）	文理学院 35	9
UC,Los Angeles（加州大学洛杉矶分校）	综合性大学 23	9
University of Chicago（芝加哥大学）	综合性大学 4	7
Northwestern University（西北大学）	综合性大学 13	6
Harvard University（哈佛大学）	综合性大学 2	6
Johns Hopkins University（约翰霍普金斯大学）	综合性大学 12	5
Bryn Mawr College（布林莫尔学院）	文理学院 27	3
Davidson College（戴维森学院）	文理学院 11	3

（四）马德拉女校 Madeira School

马德拉女校成立于 1906 年。2014-2015 学年，9-12 年级共 320 名学生，其中 52% 的学生住校。有色人种占 33%，国际学生 16%。教职员 88% 拥有硕士及以上学历。师生比例 1：6，每班平均 12 名学生。提供 AP 课程 17 门，45 个课外活动俱乐部。2015-2016 年度寄宿生的学费是 56,191 美元，近 26% 的学生接受部分到全部的财务资助。

该校位于首都华盛顿特区的郊区，弗吉尼亚州的麦克莱恩市，毗邻波多马克河，距华盛顿特区仅 12 英里，不但交通方便而且闹中取静。其优异的地理位置更为学生文化交流学习和社会实践提供了极大可能。300 多名学生中有一半女孩寄宿，一半女孩每天回家，寄宿生有更多机会和当地学生家庭有较为深入的交往。每个学生都可以找到归属感。

校园面积 376 英亩，建有学生中心、教学楼、艺术舞蹈工作室、学生宿舍、员工宿舍、可容纳 590 人的礼堂、室内外体育设施、运动场、马厩、室内骑马场、室内游泳池等设施，以满足学生的日常教学和校园生活需要。

1. 独特的学制设置，灵活挑战极限

不同于美国高中及大学常见的 2-4 学期的学制，马德拉女校将整一学年划分为 7 个模块（modules），每个模块长约 5 周。获得课程学分所需的总课时也是以"模块"为单位来计算的，1-4 个模块不等。通常一个半年课程有 1 或 2 个模块，而一个全年课程有 3 或 4 个模块。针对每个课程都提供有超出学分规定数量的模块以供学生自由组合选择。（详见后文的"课程与活动"部分）

马德拉女校的模块学制使得课程选择的自由度更大，更为灵活多样。学校鼓励学生在完成毕业要求之外，通过自己定制课程计划，挑战自己最高的学术潜能，充分探索自己的学业兴趣。在 2016 年，马德拉女校的 164 名学生参加了共计 290 门 AP 考试，87% 以上的学生取得了 3 分以上的成绩。

2. 深入学习与丰富活动的平衡

在每天的日程安排上，马德拉女校以学生为中心，特别针对女生的特点，每天划分 A、B、C、D 四个"固定时段"。A、B、C 三个时段是学术课业学习，每个时段 80 分钟。D 时段 90 分钟，进行课外活动、运动与艺术活动。固定时段之间，会穿插几个"开放时段"，班会、俱乐部会议等可能安排在这样的"开放时段"。学生也可利用开放时段找老师沟通探讨课堂内外的知识见解，或者吃些小点心放松放松。

马德拉女校鼓励女孩子们参加各类艺术、体育和社区活动，并非常注重培养她们的领导能力。目前马德拉女校已成立了 40 多个学生团体，涉及政治、文化、艺术、媒体等广泛领域。马德拉女校还是大波士顿地区的独立学校联盟成员之一，拥有 12 支校际体育队伍，包括越野、草地曲棍球、足球、排球、网球、篮球、壁球、游泳、跳水、长曲棍球、垒球和田径。另外，马德拉全年都进行的竞技骑马是学校的一个特色项目。

图 2-9 为一学年 7 个模块（Modules）及每天分时段（Blocks）的安排：

Module1	Module2	Module3	Module4	Module5	Module6	Module7
Breakfast						
English	Biology	Student Life 1	Biology	English	Student Life 1	English
Open Block						
Biology	Global Civilizations	Global Civilizations	French 1	Fundamentals of Design	French 1	French 1
Lunch/Advisory						
Algebra 1	Algebra 1	Elective	Algebra 1	Global Civilizations	Fundamentals of Design	Fundamentals of Design
Open Block						
Soccer	Soccer	Musical	Musical	Musical	Track Field	Track Field

图 2-9　学年模块及每天分时段安排图

3．跨学科整合项目——实习与领导力培养

秉持着在实践中学习和学以致用的理念，马德拉有着一个独具特色、久负盛名的"跨学科整合项目"，迄今已有 40 年的历史。这个整合项目充分利用校内外资源挑战学生在学业之外的技能，锻炼人际沟通与领导力，鼓励学生将自己的理想抱负付诸社会实践。跨学科整合项目面对每个学生，针对 9-12 四个年级，各有侧重。到了 11-12 高年级，会有商业、教育、视觉与表演艺术、社会科学、法律、沟通与科技等各领域的 300 多种实习机会，其中最有特色的，比如在国会实习的机会，可以学习政府部门的运作。

4．课程与活动

马德拉女校所提供的课程、课内外活动的内容在中等规模的学校中颇具代表性，所以我们将这所学校的学术、体育、课外活动以至学业要求作一详细介绍：

● 英语课程

★ ISE 课程

母语非英语的国际生必须参加 ISE 课程，在入学时会进行水平安置测试。ISE 课程共 6 个模块，分两年修完。

★普通英语课程（每门课长度为 1 年）

英语 I（9 年级，从 6 个模块中选择 3 个）

模块一：讲故事（以《天方夜谭》、拉什迪的长篇小说《哈伦和故事海》为教材）

模块二：莎士比亚 I

模块三：即将到来的时代（教材为黑人女作家玛亚·安杰洛的自传小说《我知道笼中鸟为何歌唱》和鲁道夫安娜亚的半自传性小说《奥蒂莫，保佑我》）

模块四：理解之旅（史诗、奥德赛与悲剧、伊底帕斯王）

模块五：诗歌 I

模块六：新闻报道与创意写作

英语 II（10 年级，英语文学，从 6 个模块中选择 3 个）

模块一：写作技巧与国际文学（必修，阅读短篇小说）

模块二：国际文学的写作风格（必修，可代替模块一的课）

模块三：从舞台表演看莎士比亚（必修，通过阅读、写作和公开表演来学习莎士比亚的一个剧本）

模块四：文学巨匠：乔叟和奥斯汀（乔叟的《坎特伯雷故事集》和奥斯汀的《傲慢与偏见》）

模块五：文学巨著：《简·爱》

模块六：诗歌 II（从中世纪的《高文爵士与绿衣骑士》到著名的文艺复兴与浪漫主义时期作品，再到当代作品）

英语 III（11 年级，美国文学，从 7 个模块中选 4 个，12 年级学生可只选 1 个模块）

模块一：从奴隶制到民权（必修，托妮·莫里森的小说《所罗门之歌》，马克·吐温的《哈克贝利·费恩历险记》以及哈莱姆文艺复兴诗歌）

模块二：清教徒（纳撒尼尔·霍桑的《红字》，阿瑟米勒的《激情年代》，对清教徒历史和文化的其他补充文字资料）

模块三：现代主义（海明威的小说，弗朗西斯·斯科特·基·菲茨杰拉德的《了不起的盖茨比》，和其他当代诗歌）

模块四：从超验主义到环境写作（艾米莉·狄金森和怀特曼的诗歌，拉尔夫·沃尔多·爱默生和亨利戴维·梭罗的作品，以及安妮·狄勒德的现代文章）

模块五：多元文化的美国（汤婷婷的《女勇士》，武慧明的《骨》，桑德拉·希斯内罗丝的《芒果街上的小屋》，薛曼·亚历斯的《独行侠与印第安人在天堂的格斗》）

模块六：美国戏剧（田纳西·威廉斯的《欲望号街车》，阿瑟·米勒《推销员之死》和黄哲伦的《蝴蝶君》）

模块七：美国研究中的调研（必修）

英语 IV（12年级，从8个模块中选择3个）

模块一：黑人女性作家（如托妮·莫里森、艾丽斯·沃克、尼托扎克·尚吉）

模块二：简·奥斯汀（精读《爱玛》和《劝导》，并与电影节选片段进行比较）

模块三：巴黎的外籍人士们（比较50年代电影《一个美国人在巴黎》和伍迪·艾伦2011年的电影《午夜巴黎》；比较海明威的《太阳照常升起》和詹姆斯·鲍德温、兰斯顿·休斯、格特鲁德·斯泰因等人的作品）

模块四：中世纪文学

模块五：移动、行走与奔跑——非裔美国人的移民叙事

模块六：莎士比亚（《驯悍记》、《安东尼与克莉奥佩特拉》、《皆大欢喜》和《冬日奇缘》）

模块七：新闻报道与创意写作 II

模块八：亚裔美国文学（汤婷婷的《女勇士》，朱丽·大冢《阁楼上的佛》）

★大学先修（AP）课程

AP英语文学与写作（12年级，2个模块，半年完成，选修学生需要参加5月份的AP英语文学考试）

● **历史课程**

★**普通课程（半年到 1 年不等）**

大历史（9 或 10 年级，需修 3 个模块）

过去的世界（9 或 10 年级，需修 1-3 个模块，包括文明之根、希腊罗马与美国、世界宗教）

当代史（10 或 11 年级，需从 4 个模块中选修 3 个模块，包括发现之旅、思想的力量、全球化的起源、结束战争的战争）

美国历史（11 或 12 年级，需从 7 个模块中选修 4 个模块，包括美国历史概要、美国历史中的经济力量影响、美国与世界相遇、美国内战与重建、总统制与美国政治传统、自由、美国研究的调研）

高阶历史选修（12 年级，需修 1 个或以上模块，包括宗教与道德、社会该如何理解与防止种族灭绝行为）

国际互动的影响因素（12 年级，需修 1、2 或 3 个模块，包括越战、恐怖主义和国际贸易）

★**AP 课程（长度皆为 1 年）**

AP 世界历史（10 年级，需修 4 个模块）；AP 美国历史（11 年级，需修 4 个模块）；

AP 美国政府与政治（12 年级，需修 3 个模块）；AP 欧洲历史（12 年级，需修 4 个模块）；AP 艺术史（12 年级，需修 4 个模块）

● **科学课程（普通及 AP 课程均半年到 1 年不等）**

★**普通课程**

生物（9-12 年级，6 个模块中至少选 3 个）；进阶生物（11-12 年级，3 个模块中选 1-3 个）

化学（10-12 年级，4 个模块中选 3 个）；应用化学（10-12 年级，3 个模块中选 2 个）

物理与几何（10-12 年级，4 个模块选 3 个）；物理与三角（10-12 年级，4 个模块选 3 个）

进阶物理（11-12 年级，3 个模块选 1-3 个）；

环境科学（9-12 年级，3 个模块选 1-3 个）；司法科学（9-12 年级，2 个模块中选 1-2 个）

STEAM（科学、科技、工程、艺术与数学）项目（9-12 年级，5 个模块中选 1-4 个）

计算机编程入门（9-12 年级，1 个模块）；iPad/iPhone 应用程序（9-12 年级，1 个模块）

机器人（9-12 年级，1 个模块）；当代科学的挑战（11-12 年级，1 个模块）

AP 课程

AP 生物（11-12 年级，1 个模块）；AP 化学（11-12 年级，4 个模块）

AP 物理 I（10-12 年级，1 个模块）；AP 物理 II（11-12 年级，2 个模块）

● **数学课程**

★ **普通课程（半年到 1 年）**

代数 I（9 年级，3 个模块）；几何入门（9-10 年级，1 个模块）

几何（9-10 年级，3 个模块）；进阶几何（9-10 年级，1 个模块）

代数 II（9-11 年级，3 个模块）；代数 II/ 三角（9-11 年级，4 个模块）

微积分初步入门（10-12 年级，1 个模块）；微积分初步（10-12 年级，3 个模块）

进阶微积分初步（9-12 年级，4 个模块）；微积分（11-12 年级，3 个模块）

高等数学探讨（11-12 年级，3 个模块）

多变量微积分与线性代数（11-12 年级，4 个模块）

★ **AP 课程（长度皆为 1 年）**

AP 微积分 AB（11-12 年级，4 个模块）；AP 微积分 BC（11-12 年级，4 个模块）

AP 统计学（10-12 年级，4 个模块）；AP 计算机科学（10-12 年级，4 个模块）

● **艺术课程**

学生可选择将艺术课程的学分计为学术学分或活动学分，而且对于大部分艺术课程，下属的几个选修模块可灵活分散在不同年级来完成。

★普通课程（半年到 1 年）

艺术学基础（9-12 年级，3 个模块）；数码艺术 / 图画设计（10-12 年级，3 个模块）

陶泥工坊（9-12 年级，3 个模块）；进阶画室艺术（11-12 年级，4 个模块）

摄影 I- 数码（9-12 年级，2 个模块）；摄影 II- 暗室（9-12 年级，2 个模块）

进阶摄影（10-12 年级，2 个模块）；实验性摄影（10-12 年级，2 个模块）

艺术博物馆课堂（9-12 年级，1 个模块）；

室内管弦乐（9-12 年级，非模块形式，9 月 -5 月每周二下午 7-9 点）

进阶戏剧制作 - 音轨设计（10-12 年级，2 个模块）；

进阶戏剧制作 - 音乐导演（10-12 年级，2 个模块）

表演艺术入门（9-12 年级，1 个模块）；中级表演（9-12 年级，2 个模块）

高级表演（10-12 年级，1 个模块）；即兴创作（9-12 年级，1 个模块）

电影制作（9-12 年级，1 个模块）；高级电影制作 - 纪录片与短片（9-12 年级，2 个模块）

音乐理论（9-12 年级，2 个模块）；歌曲写作（9-12 年级，1 个模块）

声乐 - 发声技巧（9-12 年级，1 个模块）；声乐 - 音乐剧场合唱（9-12 年级，1 个模块）

声乐 - 无伴奏合唱（9-12 年级，1 个模块）

★ AP 课程（长度 1 年）

AP 画室艺术（11-12 年级，4 个模块）

语言课程

可选外语课程包括：中文、法语、拉丁语、西班牙语，最高级别为各门的 AP 课程（AP 中文、AP 法语和 AP 西班牙语）。

● 特别课程与项目

跨学科实践项目（包括国会的实习机会）

国际旅行与交换项目—中国、英国、法国、意大利

● 体育运动与活动

9 年级入学的学生，毕业要求修满 12 个运动及活动学分，其中至少 8 个运动类学分。

校际（学校间竞技）项目					
越野	草地曲棍球	足球	排球	网球	垒球
篮球	壁球	游泳	跳水	长曲棍球	田径
校内体育（次级竞技）					
空手道普拉提健身		网球	游泳	骑马	健身	舞蹈团
其他活动（带 * 的活动也可计入学术学分）					
马德拉剧场合唱团 *	马德拉无伴奏合唱团 *	室内管弦乐团 *	电影制作		
秋季表演	冬季音乐剧	剧场设计及技术			
学生俱乐部（以下尚未包括 20 多个较松散型的兴趣小组）					
羽毛球俱乐部	黑人学生联盟	中国学生俱乐部	经典俱乐部		
CLIPUS 基金会	辩论俱乐部	FOCUS	法语俱乐部		
GATE 文学杂志	代际成长	女孩儿向上	环保小组		
同性恋 – 异性恋联盟	便易住房	犹太人在马德拉 (JAM)	日语俱乐部		
韩国学生联盟	拉丁美洲文化俱乐部	马德拉艺术委员会 (MAC)	数学和计算机科学俱乐部		
心理健康意识俱乐部	穆斯林学生联盟	南非学生联盟	科学与工程俱乐部		
Slam 陶艺俱乐部	西班牙语俱乐部	减压俱乐部	学生多样化委员会		
共和派新生代	民主派新生代				

马德拉实行滚动招生，但中国学生招收学生数量少而申请人较多，故以 1 月底为截止日期。学校政策性保有 5-10 名中国学生，一般每年补入中国学生 2-4 名。

在招生程序中，要求申请人提供 SSAT 和托福成绩。托福成绩要求 100 分以上，进入学校的平均 SSAT 平均成绩是 80%，整体录取率约 54%。一般年份中间 50% 毕业生的标准化考试成绩为 SAT 1770-2120 分。在 2014 年，学校有 8% 的学生进入常春藤和麻省理工及斯坦福，19% 进入前 20 的综合性大学或前 20 的文理学院。

第六节　特种寄宿学校／寄宿学校里的特种项目

（一）军事化学校

在私立寄宿学校里还有一些实行军事化管理的学校。军事化中学的目的并不是为了培养将来的军官，而是为了培养学生更好地履行职责。诚然，军事化中学也是成为职业军人的一条很好的途径,但仅有不到40%的学生毕业后进入军事学院。

军事化中学以军事院校为范本，采取军队模式进行学校管理，学生在校必须穿制服、列操，教学中师生保持官兵式关系。学校执行非常严格的校规。一般学校都有多名管理者和老师是退役军官。就算老师不是军人出身，上课也一律使用军事术语。

表面看，崇尚自由的美国，严格的军事化管理似乎与美国整体文化和教育传统格格不入，但军事化中学却已经有上百年的历史了。它存在的理由和意义正在于教给自由的年轻人权威与纪律的重要性、奉献精神与价值，强调诚实、正直、雄心与谦恭，使他们变得更坚强、更专注、更成熟，最终成为一个值得信赖的人。军事化学校还是非常重要的领袖人才培养基地。

诚然，军事化在教育差生方面是卓有成效的，但军事化学校并不是问题生学校，和其他寄宿学校一样，军事化学校对候选生也有自己严格的考量，审慎地从学业、体能、智力以至心理素质等多方面进行考量。

军事化学校从性别上讲，有男生校，也有男女生合校。

佛罗里达空军学校的学生

（二）艺术类学校

很多寄宿学校也有很强的艺术专业实力与水平。其中牧歌之野艺术学校（Idyllwild Arts Academy）以门类齐全、艺术氛围浓重成为一所重要的专业艺术类大学预科学校，学生在这里能更成功地接受学术艺术的熏陶。艺术课程的教职员都是经验丰富的专业人士，他们强调基本功的重要性，也重视最新的艺术动态，能够有效地帮助年轻的艺术家依自己的意愿发展并进入理想的大学、艺术学院或者专业艺术团体。牧歌之野艺术学校的学生不少都有杰出表现，能够进入美国最好的大学深造。

学校所设课程超越了传统的艺术课，有舞蹈、电影、戏剧、跨学科艺术、音乐、视觉艺术、创意写作 7 个艺术专业供学生作深入研读。其中跨学科艺术专业是专为对多种艺术形式协同表现力方面展现出天分与兴趣的学生而设计的。学校针对每个学生单独设计课程，以便更好地利用多种艺术课程的学习完成跨学科的艺术构想。

电影专业就电影制作、影片摄制、音乐编辑和新媒体等方面培养有天分的学生，志在为电影产业培养下一代卓越的艺术大师。从培养概念、训练实际拍摄及剪辑技术入手，从电影史到原理、理论，学生有机会和演员们切磋，和作者切磋故事和脚本，一边结合实际一边磨炼领导才能。

学校位于南加州 5,000 英尺的山坡上，圣勃纳尔帝诺国家森林内，校园占205 英亩的山林地，有舒适现代的宿舍、教室、实验室、表演中心、练习室、艺术工作室和画廊、舞蹈室以及三间剧场。

学校离洛杉矶和圣地亚哥均是两小时的车程，牧歌之野小城是一个艺术家聚居的地方，学生生活在准艺术家和艺术家的氛围中。

（三）特别学校、治疗型学校

还有一种学校是针对问题学生、问题青少年的特别寄宿学校，它们专门招收吸毒、酗酒或者是打架斗殴等有问题的青少年。这些孩子几乎都有过一些心灵创伤，频繁地搬家、或者在学校里被人欺负、或者父母离婚，或者未能彻底从丧亲的痛苦中恢复过来，对某种生活中的不幸不能释怀、纠缠纠结。

美国各地有 20 多所这种治疗性学校，一般疗程为 14 个月。学校课程和普通学校不同，比如一个重要的课程环节是让学生释放愤怒和怨恨，学会表达自己的感情。

每个学校各有侧重又各有特色。比如麻省的湍流学校（Swift River School），一开始是长达一个半月的教室外教育课程。学生们写信给父母、写日记、读书，思考为什么他们惹了这么多麻烦。在一个半月的教室外教育课程后，他们就转回校园里上一年的课。在毕业之前，学生到哥斯达黎加做一个半月的社区服务。他们在那里帮助造房子、教英文。在落后地区工作，让孩子们走出自己，帮助别人。

在整个过程中，学校鼓励家长到学校里和孩子一起上课，也要家长好好想想他们的亲子关系，他们的生活和他们养育儿女方面到底出了什么问题。对于这些迷惑的孩子，让他们能够远离平时变化万千的社会，体验单一的价值观，对孩子的成长也是十分有益的。

（四）学习差异 (Learning Difference)

说起来也许令你大吃一惊，3%-5% 的人群患有注意力缺乏或者紊乱症！

美国从 20 世纪 60 年代开始研究学习差异，到如今已形成了一套完整的教学理论与支持体系。四分之一的寄宿学校针对有学习差异、注意力缺乏或者紊乱（LD，ADD/ADHD）的学生开设了项目，以管理和训练这些与众不同的孩子。中国在这方面也已经起步，列入"十五"教育规划项目，并在北京开设有两个训练教室，成为国内第一家以训练学习障碍儿童为主要任务的机构。

什么是学习差异呢？就是儿童在处理信息的能力方面表现出来的智力水平和表现之间的差异。这种差异产生的原因是一些儿童脑回路方式不同，导致在言语发展、说、读及交流技能方面的障碍。有一部很有名的印度电影《来自星星的孩子》，讲的就是一个有阅读障碍的孩子的故事。其中不包括有感官残疾如聋、盲的儿童，也不包括一般的智力落后儿童。学习差异是能力上的不同而不是学习态度上的落后。现代教育心理学可以通过训练来矫正这样的儿童，有此问题的学生每个个体原因和特征又有不同，有的是名词记忆困难，有的是阅读困难，七分之一的美国人有这样那样、或强或弱的学习障碍。这种差异会导致其智力和学术表现之间有一个可以弥合的鸿沟，而要弥合这种差异就需要训练。

这种差异在大班中表现得尤为明显。老师这样教，但有些学生很特别，或者由于其脑系统与众不同所以其获取知识的方式也不同，但往往受学校系统的限制，这些学生不能得到适当的知识、资源的帮助。可悲的就是有些这样的孩子，他们想学习，但由于不能得到适当的帮助，他们永远得不到好好学习的机会。其实一般这样孩子的智商是等同于甚至高于一般水平的。一个令你惊奇的事实就是爱因斯坦9岁才开始能进行阅读，而迪斯尼的创始人沃尔特·迪斯尼、美国副总统尼尔森·洛克菲勒终生都存在阅读障碍！还有乌比·戈德堡、嘉信理财的创始人查理（Charles Schwab）都有不同性质和程度的学习障碍。

对有学习差异的学生的研究，对他们大脑、学习方式的认真对待，可以真正帮助他们。美国约四分之一的私立寄宿学校对有学习差异的学生提供不同程度的学习支持。

私立寄宿学校有很多个面相，我想最重要的一个面相是针对具体的学生，以他的兴趣及当下的学习需求为出发点和线索，总能找到适合他当下需要的学习环境，鼓励他寻找线索、提出问题、放胆质疑、设立假说，最终目的是让他能爱其所爱，成为最好的自己。

第三章
从梦想到现实

有这样一个笑话：

有三个人要被关进监狱三年，监狱长可以满足他们三个每人一个要求。

美国人爱抽雪茄，要了三箱雪茄。

法国人最浪漫，要一个美丽的女子相伴。

而犹太人说，他要一部与外界沟通的电话。

三年过后，第一个冲出来的是美国人，嘴里、鼻孔里塞满了雪茄，大喊道："给我火，给我火！"原来他忘了要火了。

接着出来的是法国人。只见他手里抱着一个小孩子，美丽女子手里牵着一个小孩子，肚子里还怀着第三个。

最后出来的是犹太人，他紧紧握住监狱长的手说："这三年来我每天与外界联系，我的生意不但没有停顿，反而增长了200%，为了表示感谢，我送你一辆劳斯莱斯！"

这个故事告诉我们，什么样的选择决定什么样的生活。今天的生活是由三年前我们的选择决定的，而今天我们的抉择将决定我们三年后的生活。

谁也不知道自己的选择是否绝对正确，一种选择也意味着一种放弃。但如何使选择的道路更宽广，更长远，这是我们可以慎重考虑的。

第一节　去美国读中学的几个途径

（一）短期留学

现在有一些假期组织的冬令营、夏令营、语言培训班等短期赴美交流留学活动，给学生提供了开阔眼界、了解多元文化的机会。美国的冬令营、夏令营组织各种户外活动、艺术、体育运动，也有专科知识的学习，种类繁多，针对的人群从学前的 3 岁儿童到大学生各不相同。另外也有各种利用假期学习语言或为考试做准备的语言培训班。可以说五花八门，应有尽有。

这种短期留学方式，最短是一周，最长是十周，通常是二至六周。严格说，不能称其为留学，只是让中国学生通过访问美国初高中，与美国学生联谊交流，了解美国学校教育体制与设施特点；通过入住美国家庭，体验美国人的生活及文化；通过游览美国的自然风光，增进学生对美国社会历史以及发展的了解。在留学前无学业压力的情况下先了解美国的学习生活环境，也开阔了眼界。

特别要说明的是，到美国读语言学校，如果上课时数每星期少于 18 个小时，且属于短期课程，可以使用 B1 观光签证；上课时数若一星期超过 18 个小时，或是长期课程，那就需要学校发给 I-20 入学许可，以申请 F-1 学生签证。应注意的是，若是以学习为主要目的入境美国，还是应申请学生签证，以免在入关时发生问题。现在大多数的美国私立学校夏令营都不再发放 I-20，使用旅游签证即可。但是比如一些学分课程和我们下文中提到的 CTY 等项目，需要办理 F1 学生签证。家长在申请短期留学的项目时，要特别注意了解关于签证的相关要求。

1. 中方代理机构主办的夏令营

作为学生可以自行直接申请参加美国的活动，但大部分参加这类短期的赴美留学都通过中介机构来办理，或者学校和国外的相关团体有一定的合作交流关系，由学校统一办理。

特别是近年新兴的"游学"活动，因为是中国的中介机构拟定路线、参观地点，很了解中国学生的兴趣，所以参观的面一般会比较广，又是整团出发，有带队老师，中国孩子在一起彼此有伴，家长也比较放心。

2．直接参加美国的夏令营

美国的夏令营有不少也提供寄宿服务，招收国际学生。比如凉爽的新罕布什尔州的沃尔夫宝路（Wolfeboro）是专门招收 6 到 12 年级（11 到 18 岁）学生的夏令营，学生数量在 200 名左右，其中有近 30% 的国际学生。从 6 月底到 8 月初，为期 6 周，学费、寄宿费共 1 万 2 千美金左右。在沿大西洋 128 英亩的校园里，星罗棋布着各种球场、教学楼，还有三座宿舍楼。提供的教育活动有学术和非学术两种。学术课程包括 ESL， SAT 考试准备，历史、文学、科学、外语，非学术包括球类、游泳、划船、舞蹈、绘画等。该夏令营已经有 100 年的历史，活动非常系统，组织专业。

有六十年犹太家庭社区传统的夏令营 Camp Lakota（http://camplakota.com），从培养"自家孩子"开始，在半个多世纪里始终坚守初心。这是一个社区圈子，很多家庭的每一代孩子每年都会回来参加夏令营。在这里学生可以深入体验纯正的犹太教育文化传统。

3．另类夏令营

太阳升夏令营（http://www.lajf.org）由乔纳斯家族创办。至今已经有 80 多年历史的太阳升夏令营，每年夏天在纽约上州的哈德逊河谷举办，针对经过特别选拔的来自美国和世界各地的青少年进行为期 8 周的心与智的短期培训。

报名从前一年的秋季开始，要经过较为严格的选拔。LAJF 乔纳斯基金向录取者提供全额奖学金。

乔纳斯基金希望通过"太阳升"的活动提升各国优秀青年的责任感，在所在国家或地区担负起改良社会的重任，从而使社会和社区变得更美好。开始时，夏令营选拔的范围仅限于美国的纽约地区，二次世界大战后，范围扩展到整个世界，但限于男孩。1989 年以后，开设了女生项目。

现在，太阳升夏令营每年在全球范围内选拔 14-16 岁的男女青少年各 60 名赴美国参加夏令营。目前参加的学生来自全球超过 25 个国家和美国 10 个州。

上海的中学生苑道道参加了太阳升夏令营，写了一本《森林里的孩子们——美国太阳升夏令营记事》，详细记述了自己在这个夏令营的所遇所感和成长。于

2006 年由复旦大学出版社出版。

4．天赋儿童搜索 CTY

马里兰州著名的约翰霍普金斯大学自 1972 年开始引入了"天赋搜索"体系，它的主旨在于确认、评估全国乃至世界的天赋儿童，并对其提供帮助。现在这个中心注册的有天赋儿童约 10 万。它要求孩子的成绩在全国水平前 5%，并且在学术上有优异表现。它们接受美国国内的很多考试成绩作为申请评定基础。7 年级以上就要考 SAT 或者 ACT 了。这也是美国很多学校都参加的一个活动。在国际上，比如中国，可以参加学校能力测试（SCAT--Scholastic and College Ability Test）。SCAT 在中国设有考试中心。它主要测试逻辑能力和语言能力。

天赋儿童搜索项目的国际天赋儿童搜索分为两大组，在 2-6 年级和 7-8 年级组中进行考试、选拔。通过申请和考试被纳入 CTY 项目之后，可以通过高于孩子所在年龄级别的考试，辨别孩子的学术弹性到底能有多大，理解孩子该怎么进一步完善学术水平，也让孩子有高的自我估价，鼓励自我学术期许。通过鉴别后就可以参加 CTY 提供的网上课程，满足孩子的学术需求。通过考试，纳入项目之后，就有资格参加 CTY 的所有活动了。

申请以后，CTY 会进一步寄资料、指导考试。还可以参加各项 CTY 举办的夏令营活动。它也对无力资助天赋孩子的家庭提供财务资助。在美国本土有多种夏令营活动可供选择，其中除了学术营，还有领袖营、国际问题探讨营。

CTY 的夏令营融知识性与趣味性与一身。现在天赋儿童搜索项目在香港举办有夏令营，是针对 6-11 年级学生的活动，不接受持有中国大陆护照的学生，但大陆学生可以参加美国的夏令营。美国 CTY 夏令营中亚裔所占比例在一半左右。

5．美国寄宿学校的夏令营

值得一提的是，寄宿高中多半都举办夏令营，其中近百所学校的夏令营也提供食宿。价格平均在每周 1000 美金。一般为期 4-6 周。 直接去美国寄宿中学的夏令营对那些打算申请寄宿学校的学生来说更有针对性，可以作为将来选择寄宿高中的一个窗口，可以说是深度了解美国中学的一个机会。

比如，喜欢环境科学或者室内乐的同学，著名的康涅狄格州霍奇基斯学校的夏令营（http://www.hotchkiss.org/our-school/summer-programs）让你有机会了解美国最优秀的寄宿学校之一。康涅狄格州乔特罗斯玛丽霍尔学校（http://www.choate.edu/summer）有多种项目可供选择。马萨诸塞州的 StoneLeigh-Burnham School（https://www.sbschool.org/summer/），暑假提供有相当丰富的暑期住宿夏令营。类似的还有具有各种特色和不同的爱好倾向性的康涅狄格州波特女校的夏令营（http://www.porters.org/page/apply/porters-leads/porters-summer-programs），康涅狄格州的萨菲尔德学校（http://www.suffieldacademy.org/page/Academics/Summer-Academy/welcome），新罕布什尔的新汉普顿学校（http://www.newhampton.org/page/summer-programs），俄亥俄州的西储学校（https://www.wra.net/summerprograms）等等。

比如南加州离洛杉矶约 2 小时车程的牧歌之野艺术学校（IdyllwildArts Academy）是前一章介绍过的美国的艺术类高中之一，到了夏季它会举办多种多样的以夏季艺术为主题的活动，有适合 8 岁以上学生的各种分年龄分专业的集训式艺术夏令营。普通的是每两周为一期的夏令营，包括学费食宿在内每周花费约 1,500 美金。也有在 7 月第一周举办的、全家的休假式家庭艺术周，三口之家的活动费、学费、食宿费用约是 2700-4500 美金。详情参见学校夏季活动网站 http://www.idyllwildarts.org/summer。

申请夏令营的程序和申请学校类似，一般需要填写好申请表格，提供老师推荐信和在校成绩单。严格的学校会要求学生提供 TOEFL 考试成绩，证明语言水平，个别学校还会有个简短的"电话面试"。但总体来说，夏令营招生不像招收正式学生那样要求严格，通常是先到先得，额满即止。对于一些留学热门学校的夏令营，还是需要提前申请，最好是在当年的 1 月份就启动。

去寄宿中学参加夏令营是一个很好的选择，特别是对有中学留学意向的家庭，可以先让学生去目标学校短期感受一下，再做长期打算，这样更为稳妥。一个目的是找到一个适合的学校学习，另一个目的是通过孩子短期在夏令营独立生活的表现，让家长更好地判断孩子是否做好了留学的准备，减少低龄留学的风险。

比如 6 年级学生 Jerry 在暑假去参加了初中校 Fay School 的夏令营，在夏令营期间违反规定，偷偷使用手机打游戏，老师写邮件告知了父母。加上夏令营的结营报告里也多次提到 Jerry 上课喜欢插嘴，不尊重老师等等。原本计划让 Jerry 初中就到美国留学的父母，觉得 Jerry 的自我管理能力还不够好，所以推迟了留学的申请。

有些留学意向明确的学生家庭也会让孩子直接参加自己目标学校的夏令营，一方面让孩子深度了解学校，另一方面也希望借夏令营的机会，和学校的老师建立联系，以期留下深刻印象，有助于申请。近几年，就有在夏令营里表现突出的学生直接收到学校邀请面试的邮件，甚至直接提前录取的案例。

6．遍地开花的夏日营

美国当地孩子的暑假多是在夏令营里度过的，这已经成为近几代美国人的成长方式。他们参加的夏令营多是周一到周五的日营，正儿八经的课业学习营少之又少，遍地开花的是兴趣营，舞蹈、绘画、机器人、珠宝制作营，各种体育活动专门营、体验营，农作营、骑马营，应有尽有。费用一般是每周 200 － 1000 美金不等。一些日营有校车到家门口接送孩子。有些父母有时间陪孩子一起体验美国的生活，父母可以租住当地的短租公寓。这样参加日营是惠而不费的方式。

7．大学针对高中生的暑期班

大部分大学暑假都有针对中学生的暑期班，称之为 Summer Program for High School Students，一般为期 5 周，有些班可以算大学学分，有些并不，有些需要考试。

申请这种暑期班跟申请学校大同小异，也是要成绩单、推荐信、申请表、作文、面试、申请费等。有些甚至可以申请助学金。

暑期班如果能去自己将来想申请的学校就更好了。能对学校有了解，也让高中生体验一下在大学学习的感觉。可以到自己关注的大学网站上直接查找暑期班信息。一般前一年年底有信息，5 月申请截至。

各个著名大学多举办有暑期课程，比如：

哥伦比亚大学、耶鲁大学、哈佛大学、布朗大学、罗德岛艺术学院。

上大学的暑期班并不能保证你将来被这个学校录取，但它是进一步发展你的特长和兴趣的机会。大学针对中学生的课程五花八门，本来就喜欢学习有挑战性课程的你，从中发现了自己特别的兴趣。把自己的天赋和兴趣结合起来，通过深入体会，就可以加大自己在某方面的接触，加深开发自己，从而长期深入投入某项学科、活动，体会它，使你越过肤浅的表面走入核心，焕发出你的创造力、真诚和热情。

（二）申请国际交换生

交换留学是美国国务院教育和文化事务局（ECA）指定一些非营利性教育团体及合作团体，或与其他国家建立了留学生互换制度的团体招收外国学生。其主要目的是开展不同文化间人群的交流。各个团体所规定的费用、留学内容、时间都各不相同。因此，选择不同的团体，将会给留学生活带来不同的影响。

目前国内一些国有体制的中介即可办理此项业务，学生在美国读高中一年，通常都是州公立高中，住在美国招待家庭里。有时也可以选择招待家庭附近的私立日校，但需另外缴纳学费。

一般交换生回国后要重读一年。

申请时要交纳一定的费用，含申请费及在当地生活费及学费，远远低于去美国读私立高中一年的学费，仅约为四分之一左右。但同时需要交纳大额押金（通常是 10 万 -20 万人民币）。如果学生一年后未按期返回则不能退回押金。一年学习期满后，学生如果希望继续到美国完成中学学业，则可重新自行申请签证，去美国自费读私立高中。

交换留学使世界各国的留学生聚集在同一个学校，学生们切身体验到浓厚的多元文化的氛围。交换留学也要求学生具备一定的英语水平和合乎要求的学科成绩。

这类留学通常是由学校直接办理或者中介机构来协助办理的，学生持有的是 J1 交流访问学者签证，但高中生不受 J1 签证期满后必须返回原所在国居住两年的限制。

（三）直接申请美国私立中学自费留学

正如我们在前面一章中介绍美国私立寄宿学校里所提到的，美国的私立寄宿学校在学术、课外活动、学生人格塑造等方面都具有很大的优势，而且相对安全，管理规范严格，同时美国的私立寄宿中学都接受国际留学生。

学生和家长也可以考虑直接申请去美国私立中学自费留学，这也是本书最核心的内容，我们尽量给大家提供全面完整的信息以及思路和策略指导。

申请去美国私立中学自费留学，需要满足一定的前提条件，比如一定的经济实力，一定的学习成绩等。在满足这些前提条件之后，既可以通过顾问、中介机构申请，也可以自行申请。我们在后面的章节中将会逐个环节详细说明。

（四）交换留学和自费留学的比较

在这一小节里，我们想就申请国际交换生和自费留学做一个比较，这种比较利于大家根据自己的条件做出选择。

表 3-1 交换留学和自费留学的比较

比较项目	交换留学	自费留学
留学目的	希望到国外亲身感受不同文化，了解国际社会；提高语言能力	接受国外系统的中学教育；提高语言能力；毕业后直接进入美国的大学学习
留学学校	不能自由选择学校 通常是公立中学	可以自由申请学校 私立学校
留学期限	一般是 9 个月到 1 年，通常不能延期	没有限制，自己决定
申请大学	学习期满后必须先回国，完成国内的高中学业，或者申请美国的私立高中，拿到高中毕业证后再申请美国的大学	可以自己选择是回国后参加国内升学考试，还是升入美国的大学。但两者都需要事先拿到国内或美国高中的毕业证；参加国内大学专为归国学生设立的特别升学考试
住宿	一般是居民家庭寄宿，与美国家庭成员生活在一起	一般住在寄宿学校 (Boarding Student)，也有少数学校提供附近家庭居民寄宿 (Homestay)；如果有合适的居所，也可考虑进入私立日校就读 (Day Student)
费用	费用大约是 8000–15000 美金，还需加上保险费等，其中不包括交通费等入学准备费用及英语培训费	各个学校的费用不同，通常是一学年平均水平为 50,500 美金左右，包括学费和食宿费。另外，还需要一定的交通费、杂费、假期费用；但也有极少量的获取助学金的机会可以免费入学

续表 3-1

招生时间	为期一年的交换留学，一般是提前一年进行选拔考试。但是不同学校有不同的规定，在入学（9月份）的前一年就应该开始做准备	大部分学校申请截止日为1月15到2月1日，有些学校无申请截止日，所以入学前约一年就应该开始做准备
录取方法	各校进行资格考试、笔试、面试等，有时要求提交成绩单、体检表、申请表、英文自我介绍等	申请表、成绩单、推荐信、SSAT、TOEFL（每个学校的要求不同）、面试或者电话面试、资金证明
手续	各校负责办理，或由留学中介服务机构办理，无需直接与美国联系	可以直接和学校联系申请事宜，也可以通过留学中介服务机构办理
签证	J-1访问学者签证	F-1学生签证

第二节　到底是可以实现的愿望还是幻想？

在上世纪70年代，也就是我们小的时候，很少会去想自己的未来，上大学似乎是每一个孩子的奋斗目标，也是唯一的目标。至于出国读书，那属于梦想，绝大多数人想都不敢想，甚至没听说过。

随着信息的发达、中国经济的发展，以及全球经济一体化的大趋势，孩子们的视野打开了，不同国家之间的文化交流也越来越紧密。当出国读中学成为可能，今天的孩子，就有了更多的选择余地。

出国留学这条道路，对任何人都是一个重要的选择，会影响一生，尤其对年龄小、各方面经验欠缺的中学生更是如此。以中国目前的国情，出国读中学还属于高门槛，并不具有普遍性。所以，在这一节，我们将和大家一起来看看，具备哪些条件才能去美国读中学。

（一）了解孩子是不是有出国留学的愿望

1. 孩子为什么想出国读中学？

问那些表示想出国读中学的孩子为什么想出国读书，得到的答案各种各样，比如："国外中学的条件好""国外中学生没有国内这么累""国外的好大学更多"等等，但很少有人会从自己的角度回答，"我是为了人文思想和视野而去国外读书的"。

和做任何事一样，首先是要有发自内心的愿望和动力，才能把事情做好。在萌发出国读书的念头时，一定要多问孩子几遍为什么。如果单单是为了学习更轻松，或者去看看国外的花花世界，那你一定要再重新考虑了。

美国的中学、大学条件更好，这是毋庸置疑的。但美国的中学并不像大家想象的那么轻松自由。在上一章里，我们已经对美国的中学做详细的介绍。比如，对外国学生而言，最适合的是私立寄宿中学，而这种学校是需要24小时住校的，除了功课，还有很多的课外活动，对于初到国外，语言还不过关的中学生而言，想轻松不太可能。

所以，孩子想出国读中学，首先要知道自己为什么去。用老师常说的一句话，就是先要端正学习态度，这样才能学有所得。比如，想让自己更全面发展，希望未来能进更好的大学等等。带着一个清晰明确的目标去美国读书，孩子才能克服可能遇到的各种困难，让自己的人生迈上一个新高度。

有一本华裔学生巩昂写的书——《我在美国上中学》，详细生动地描写了他本人在美国读中学的经历。如果说中西文化交汇教育下沉淀出两种人，一种融贯中西，一种成为文化冲击的受害者，那么巩昂可算前者。巩昂后来就读了哈佛大学，他的书出版的时候，他还是11年级的学生，虽然《我在美国上中学》是一本中学生写的书，但有见的有深度。这本书有助于大家从细节去了解美国中学的情况，也可以从作者的身上看到美国素质教育培养出的精英的影子。

2. 家长的想法不能代替孩子的想法

事实上，大多数孩子并不是主动做出去国外读中学的选择，大多数是父母的决定。从做父母的角度看，自然是望子成龙，盼女成凤，这无可厚非。可是毕竟到国外读书的是孩子自己，所以本人的意愿是最重要的。

如果父母有送孩子出国读中学的愿望，一方面不妨让孩子自己想想，这样做有什么好处，又回到了上节提出的问题，要知道自己到底为什么出国读中学；另一个方面，要好好谈谈，让孩子知道你们为什么想送他出国读书。毕竟父母的人生阅历更丰富，一些出于长远的考虑可能是十几岁的孩子想不到的。最后，可以让孩子自己做出判断，是不是应该出国读中学。当然，如果父母和孩子意见一致最好，如果孩子有自己的想法，要鼓励他明确说出来。反过来，对于父母也是一样，在出国读中学这样的大事上，一定要了解和尊重孩子本人的意愿，避免引起他们的抵触和逆反心理。毕竟，出国读中学并不是通往学业成功和人生幸福的唯一或者必要途径。

3．不要心存侥幸

也有这样的情况，有的学生目前在国内的学习状态不好，他没有找自身的原因，而是抱怨中国的教育制度有问题，所以寄希望于去国外读书，期待环境的转变，能给自己带来质的飞跃。

根据我们观察，通常的情况是，在国内中等以上的学生，出国读书形成自己人生飞跃的比例比较高。仔细想想，这点并不难理解。不错的学习习惯、学习方法、对自己的高要求等等，都是从小培养起来的，也是一个学生成绩不错的基础。

所以，对于目前学习成绩不好的学生，家长在考虑出国读书之前更要慎重。首先要找自身的原因，看看孩子成绩不好的根源在哪里，然后再详细了解一下美国教育的状况（请参考本书第一章及第二章），判断美国的课程设置、教学方法是否有利于孩子学习的改进和提升。有的孩子习惯了严格系统的知识灌输，习惯了老师同学的人群密度和管理方式，本来在中国还不错，一旦换了环境，就成了断线的风筝，完全失去自我控制；或者在一个多元文化、多元价值观的环境中，迷失了自己的方向。而且这样的例子也比比皆是。

国内还有一种传说，认为美国中学教学简单，中国学生到了美国随便一学就比美国学生强。抱这种侥幸心理去美国肯定要受很大的挫折。

出国读中学，无论对孩子，还是家长来说，都是一个至关重要的挑战，所以不妨在做这个决定之前，先好好思考一番。如果选择不当，不仅浪费了金钱，更浪费了宝贵的时间。

建议家长和孩子一起不妨把考虑的因素列一个表，然后根据在自己心目中的重要性排个次序，这样更容易理清自己的思路，也更容易在家庭成员、良师益友之间征求意见。

表 3-2 让孩子去美国留学的原因是什么

序　号	原　　因	重要性排名
1	开启智慧，开阔眼界，开发自己的潜能	
2	为了将来职业准备，受最好的培训，为了长远的生活、事业成功	
3	有机会就读和国内同样优秀或更好的大学，有更大机会升入世界顶尖大学，接受最好的系统教育、有机会上最好的大学	
4	回避国内高考的压力	
5	享受发达国家的教育资源	
6	小班教学，高师生比例，有机会得到因个人而异的指导和关注	
7	学习世界上最通用的一种语言与国际并轨	
8	融入和理解世界多元文化	
9	在一个平等有序的社会体系下寻求个体的发展	
10	在国内有可能考不上大学，而美国大学多，即使程度差的大学也是美国大学	
11	镀金，反正中国也难以衡量美国大学的好坏，将来回国就业更有优势	
12	走出去玩一玩，试一试	
13	觉得现在的环境、学习都不满意，希望换个环境能有转机	
14	其他	

（二）语言的要求

1. 语言成绩

考虑让孩子去美国读中学，首先要看看英语程度，是否可以过关，能否达到最基本的生活沟通，能否听懂课。

很多在国内英语成绩优秀的中学生，甚至大学生、研究生，到了美国之后，突然发现自己既听不懂别人的意思，也无法表达自己的想法。比如笔者的一个朋友，在国内硕士毕业，刚去美国的时候，因为语言上的障碍，甚至悲观到想自杀。

这是什么原因呢？

最主要的原因是我们在学英语的时候，没有把它当作一种语言来学习，而是把英语当成了一门功课，更多的时候是考虑如何考出高分，而不是如何应用它。这导致很多人到国外之后，发现自己学的英语有问题，甚至怀疑自己的能力，无法很好地进入学习和生活状态。另外，中国的英语教学的侧重点同实际情况有偏差，对英语的应用重视不足，故而培养出的学生的实际应用能力差很多，从而导致学生到美国后面临巨大反差。

美国的不同寄宿学校从选择性最强的学校到选择性最不强的学校之间，对候选学生的英语要求有一个很宽泛的幅度。即使是学术要求高、选择性强的学校，对英语的基本技巧能力要求也不尽相同。所以语言问题的考量仍旧是一个双向选择，关系到是否能找到一个适合自己的学校作为新起点。

那么用一个什么标准来衡量英语水平呢？平氏私立寄宿中学分类提供了一个定量的标准，平氏私立寄宿中学分类中一类学校特别是不提供 ESL 课程的那些，一般都需要学生 TOEFL 成绩达到 100 分以上，SSAT 成绩平均达到同年级、性别组的 90% 以上。希望入学这类学校的学生英语水平要达到母语为英语学生的平均水平，否则会过于挑战。平氏二类校有一个相对宽泛的范围，一般需要学生 TOEFL 成绩大体从 80 分到 100 分之间，SSAT 成绩平均达到 60%-90% 左右（以上分数范围仅供参考）。

一门语言的水平，不是简单一两个月突击的结果，而是要有一个长期积累。很多学生真的靠突击托福达到了 100 分，没有读过什么英文书籍，实际应用能力相差甚远，反而给自己寻找和矫正目标造成了极大的困扰。

如果达不到这个标准是否就没有留学的希望了呢？不是的，有很多招生选择性不太强的学校，接受各种有学习差距的学生，主要是平氏私立寄宿中学分类中的三类校，对英语不作过多统一要求，学校里学生间竞争也不太激烈，能给语言不太好的学生一个缓冲。ESL 课程也帮助学生补足学习轨道不同造成的长期语言学习和使用上的差距。同时，对英语程度虽好，但没有时间准备标准化考试的学生，这类学校也是一个不错的选择。因为这类学校本身有着良好的教学系统和师资，对学生的选择性不特别强，所以他们招收的学生和毕业生都有一个较为宽泛的幅度。三类校一般不对标准化成绩做特别规定，能通过电话面试，能用英语进行简单的日常沟通，有不错的平时成绩，有老师推荐，基本就可以申请上。

不论哪种学校，学校都会对学生进行面试或者电话、Skype 面试，所以，最低要求是，有最起码的会话沟通能力，能清楚地表达自己。如何在电话面试中作最基本的应对，可参阅本书实战篇第 4 章中"面试与电话面试"的内容。

选择性越强的学校对英语要求越高。最高的就是菲利浦埃克塞斯特学校 PEA 这样的学校，老师不讲课，老师和学生围坐在一张椭圆桌旁交流、分享、讨论、发现，数学课的内容也用语言讲解概念。这种教学方式对学生的表达能力、语言能力要求极高。

反过来说，学生在考虑学校的时候也是以适合为第一要素。找到一个适合自己水平、兴趣的环境才有可能长足发展。所以，图 3-1 "语言方面影响选择的因素"向读者展示了语言方面怎样制约学生的选择。

图 3-1 语言影响择校的因素

如图 3-1 语言方面影响择校的因素所示，首要考虑的是第一层因素，也是最基本的——学校对学生的选择性和学生的竞争力。选择性越强的学校对学生各方面素质要求越高，包括并不限于语言水平，由于整体生源素质高，学生间的竞争压力也就大。

中国家长是望子成龙、盼女成凤的，孩子往往也是寻求最好的可能，所以才会有这个争取更好机会的、竞争激烈的申高之旅。这一前进的动力是毋庸置疑的。但能客观看待自己的需求也是非常挑战的一件事情。申请学校的过程中，认识自己、认识学校、认识美国学校的价值观和不同的文化氛围，从而做出明智和尽量客观的最终选择，是十分重要的一环。进一步的择校内容我们将在这本书的下半部的第四章第二节《四部曲：锁定、考试、申请直到最终的选择》中详加阐述。

2．ESL 课程

因为寄宿学校面向国际学生，所以多数寄宿学校提供英语为第二语言课程即ESL（English as second Language）课程，帮助学生渡过语言关。但每所学校 ESL 的设置和偏重又有不同。有的学校 ESL 课程重点在于循序渐进帮助学生强化英文听、说、读、写基本技巧。另外一些学校设 ESL 课程是为已经初步掌握基本英语能力，而实际英文水平远远低于同级的英语要求的学生而设，重点放在帮助学生升入更高一级的英文课程。

有像康涅狄格州的玛丽安娜波利斯，他们的 ESL 课程不仅仅是英语，也涵盖科学学科，极大地帮助母语为非英语的学生过渡适应的同时，也把各学科都掌握扎实。

有些选择性非常强的学校也有提供 ESL 课程的，比如马萨诸塞州声名卓著的 Deerfield Academy，为国际学生提供为期一年的 ESL 课程。事实上，因为该校选择性很强，要求学生 SSAT 要达到 90% 以上，所以大部分国际学生并没有英语适应性方面的问题，少部分适应有问题的学生可以参加一年的 ESL 课程而替代必修的英语课，接受近乎单独的、根据学生特殊需要而定的英语辅导。

还有像位于大华盛顿地区马里兰著名的 Georgetown Preparatory School，该校选择性也很强，也要求学生 SSAT 成绩能达到 90% 以上，但它所提供的 ESL 英语课程分两级，旨在提高外语学生的阅读和写作能力，可以替代主流英语课程，也计算学分，它同时也意味着学生必须通过两年的 ESL 补充后，英语进入主要课程。根据国际学生背景、情况的不同，学生还被推荐参加 ESL 专项美国研究学习、宗教研究。在成绩单上，ESL 成绩用小注注明。

3．进入年级

第三层因素是：学生的年龄、国内在读年级、打算在美国就学的年级。做好任何事情都需要时间，需要长时间的投入和努力。相比之下，年级低压力小些、可以调整适应的时间比较长，更何况美国的大学看学生是从 9 年级开始的一个整体发展状况。到了 10、11 年级学习挑战度又上了一个大台阶，各种标准化考试也都接近最后的截止期。而 11 年级和 12 年级，特别是直接就读 12 年级，申请大学在即，一般要在 12 年级上学期的 12 月底前考完托福、SATI，目标高的学生还要面对 SATII 的两到三门考试，因为 12 年级那一年的一月份就是很多大学的申请截止日期了。如果直接就读 11、12 年级就根本没有调整、适应的时间。多数学校都不接受 12 年级的新生，越来越多选择性强的学校开始更愿意甚至只愿意接受 9 年级的中国新生入学，"要给他们真正调整、适应、发力的时间"。也有一些学生会复读一年以争取更多的适应调整时间。

4．支持体系

成长中的孩子从环境中吸取经验。通过和周围的交流，孩子才可能了解自己；作为生物体，他在与周围环境相"适应"的过程中吸收、学习、互动，来完成自己，从而发展出完整的人格。因而，孩子在美国中学所处的环境十分重要，这个环境里的各要素共同形成了孩子的一个私人体系，这个体系包括了能够给学生提供及时而适当的指导的父母、导师、顾问，还有和自己有共同语言、文化背景，能彼此理解、轻松融入的同学朋友社群。如果学校里有说中文的同学，特别是来自大陆的同学，适应起来就多了一层支撑。在异国他乡，到了学校或者还没到学校，说中文的学哥学姐已经主动找你嘘寒问暖，感觉是完全不同的。学校里说中文的人会从心理和实际上对学生多一层有力的帮助。

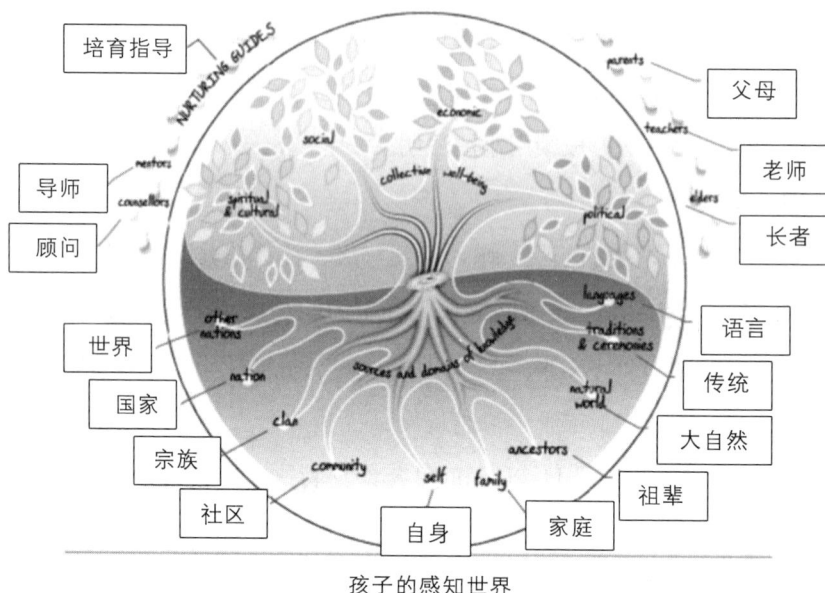

孩子的感知世界

大多数寄宿学校都有会说中文的学生，其中有华裔，也有香港、台湾、大陆来的国际留学生。现在在校大陆学生，少的是有十几个，最多的会有七八十名。中国学生过分扎堆未必是件好事情，但客观地讲，这些说中文的同学、同乡对学生最初的融入会有一个积极的作用。

（三）其他功课的要求

1．数学

英语之外，在申请中学和大学标准化考试中起相当分量、作用的就是数学了。私立中学入学考试 SSAT 和大学入学考试 SAT Ⅰ 考查的只是两科——英语和数学。

美国人重视数学，他们认为数学不仅仅是计算、测量、应用公式，更是一种思维方式，是演绎推理和归纳推理的逻辑思维方式，它研究符号和数字之间的关系，以及如何用这些符号和数字来解释世间与之有关的现象。学习数学是通过数学来培养自己的能力，来理解世界以及与之有关的各种现象。

美国学校强调学生对隐藏在数学后面的概念的理解，而不是对算术的死记硬背。学校数学课的目标是培养孩子成为解决问题的能手，通过数学学会思考，挑战学生的思维，让孩子把自信建立在自己的能力之上，通过循序渐进的教学活动去学习具体的操作计算，所以计算只是手段并不是目标。

中国学校更重视算术技巧，中国学生往往有很高的计算技巧。数学是中国学生的传统优势项目，一般中国学生入学的数学科目难度会比普通美国同年级同学高一个年级。

2．成绩与知识

美国中学不分文理科，又有很多课程供选择，但绝大多数学校要求学生除英语、数学必修外，同时要选一定学分的实验科学（理科）课程和历史、视觉艺术或音乐课程、外语课程。多数学校对英语为非母语的国际学生不再作外语方面的要求。

以加利福尼亚州的撒切尔学校（The Thacher School）为例，学生每学期要选5门课，学校对选课比例有一个指导规定。如表3-3所示，学校对必修科目的选课作了最低毕业要求。从对比表我们可以清楚看到，毕业的最低要求只是一个底线，指导方向，但绝大多数毕业生所修课程都会远远高于学校的毕业要求。

表3-3 撒切尔学校（The Thacher School）的毕业最低要求

科　目	要求学习学期数	赛科学校（Thacher）学生平均
英　语	8	8
数　学	6(至少学完数学 III)	8.2
外　语	6(至少达到专业三级水平)	7
科　学	4（至少完成物理和化学）	7
历　史	5（要达到世界历史 [3] 美国历史 [2]）	6.8
艺　术	4	6.3

不论是申请哪所学校，几类学校，学生必然要提供过去三年的成绩单，一般学校要求各学科成绩最少不低于 GPA 2.0，选择性比较强的学校要求 GPA3.0 以上，顶尖学校不少学生 GPA 都达到 4.0。

【小贴士】GPA 的计算（摘自：百度百科）

GPA 的英文全称是 Grade Point Average，简单来说就是平均成绩。

每个学校的学分换算系统有些微区别，表 3-4 供大家参考：

表 3-4 学分换算表

等 级	学 分	百 分 制	程 度
A+	4.33	97–100	优 秀
A	4.00	93–96	
A–	3.67	90–92	
B+	3.33	87–89	优于平均水平
B	3.00	83–86	
B–	2.67	80–82	
C+	2.33	77–79	一般（平均水平）
C	2.00	73–76	
C–	1.67	70–72	
D+	1.33	67–69	
D	1.00	63–66	及 格
D–	0.67	60–62	
F	0	0–59	不及格

（四）家庭需要提供的经济支持

1．读一年中学要花多少钱？

学费加食宿费学年内平均水平是 50,500 美元，此外还要支付假期和旅行费用等。下面将一名住宿生一年内的支出进行列表分析，如表 3-5。

表 3-5　年度支出幅度预算

项 目	平均水平（美元/年）	幅 度（美元/年）	说 明
学费 + 住宿费（每周 7 天住宿）	50500	20000–65000	
书 本	300	200–1000	
零 用	3000	1000–10000	
寒/暑假回国往返机票(2 次计)	3000	2000–5000	
寒假以及其他小假期食宿	3000	500–5000	学校假期关闭，学生自行解决食宿，就近有亲友家可以住固然好，也有些学生合租旅馆居住。
学生保险	800	500–1000	不包括牙医保险。不在美国居留的几个月可以不保。
合 计	60600	24200–87000	

表 3-5 是一个参照范围，当然如果不加以节制，费用还可能更高。私立中学获得财政资助的外国学生只有 5%，近几年几乎没有中国学生能获得财政资助。

2．支付能力不够就不能上美国的寄宿学校么？

答案是有可能的，但难度比较大，非常有挑战性。几乎所有寄宿学校向本国学生提供以需要为基础的财务资助（Need-Based Financial Aid），称作助学金，顾名思义，助学金是一笔资金，支付给那些由于种种原因不能由本人家庭支付学费的学生。寄宿学校的本国学生约有 35%（占总学生人数的 35%）接受各种程度的助学金。

但明文规定向国际学生提供助学金的就非常少了，只有 50 所左右的学校可向国际学生提供助学金。（每个学校的政策都可能会随时调整）而享受助学金资助的国际学生只占整个国际学生群体的 5%。

助学金金额根据需求和学校的资金情况而定，从几千到能包括学费、住宿费等的全额。像前面章节介绍的菲利浦埃克塞斯特 PEA 那样，学生家庭年收入 7 万 5 千美金以下的，全免费（免除学费、食宿费、书本费、电脑、学习用品、床单床罩，健康保险和技术服务费）的学校则是凤毛麟角了。

在平氏私立寄宿中学分类表中有一栏"是否向国际学生提供助学金"，可以给需要助学金的学生、家庭申请学校时做参考。

3．向学生提供助学金的学校又分为下列三种情况：

● **对国际学生和国内学生一视同仁，录取时不考虑是否有资助需求（Need Blind）**

这些学校不因学生是否申请资助而决定录取与否。换言之，只要录取了，有适当的财务证明——资产、收入、负债、负担都纳入考虑之后，确实有财务资助需求的就会向学生提供资助。

在录取的时候，学校还是会考虑你是否是国际学生，因为选择性较强的学校会控制国际学生比例，一般在 15% 左右，还有就是多样性，学校也希望国际学生有尽量不同的背景。

不考虑是否有资助需求（Need Blind）的学校有：新罕布什尔州的菲利普埃克塞斯特学校（Phillips Exeter Academy），新罕布什尔州的圣保罗中学（St. Paul's School），马萨诸塞州的菲利普斯安多福学院（Phillips Academy Andover），马萨诸塞州的迪尔菲德学院（Deerfield Academy），加利福尼亚州的凯特中学（Cate School），马里兰州的乔治城预科学校（Georgetown Preparatory School）。

● **有固定的国际学生助学金的名额和数额**

加利福尼亚州的撒切尔学校（Thacher School），密歇根州的克瑞布鲁克学校（Cranbrook Schools），弗吉尼亚州的伍德贝瑞森林学校（Woodberry Forest School），纽约州的爱玛威拉德女校（Emma Willard School），新泽西州的劳伦斯威尔学校（Lawrenceville School），宾夕法尼亚州的摩尔西斯堡（Mercersburg Academy），康涅狄格州的卢米斯查菲学校（Loomis Chaffee School）等，康涅狄格州的塔夫特学校（Taft School），康涅狄格州的威斯敏斯特学校（Westminster School），罗得岛的圣乔治学校（St. George's School），马萨诸塞州的米德尔塞克斯学校（Middlesex School），马萨诸塞州的米尔顿学校（Milton Academy），马萨诸塞州的圣马克学校（St. Mark's School）等。

特拉华州的圣安德鲁学校（St. Andrew's School），国际学生助学金最高额度为学费食宿费用的50%。

● **要看当年资金情况，也看具体学生情况**

比如马萨诸塞州的布鲁克斯学校（Brooks School），新泽西州的佩迪学校（Peddie School），康涅狄格州的霍奇基斯学校（Hotchkiss School），弗吉尼亚州的圣公宗高中（Episcopal High School），康涅狄格州的乔特罗斯玛丽霍尔学校（Choate Rosemery），这些学校会根据当年招生情况，为平衡各方面的比例，招收自己需要的学生，对本校需要的有特别的才能或者背景的学生伸出橄榄枝。

同时也有极个别的情况，学校本身并无相应的资助费用，学生家庭又无力支付昂贵的一揽子学费，学校董事或者校友会出于个人的喜爱或者纯粹帮助的意图，针对某个具体学生设立一个临时的专项助学金项目。这就更是因缘而遇，事先难以预料了。

4．缩小学费差距的有益桥梁——奖学金（Merit Based）

共有 100 多所学校可能向学生发放奖学金。不少发放全额奖学金的学校只是向新进入的 9 年级学生提供，有的以后几年只要达到规定的学习成绩，可自动继续配享奖学金；有的则要经过年审。每个学校侧重又不一样，一般要求成绩 GPA3.5 或者 3.7 以上，SSAT 85% 或者 90% 以上，另外还有品格、精神等软性要求。很多奖学金都是 1 万美金或者几千美金的额度，并不一定能够偿付所有的留学费用。

下面举例说明一些提供奖学金的学校：

平氏一类校中的新泽西州佩迪学校（Peddie School）每年有两项奖学金。一项安恩博格奖学金（The Annenberg Scholarship），是免学费、住宿费的奖学金，奖励服务精神和领袖才能；一项波特奖学金（The Potter Scholarship），10000 美金奖励优异学生。两项奖学金均针对新生，且不限制年级。波特奖学金，只要是申请截止日前报名的新生都自动列入候选。安恩博格奖学金则需要候选人回答一些问题以及提交长作文。

弗吉尼亚州的圣公宗高中（Episcopal High School）每年向 5-10 名新生（约 5%-10% 的新生）提供 5000 到 10000 美元不等的奖学金。

罗得岛的朴茨茅斯教会学校（Portsmouth Abbey School）每年向一名进入 9 年级的学生提供全额奖学金——迪曼奖学金（Diman Scholarship），要求候选学生标准化成绩 90% 以上。另有教会奖学金（Abbey Scholarship），向 10 名学生提供 3500 到 12000 美元不等的奖学金，要求候选学生标准化成绩 80% 以上。

俄亥俄州的安德鲁斯奥斯本学校（Andrews Osborne Academy）向进入中学各个年级的新、老学生发放小额奖学金。

华盛顿州的安妮赖特学校（Annie Wright）发放有 5 项目奖学金，全方位奖励有各种特殊才华的学生。

密歇根州的克瑞布鲁克（Cranbrook Schools），有 1 项音乐奖学金。

最特别的恐怕要属纽约州的爱玛威拉德女校了（Emma Willard School），它提供的实名奖学金共达 56 项，其中部分是给指定地区的学生的，几项是给家庭需要财务帮助的学生的，一项是给家长从事教育工作的学生的，也有些是给有领导才能、学业进步的学生的。56 项奖学金不是所有的每年都有。下面特别要介绍几项奖学金。戴维斯国际奖学金（Davis International Scholars Program）是为了进一步促进学校的多样化而设立的。每年最多奖给 10 名有天分又显现出了领袖潜能的女生，最多 20,000 美元，而且如果这些女生将来毕业去了戴维斯项目规定的 85 所大学之一，可以继续得到资助。好乐威基金奖学金（Charles and Marjorie Holloway Foundation Scholarship）奖给国际学生中学业优秀又有资金需求者。兰克托特奖学金（Lanctot Sisters Scholarship）奖励给学业优秀又有财务需求的学生，特别是发展中国家的学生。LISZ 基金奖学金（L. I. S. Z. Foundation Scholarship）特别考虑来自亚洲或者美籍亚裔学生中的学业优异者。麦瑞尔奖学金（Merrill Scholarship）奖给有色人种中的学业优异者。罗素洛克奖学金（Russell F. Locke Scholarship），奖给音乐方面有特别天分的寄宿生。帕特丽夏奖学金（Patricia George Peterson Leadership Scholarship in the Dance）奖给舞蹈方面有特别天分且人格杰出的学生。

加利福尼亚州的撒切尔学校也有多达 54 项奖学金。

5. 需要做长久考虑

高中毕业后就要读大学，来美国读高中的学生，基本上初衷都是为了在美国读大学。大学学费差异比较大，从社区大学到常春藤盟校，四年学费总计从 7 万美元到 18 万美元不等。成绩好的国际学生也有希望获得各种数额的奖学金，其他还有助学金和校内工作机会。但这些机会都是因特定学校、个人家庭情况而异。

能被常春藤盟校以及其他经济实力雄厚的顶尖大学录取的海外学生可得到与美国学生同等的经济资助机会，学校根据学生的家庭收入情况，以按需分配为原则（Need-Based）评定助学金（Financial Aid），基本上是家庭年平均收入越低的学生可以拿越高数额的奖学金。最低是几千美金，最高足够负担学生的全部学费和生活费。

如果不考虑奖学金和自己打工助学，费用幅度和表 3-5 的幅度基本相当。

大学学费还是要由父母帮助负担的学生，曾经出现过在国外学习期间，由于家庭经济状况出现变化，没有足够的经济能力继续正常的学习生活的情况。因此家长应对自身经济能力进行充分全面的评估，看是否能保证自己的子女在学校规定的时间内顺利毕业。

6．教育要计算成本

读私立中学、读寄宿学校，在发达国家的美国，对于占美国大多数的中产白领家庭，这也是一项相当大的投入，我们绝不建议中国学生家长盲目做不成熟的投资。

1992年美国芝加哥大学经济系教授贝克尔把经济学的一般原理应用到人类行为的各个领域，用他的一套严谨的理论模型加以分析，并得出一系列常识无法论证的结论而获得诺贝尔经济学奖，经济学也成为一种分析方法，目标即以最小的代价取得最大的成效。教育经济学主要是运用经济学的理论和方法，研究教育领域中的经济问题与经济现象。我国权威的教育经济学理论都是把投入局限在经济因素上。因此在计算教育成本时，无论是直接成本还是间接成本都只计算经济成本。

其实从贝克尔经济学角度看，教育的投入远远不只是经济投入，还有时间、情感、教育方法等的投入。当我们在家庭范围去研究教育经济学时，家庭教育上的投入和产出是不能以经济投入和产出来计算的。家庭教育的成果远远不能归结为花了多少钱供孩子读书。在当今社会，家庭教育最好的产出就是教育出自我运转良好、有出息、有成就的子女——为社会、为家庭做出贡献的人。家庭对孩子的投入仅仅只有金钱是不够的，没有金钱或者金钱不多也可以对孩子进行投入。用父母的爱、知识、时间、耐心、言行投资你的孩子。特别是对正值青春期的孩子，怎么去完善自己的教育方法、提高个人修养、理解孩子、正确地管理孩子，这一切都会比金钱更有效。

总之，投资孩子就是投资家庭的未来，孩子的成长关系着国家的发展，投资孩子就是投资国家的未来。教育要计算成本，而投入不是仅仅依赖金钱。

（五）自立生活和学习的能力

在美国，整体的文化环境认为每个人的成长都要靠自身的力量，美国教育最大的目标就是通过做自己喜欢做的事情，让人有机会找到自我成长的内在动机，学会自我管理。因此从小就培养和锻炼孩子的自立意识和独立生活能力。独立和自制不是一蹴而就的，都有一个长期培养，逐渐形成的过程。从孩子小的时候家长就要让他们认识努力的价值，让孩子自己决定自己的生活，学着做出明智的选择。

美国的教育方式与国内不同。没有人会强迫你做什么事情，让每个人去面对自己行为的结果。这对那些习惯了被填鸭的孩子是机会，但也同时是极大的挑战甚至可能是灾难。美国学校和老师更重视让学生自己去学习，老师只是起着指导和帮助的作用。换句话说，学校会给学生时间安排上的、作业上的指导，但完成与否、遵守与否就要靠学生的自觉了。如果学生想努力，需要老师学校的帮助，他会得到他所需要的帮助；如果学生非常具备主观能动性，他甚至可以创造机会；但如果学生不努力，老师也不会揪着他往前走。这和中国中小学的情况是不同的。

在国内到了高中，学生很少有自己能掌握的时间，学校会一直给学生补课、加课，利用几乎所有的周末、节假。美国的体制不同，对学生要求也不同，大家需要对此有一个清醒的认识，不能拿中国作为样板来衡量美国，反之也一样。学习客观认识周围，才能让自己发现与利用好的机会。我们看一个学生的例子进一步了解美国学校的时间情况：

林在国内是省重点中学学习中上的学生，进入了美国一所学校的 11 年级，除了学校布置的功课、上课的时间，他丝毫不做其他额外的学习，因为不习惯，也没有剩余的时间。

让我们看看林 11 年级下学期到 12 年级上学期这一年的校历，林所在学校实行一学年三学期的学制——分为秋季、冬季、春季学期，暑假 95 天，再加上周末、长周末、法定假日、春假、感恩节假期、圣诞节／春冬假期，假期共达 215 天，所以上课的时间只有 150 天。更令林大跌眼镜的是，每周三下午不上课，即使上课的那四天，也是才上到 3 点。剩下的时间都是体育运动和社团活动，比赛和训练累得他几乎吐血。

林总结说：中国的老师多么负责，中国的学校多么认真！想着他爸爸妈妈交到学校的五万多美金，他心痛得不行。怎么把我当体校生呀？我又不要去上体育大学！他觉得美国学校浪费时间。

到底美国学校为什么那么重视那些中国学生看起来不着边际的体育、课外活动呢？这一点我们已经在第一章中详细介绍了美国的教育理念。林似乎明白了一点德智体全面发展是什么意思。但对于林来说，这就是他第一次严重的文化撞击。他是否能从这些文化撞击里茁壮成长呢？

看看表 3-6，林 2017 年的行事历，大家或许可以体会到，一个什么样的学生更适合美国的学校。对于想在自己生活中做出较大成绩的学生，美国学校留出大量的属于个体的时间，这样的安排可以给每个人机会，创造自己独特的发展路径；对另外一些学生来说，只能是一事无成。

美国学校学业、申请大学任务重的头戏是在 11 年级到 12 年级上学期，表 3-6 正是林的这个时间段，按照计划，他在 11 年级下学期完成了第一次 SAT I 的考试，即便成绩还可以，但也有很大上升空间，也考了托福。在学年末，他也完成了 2 门 SAT II、2 门 AP 课的考试。林打算在暑假再好好学习 SAT I，并决定在 12 年级上学期的 10 月份报一次 SAT I 考试以保证有一个更好的分数。他要在年底前完成所有大学申请文件的填报和申请工作。这个日历上还没有标注他 3 个小学期每次持续 1 周的各科考试时间。

表 3-6　林的 2017 年行事历

2017 年日历						
月　　份	一	二	三	四	五	六	日
	26	27	28	29	30	31	01
JAN 2017	02	03	04	05	06	07	08
16 日 马丁路德金日	09	10	11	12	13	14	15
1 日 SATI 考试	16	17	18	19	20	21	22

续表 3-6

冬季短假期	23	24	25	26	27	28	29
FEB 2017	30	31	01	02	03	04	05
	06	07	08	09	10	11	12
	13	14	15	16	17	18	19
20 日 总统日	20	21	22	23	24	25	26
MARCH 2017	27	28	01	02	03	04	05
	06	07	08	09	10	11	12
春假	13	14	15	16	17	18	19
	20	21	22	23	24	25	26
APRIL 2017	27	28	29	30	31	01	02
1 日 托福考试	03	04	05	06	07	08	09
16 日 复活节短假期	10	11	12	13	14	15	16
	17	18	19	20	21	22	23
	24	25	26	27	28	29	30
MAY 2017	01	02	03	04	05	06	07
第一周 AP 考试	08	09	10	11	12	13	14
6 日 SATII 科目考试	15	16	17	18	19	20	21
	22	23	24	25	26	27	28
JUNE 2017	29	30	31	01	02	03	04
暑假 95 天	05	06	07	08	09	10	11
	12	13	14	15	16	17	18
	19	20	21	22	23	24	25
JULY 2017	26	27	28	29	30	01	02
	03	04	05	06	07	08	09
	10	11	12	13	14	15	16
	17	18	19	20	21	22	23
	24	25	26	27	28	29	30
AUG 2017	31	01	02	03	04	05	06
	07	08	09	10	11	12	13
	14	15	16	17	18	19	20
	21	22	23	24	25	26	27
SEPT 2017	28	29	30	31	01	02	03
4 日劳动节后开学	04	05	06	07	08	09	10
	11	12	13	14	15	16	17
	18	19	20	21	22	23	24
	25	26	27	28	29	30	01

OCT 2017	02	03	04	05	06	07	08
7 日 SATI 第二次考试	09	10	11	12	13	14	15
9 日 哥伦布日	16	17	18	19	20	21	22
31 日早申请大学截止日	23	24	25	26	27	28	29
NOV 2017	30	31	01	02	03	04	05
	06	07	08	09	10	11	12
	13	14	15	16	17	18	19
感恩节假期	20	21	22	23	24	25	26
DEC 2017	27	28	29	30	01	02	03
	04	05	06	07	08	09	10
	11	12	13	14	15	16	17
圣诞节假期	18	19	20	21	22	23	24
31 日普通申请大学截止日	25	26	27	28	29	30	31

注：灰色底色为假期，黑色底色为标准化考试日期。

　　西方的教育理念希望达成学生在规则之下的自我管理。比如作业，学生不写作业，老师也不会批评、惩罚，美国的老师只是会对不完成作业的同学给个低的平时成绩分，而且这些分数也不是公开展示的，但积累到一定程度，因为这些"小事"，学生被私立学校开除也是有的。有些不是很自觉的学生到了美国还在等待和中国学校里一样的压力——老师的推、挤，如果那样，他必然会有一种失重的感觉，无所适从。

　　虽然出国留学本身能促进学生增强自立、自理和生活能力，但是如果在国内就能进行一些相关的练习，特别是在时间管理技能方面的学习和锻炼，他们到了美国就会发现其实独立生活也并不像想象中那么难。良好的生活环境和舒畅的心态将是顺利完成学业的精神保证。

　　另外，美国学校重视多元化，同学来自不同的国家、不同的背景，因而具有非常不同的习惯。有些自制能力、思想水平较差的学生会抵抗不住某些物质或精神的诱惑而误入歧途，难以自拔。所以学生要有能力分辨是非，在诱惑面前要能够坚持原则，不为所动。

　　所以，说到最后还是在适当的挑战、适合的环境、平衡的身心下人才会茁壮成长。做出留学的决定前，父母要先想想，你的孩子是不是准备好了独自去面对这些。

低龄，甚至成年人留学都会有很多悲剧性的收场。这就像一艘船，如果建得不很牢固，就不要随便把它放进大海。一个运转良好的个体才更适合挑战生活。

（六）适应能力

人在一个陌生的环境里都会产生孤独感和恐惧感，同时这些孤独和不安的感觉令人身心疲惫。其实这都是很正常的感受，人是靠眼睛、耳朵、鼻子、舌头、身体、意识来和周围环境产生联系、搜集信息、做出反应的。当人适应了一种环境，换了环境感觉茫然、心慌，都是必经的阶段。结交新朋友需要时间和精力，而面对新的文化是需要学习与适应的。变化给人带来的混乱感是很正常的感受，但只有具备较强的自我调节能力，面对学校要求的改变、目标的改变、生活的改变，才能迅速对新的环境做出积极的反应，使自己适应环境，全心全意投入学习。从一个学生最初的适应情况，就能看出他在美国能走多远。

有些人喜欢看事物消极的一面，对出国留学抱着很多不切实际的幻想，而缺乏自我努力的意识，其实这也是一种不成熟的表现，需要更细微的指导。是不是能有适当的人给予孩子这样细微的指导，家长在考虑孩子出国留学的时候就要小心对待。

前文提到的林，和他同时去同一所寄宿学校的还有另外一名女生，他们原来学习和背景都差不多，到了学校都有不适应，但行动大相径庭。林天天努力学习，很刻苦，慢慢开始真心喜欢自己的新学校、欣赏美国文化中积极的因素；但女同学则无法接受现状，天天悲天悯人，怀念在中国的生活多么丰富多彩，痛恨美国郊区生活的无聊无味而无法自拔。

两个人的未来不用猜，我们也能想象出将是多么的不同。对于这些乍入新环境的学生，懂得欣赏和珍惜的部分才是他们所能真切拥有的。俗话说，成功是因为态度。想想自己的孩子遇到问题是不是有积极的态度，态度是适应的起点，心态决定了状态。

实 战 篇

——写给勇于和准备挑战自己的青少年

第四章

梦想进行时三部曲

一位很勤奋的年轻人叫急急，苦于自己多年努力收到的成效却微乎其微，便去请教智者。

智者给了急急和自己的三个弟子一个特殊的任务，去山里打柴。

急急一开始就砍了六捆，扛到半路，就扛不动了，扔了两捆；又走了一会儿，还是压得喘不过气，又扔掉了两捆。虽然他很努力，但最终，也只是气喘吁吁地扛回了两捆柴。

大弟子和二弟子则不同，他们先是各砍了两捆，将四捆柴一前一后挂在扁担上，轮流扛着，最后还将年轻人丢掉的柴也扛了回来，齐心协力，轻松扛回八捆柴。

而个子矮、力气小的小弟子则选择了走水路，借助河水与木筏的力量，一个人轻松地拿回了八捆柴。

选择，使故事中的四位打柴人收获不一。急急挥起斧头就开始做事，没有任何详细的计划、准备和认真的思考，也没有想过砍好的柴怎么运出去。他的勤奋值得褒奖，但他却不是工作效率最高的人。他的这种勤奋，只局限于蛮力，就像三国时的吕布，只凭自己的勇猛，却缺乏智慧，有勇无谋。急急最后气喘吁吁，也只扛回两捆，所谓事倍功半。

弟子们不同，大弟子和二弟子有能力扛回较多的柴，并且，他们发现了工具与团结的力量，齐心协力，共同扛回八捆，他们付出的努力与得到的回报差不多是相等的。

小弟子选择了适合自己的水路方法，借助河水与木筏的力量，一个人轻松地拿回了八捆柴。可谓事半功倍。

故事结尾，智者用赞赏的目光看着小弟子，微微颔首，然后走到急急面前，拍着他的肩膀，语重心长地说："一个人要努力走自己的路，但关键不是怎样走；比怎样走更重要的，是走的路是否正确。急急，你要记住，选择比努力更重要。"

第一节　如何申请去美国中学留学？

本书在上篇中向学生和家长介绍了宏观的、策略性的决策依据，做出留学决定后，要审慎地选择学校、办理手续。本书下篇将条理清晰地将中学留学所面临的事务性操作过程作详细说明。不论你决定自己申请还是通过中介公司办理，了解申请学校的程序都会使你更有效率、更有宏观控制能力。

找我们咨询的学生家长中（不论是否通过中介申请），不少都已经到了美国或者已经申请了几所学校，才发现原来并不太适合自己。这也正常，任何事情都有经验成本，第一次接触国外的学校，走些弯路再正常不过。所以，我们提出两点，一是尽量提前做好规划，二是要尽量系统地了解情况。

留学申请的过程对于某些家庭也许意味着无数焦虑和纠结的日夜，对其他一些家庭却可能意味着是孩子与父母一起沉淀和反思、一起成长的一段宝贵的人生经历。

（一）首先需要一张时间表

作留学准备时间充裕的话，会让孩子和家长都能有更好的准备调整。比如英语、文化、自立自律、性格、沟通，这些准备都是从较小的时候就已经开始了的。要申请去美国中学留学，就要清楚地知道需要做哪些事务性的准备工作、办理哪些手续，这样会起到事半功倍的效果。联系、选择，参加标准化考试，都需要提前一段时间。为了让大家对申请留学的程序有个大概的了解，留出充裕的时间，本书为您提供一张时间表作为参考。具体的步骤和手续，会在后续章节详细说明。

以下时间是按照学校开学日期假设为9月1日（通常是8月底到9月初）来倒推计算的。

表 4-1 时间控制表

序号	时 间	准备内容	备 注
	前一年9月（24个月前）	制定留学计划； 购买、搜集标准化考试复习材料，加强英语学习； 家庭资金规划； 开始参加 TOEFL 考试培训或自行集训。	确定留学方向； 判断是否具备条件 （资金，成绩等）； 了解相关考试的情况
	12月（21个月前）	注册 TOEFL 考试； 锁定 10-15 所目标学校； 确定是否申请夏校。	
1	1月（20个月前）	参加 TOEFL 考试； 启动夏校的申请。	部分夏校要求提供 TOEFL 成绩
2	3月份（18个月前）	参加 TOEFL 考试； 确定教育顾问或者 DIY。	
3	7月份（14个月前）	参加夏校； 参加 SSAT 考试培训或自行集训； 索取学校申请资料； 开始文书准备； 开始面试准备。	视需要和时间安排
4	8月份（13个月前）	注册 SSAT； 参加 TOEFL 考试（视需要）； 取得 TOEFL 分数后初步确定要申请的学校。	
	9月份（1年前）	参加第三方面试（比如维立克）； 填写申请资料； 校园面试规划和预约； 校园面试。	父母表格； 学生表格； 有些学校要求资料齐全再进行面试
5	10月份（11个月前）	参加 SSAT 考试； 参加 TABS 学校展会； 保持联系面试了的学校。	通常考试后10天出成绩，可以根据考试成绩和面试情况确认最终申请学校名单
6	11月份（10个月前）	参加 SSAT 考试（视需要）； 联系老师准备推荐信； 保持联系面试了的学校。	
7	12月份（9个月前）	要求自己在学的学校向申请校提供成绩单； 递交申请资料； 电话面试补充前面没去参观的学校； 保持联系面试了的学校。	
8	当年的1月份（8个月前）	保持联系面试了的学校； 和学校确认所有递交的材料都齐全。	其他资料保证在截止日期前收到
9	当年的2月份（7个月前）	最后的跟进。	

10	当年的 3 月份 （6 个月前）	拿到学校录取通知； 接受录取和拒绝决定不去的学校。	
11	当年的 4 月份 （5 个月前）	签订入学合同； 缴纳押金； 拿到 I-20； 预订机票； 强化英语。	先预订机票，但暂不出票
12	当年的 5 月份 （4 个月前）	预约签证； 签证准备； 选课。	
13	当年的 6 月份 （3 个月前）	签证； 购买机票； 预习课程； 联系同学。	
14	当年的 7 月份 （2 个月前）	收拾行李； 强化英语。	
15	当年的 8 月份 （当月）	强化英语； 最好在开学前一周抵达，调整时差，否则就要在学校规定的，有接机安排的时间抵达。	

我们在上面所说的计划是比较理想的时间安排，提前两年开始准备，时间相对充裕。在实际操作过程中，申请计划经常会有所改变，具体到每年的考试时间不完全一样，每个学校的申请截止时间和申请要求也各不相同，但一定要早行动。当你开始着手准备的时候，你会觉得时间总是不够用。

如果你的准备工作做得不够好，不能按照上述的时间表进行，也并不意味着你就失去了机会。也有少数家庭从有去美国留学的想法到开学只是三个月，也能成功申请到合适的学校。有的学校没有截止日期，不需要标准化考试，基本随时在招生；有的学校申请截止日期比较晚；有的学校在错过录取时间之后，还会出现少量的候补名额；或者如果和学校有非常好的沟通，也有可能得到学校的破例录取等等。但是，我们也要明白这样会大大地减少对学校的选择余地，所以一定要对时间有个明确的概念。

在这里对中学生有一个提醒，在没有收到美国学校的录取通知，甚至签证之前，最好不要放弃原来国内学校的学习。这样万一申请不成功或者签证不成功，也不会影响在国内的升学。

（二）学校是怎么选学生的?

在我们选学校之前，搞明白学校是怎么选学生的，这是我们选择、申请学校的一个关键点。这是一位平氏一类学校招生办工作人员提供的表单，我们可以看到他是怎么看学生众多条件的重要性的，很有代表性，可以作为参考：

表 4-2 招生办选学生各因素的重要性

非常重要	GPA——学校成绩单、教师评语、推荐信（特别注意：如果是美国学校的就是非常重要，如果是中国学校的就降为重要）。
	学生申请作文——本人的性格、经历，综合实力。
	面试——这是你本人最真实的亮相,如果你真能让一位招生办委员喜欢上你,（因为每个人都有说话的机会）如果你想的话，他们可以把看起来不可能的情况逆转过来。
很重要	SSAT——标准化考试成绩（特别是对于国际学生来说很重要。因为不好衡量学校背景、分数含金量、教师推荐信）。
	TOEFL——决定了你在美高是否能顺利完成学业。
重要	课外活动——一方面你可以为学校社区做出贡献,加入不同的群体；另一方面，学校可以了解你过去的人生付出过怎样的努力。
	和学校的匹配——是否适合学生本人的情况，是否和学校所能提供的条件配合良好
考虑在内	个人兴趣被考虑在内，每个学校考虑重点不同，有些学校会更重视兴趣的配合，因为是双向选择，学校也会考虑学生是否适合本学校，录取学生的时候会看学校是否能为学生提供其感兴趣的课外、体育活动；
	地域；
	种族；
	特殊才能；
	特殊环境；
	体育杰出(视情况，从考虑在内到重要，看教练的意思以及该教练在学校的分量)
	家庭愿意为学校做贡献。
不常见情形	先辈或兄弟姐妹为该校毕业（如果是捐过大楼之类的，就是一类优先，否则视情况，从考虑在内到重要）。

比较具选择性的寄宿学校，招生委员会的目标就是把智力水平类似但特色各

不相同的人，组成一个社区，去填充每个学科、体育项目、社团，去彼此学习。这和美国顶尖大学的思路是一致的。

第二节　申请四步走

读到这里，大家应该有了一个共识：世界上并没有"完美"的学校，幸好我们也不需要"完美"的学校。绝大多数家庭会满足于找一个"好"学校，而通过社会多方长期的努力，好学校比比皆是。

申请学校并不是一个数字游戏。而应该是在了解自己和了解学校的基础之上的双向选择。大多数寄宿学校提供优良的学习课程和管理，只是他们面向不同的学生群体。像菲利浦·埃克塞斯特学校、菲利浦安多福、迪尔菲德学校等学校招生的学生的成绩是 SSAT 90% 以上，他们寻找的是学习基础非常好、非常有学习动力、非常自主自立的学生。即使同一水平的菲利浦·埃克塞斯特学校、菲利浦安多福、迪尔菲德学校，它们也各有自己的特色和体系。这就是美国学校的好处，各行其是，各有不同，给你很多机会和选择。不同的学校招收的目标学生群体各有自己的能力范围。有些学校特别擅长支持学习有差异的学生、不适应传统的公立学校环境的学生；有些学校强调培养自信和寻找学习的动力，有些学校更注重人格的完善；有些学校宗教氛围比较浓厚，希冀从灵魂层面给人一个提升和规范。

所以，关键是在了解自己的基础之上，找到适合自己程度和兴趣的学校。

第一步：自测，筛选与锁定目标，制定策略

（一）自测

自测的目的是为了更好地衡量自己的优势劣势，再根据自己的兴趣寻找机会在哪里，从而锁定目标学校。

第二章我们已经对美国的私立寄宿学校进行了介绍，又按照学校毕业生走向、招生的选择性和学生间的竞争、学生群体差距和学校资源等情况把学校分了三大类。

自测之前，你还应该根据下一节的指导找来一份标准化试题试做一遍或者去培训机构模拟测试一下，估量一下自己的程度，并且根据下一节的指导所作的时间表估计一下，在这个时间内，你的成绩能提高多少。

下面，让我们一步步对自己的情况列个清单吧。

表4-3 学校速配自测表 I

	项目／得分	5	4	3	1
I	标准化考试成绩 SSAT	90%-99%	80%-89%	50%-79%	0%-49%
II	TOEFL	105-120	95-104	80-94	40-79
III	过去三年学校平均成绩	90-100	85-89	75-84	60-74
IV	英语听说读写表达能力	同于英语母语学生	优秀	中上	不太好
V	特殊兴趣爱好	获国家奖、国际奖或认证；是某团体的主打选手	有成果、有作品	能生动地口头和书面表达自己的活动	没有
VI	学业相关国际／国家／校际获奖情况	国际／国家级	省级／市级	区级／校级	没有
VII	成熟度与适应性	非常强	很好	一般	较差
VIII	人际协调沟通能力、表现力、主观能动性	在同龄人中异常卓越	同龄人中优秀	普通	较弱
IX	思想的深度、知识的广度	在同龄人中异常卓越	同龄人中优秀	普通	较弱
X	有国外学习经历	有很强的老师推荐信	累积长于半年的英语国家留学经历	短暂游学、夏令营	没有

计算公式：I+II+III+IV+V+VI+VII+（VIII+IX+X）X3= 自测总分

（I-VII 权重为1，VIII-X 权重为3）

根据上述自测得分，参照 4-4 表，可以知道自己应选择的学校类别。然后再参考附录中的平氏私立寄宿中学分类，寻找适当的学校。

表4-4 学校速配自测表 II

自测总分	学校类别
75-80	一类校
48-74	二类校
16-47	三类校

自测表的设计和使用说明：

自测表中的一类、二类、三类校分别对应平氏私立寄宿中学分类中的三类学校，是根据对学术的要求和紧张度、竞争程度而划分的。

下面我们来分析一下这些项目将在申请学校的时候起到什么样的作用。

学术上分的一二类学校对标准化考试成绩都有一个最基本的要求。但美国不像中国的学校，有个非常固定的分数线，这个分数底线还是相对灵活的，学校仍旧会很大程度考虑其他情况。招生官在确保一个学生可以跟得上学校学习的前提下，总是在寻找能对整个学生团体产生不同贡献的人，比如领袖才能。

I　近年由于中国学生入学竞争激烈，标准化考试分数节节攀升，一类学校要求的 SSAT 水平大体在 90% 以上，二类校一般在 60% 以上。但这些分数被学校灵活应用和掌握，选择性强的学校更看重阅读成绩，因为中国学生普遍数学成绩较高，而阅读水平不足。选择性较强的学校则越来越看重学生的英文写作能力，因为对于中国学生来讲，考试分数容易提高，但 SSAT 写作所体现的英语水平、写作能力是难以一蹴而就的。三类学校一般不要求 SSAT 成绩，具体情况又因学校而异。可以到学校网站或者直接致电学校的招生办公室询问学校的标准化考试最低要求或者录取学生的平均 SSAT 分。

II　TOEFL 成绩，一类学校要求 TOEFL 成绩 100 以上；二类学校有一个较为宽泛的幅度，其中选择性较强的学校把主要焦点放在 TOEFL90 到 100 分之间的学生身上，学校对 TOEFL 成绩的看法也会因学生所申请年级而略有不同的考量；三类学校对 TOEFL 分数要求不甚严格。

III　过去三年在校成绩，也是学校非常看重的指标，更是多数三类校唯一量化的成绩指标。一般二类校都会要求学生过程成绩在 B 以上（80 分）。

IV　英语听说读写表达能力。这一项之所以单独于 SSAT 和 TOEFL 之外，因为会考试不一定能力强。如果真正语言能力强，仅学校的面试一项就能达到更好的效果，进入学校读书的时候压力相对小些，调整容易，所以可以考虑进入竞争力强一点的学校。

V　特殊兴趣爱好，突显与众不同。归根结底，一个选择性较强的寄宿学校选择学生，就像是要组织一个"全明星联队"，通过三至四年的多维度的整体训练，希望带出每个"队员"的潜能。既然是"联队"，里面就要有擅长不同位置的队员，比如：前锋、中锋、后卫和替补。再好的前锋也不能全队都招前锋。他们寻找具备不同特质的学生，进入学校大社区后，去填充所有的社团、俱乐部、不同科目的教室，最终达成一定的和谐、统一的学校大社区。

这种和谐要求学生最起码有较为一致的课业学习基础、能力，也希望学生相对各有所长，而又能有交集。

VI 国际／国家／校际获奖情况。获奖可以比较直观显现学生在某一领域的相对能力，容易通过硬性的技能凸显出"人力资源"可以给学校带来的贡献。

作为种子选手，我们所能做的是尽力让自己从众多选手中脱颖而出。而国际／国家／校际获奖情况和特殊兴趣爱好是成绩之外能让你闪光的机会。所以，我们最终还是要展现出相对优势及在学校里能发挥的作用。

VII 成熟度与适应性（自理自立、承受压力、抗挫折能力）。异国求学，在面临多方差异、巨大转变的过程中，难免会出现登高失败的可能，即使偶有挫折，是否能有再接再厉的心态找到自信。

适应其实是用一种习惯的方式解决问题，但由于环境的变化，习惯可能会需要改变，所以需要及时地调整自己。适应能力强，世界千变万化而你游刃有余，生活中的压力你常能化之于无形，则可以面对比较有挑战性的环境，否则就应该选择更平稳的环境，慢慢过渡。

IX 人际沟通协调能力、表现力、主观能动性。人际沟通协调能力可以说是一种平衡、解决问题的能力。良好的人际沟通协调能力可以让你处于全新环境时快速调整好自身和其他个体以及和集体之间的关系，快速融入和适应。没有哪个人在这个社会中，特别是在变化面前会一帆风顺的，不遇到任何困难，如果你以前没遇到过，那么你进入一个全新的国家、一个全新的文化和群体中，你必然会遇到种种问题。问题不可怕，它也是学习的机会，关键在于你融入周围、向周围人学习、沟通的能力。同样，在面试、申请学校的过程中，这一组能力让学生快速交到面试官朋友，能够从同类人群中脱颖而出，能够不断主动跟进、把握控制自己的生活和学习目标。

X 有国外学习经历。适应新环境需要对新环境熟悉、了解。以前在英语国家学习的经历为学生未来在美国寄宿学校能融入和学习提供了一份背景上的保证，还能相对缩减将来入学后适应所需要的时间。

这十大方面作为我们出国锁定目标学校时的主要考量角度，也是因为这些方面是每个国际学生去美国中学学习都将要面临的挑战。如果处处游刃有余，可以选择较具挑战性的环境，否则最好保守一些，让孩子在一个环境中能通过适当努力取得成功是非常重要的。中学阶段正值青春期，是孩子寻求外界对自己认可，形成身、心、灵整合的重要阶段，过大的挑战会影响他的自我认知，挫败他的自信心。

终究出国留学本身就是挑战。要适应新的环境和文化，方方面面都要调整。不仅需要学习书本知识，还要在适应的过程中迅速利用多元资源，建设多元的自己。

脚踏实地的选择才能走出高度，绝不能追求脱离现实的高度，因为它会背离我们的基础能力、承受能力，导致整个人失衡。所以我们在出国升学问题上切忌搞"大跃进"，不拔苗助长，不盲目做大做强，不好大喜功。在择校、留学问题上要追求自我完善，寻找合适的学校以保证自己有一个适当的发展速度。适合的才会是最好的。

（二）筛选与锁定目标

按照自测结果，我们需要确定进一步研究的学校。这一步的目标是把目标学校减少到 10-20 个，再进行详尽的研究。

在进一步筛选之初，建议先读一读本书的上篇，特别是第 2 章《美国私立寄宿学校的魅力》，对你要选择的对象有一个宏观系统的了解。

幸而美国的私立寄宿学校每个学校各有侧重又各有特色，可以说各有专长、优势，又各有弱点，从而为学生提供了无尽的可能性。

我们的选校格言是："适合学生当下需求的学校。"适合学生的程度、当时的课内课外兴趣、人际交往能力、独立性的学校才会让学生茁壮成长。因为一个正值青春期的学生在一个与自己水平相称的环境里，才能进行全方位地学习，完成调整，为自己的可持续发展奠定最好的基础。如果不顾自己的实际需求，盲目追求排名高、名气大、选择性强、大家都想进去的学校，必然让孩子因面临过大的压力而需要更长的时间去调整、应对，很难敞开心胸拥抱周围的世界。

1．候选学校攻略

数量和级别：每个学生因自身情况、学校选择性可考虑申请 10-15 个学校。

申请学校并不是一个数字游戏，它应该是一个认识学校、再认识自己学习需求的严肃过程。我见过太多学生和家长在踏上飞机前或到了学校后开始后悔、担心、焦虑。所以，在能选择的时候，一定要好好去了解、选择。在不能选择的时候，抓住一切因素等待并为下一次选择的机会作积累。

做第二步锁定和筛选工作时需要考虑的因素有七点：

（1）挑战度

我们根据上述的自测结果得出的学校大体范围，其实是帮助我们给自己定义了一个目标学校的挑战度范围。目标要制定得比较适当、具有挑战性——太容易，没有任何激励作用，也不能够充分发挥自己的潜能；太具有挑战性，目标太高，怎么努力也实现不了，目标就会失去意义，像机器超负荷运转最后停机都有可能。

如果是学习很拔尖，英语能力强，适应性强，需要更挑战的学习机会，选择平氏一类校寻求进一步的发展，最好不过。这些学校里有最具挑战性的课程、最好的设施、最有竞争潜力的同学。

正是因为在平氏一类校选择性强，里面都充斥着非常聪明、努力、非常有竞争力的学生，整体上讲学校学习氛围非常活泼也非常紧张，所以这些是竞争非常激烈的学校。如果不是学习特别好，整体成熟平衡的学生，到这样的学校里面去挤拼，又是以非母语去和大多数母语学生竞争，压力过大，对整个人身心的发展都不是好事情。

诚然，常春藤盟校录取学生有很高比例来自全美顶尖的私立学校。传统上一些顶尖高中和常春藤盟校有一层强有力的纽带输送关系。了解该学校毕业生一般会通往哪些大学继续深造，是选择学校的一个重要参考。但我们做选择的时候，也要意识到如下三点：

首先，所谓的纽带，既是学校的，更是家庭的纽带，比如今年哈佛从一个学校录取了 7 名学生，这 7 名学生都是 Legacy，就是哈佛生态圈内人的后代，这就是传说中的"校友捐赠制度"的产物。

另外，顶尖学校的"高考"分很高，但当初他们也是高分进入学校的，他们考出高分，应该说很正常，很难说是学校帮助他们在学习上提升了层级。在众多高分、各种高背景选手中脱颖而出，其实难度是加大了的。

即便把就读顶尖大学作为目标，同时也需要抓一个平衡点：健康快乐、可持续发展是至为重要的。

大学录取，一个中学，这个班再好，也不可能把全班都搬到哈佛去。所以在一个最顶尖高中里的中等生，就可能不如一个普通学校的最优生进入哈佛的可能性大。所以，量力而行，合适的才会是最好的。

两个学生的故事特别说明问题。

男孩 G，家在美国南方，经过努力考到排名前十的菲利普斯安多福学校 (Phillips Andover Academy) 读了四年高中，他学习也很努力，但他各方面在 PA 都不算突出，主要是因为大家都很强，强中自有强中手。他的目标是常春藤里的哥伦比亚大学，但最后并没有如愿以偿，当然还是上了一所不错的大学，莱斯大学。

女孩子 F，上了一所平氏二类上的寄宿中学，女同学 F 在学校同届学生 100 名学生中，排名位于 10 名左右，同一年很顺利地被哥伦比亚大学录取。

（2）寄宿条件

美国寄宿学校的优越性之一就是有一个完整紧密的社区，这是由于同学、老师住在一个校园里，彼此亦师亦友，互相影响一起成长。所以，一个学校提供的社区环境也是整个寄宿学校教育中非常重要的一环。像圣保罗这样学期内老师和同学全部住校的学校，往往显出格外的优越性。所以，当面临学校甄选的时候，考虑寄宿学生比例也是一个因素，有些学校只是国际学生住校，并不是最佳的状况。

寄宿学校的平均寄宿生比例是 68%。考虑你比较喜欢的寄宿比例的时候还要考虑高中规模，有些学校比如克瑞布鲁克学校（Cranbrook Schools）只有 34% 学生寄宿，但整个高中有 799 名学生，寄宿学生达到了 270 多人。

还有就是考量学校小假期的时候对学生有无安排。美国小假期多，从第三章的"表3-6 2017年行事历"可以看出很多都是长周末。这种假期大部分学校是关闭的，学生要自行解决住处，一般国际学生在这种时候会去监护人家、亲戚朋友家、比较要好的当地同学家，或者出去旅行，还有的是几个国际学生或者家在外地的美国学生合租房间。也有少部分学校会对不回家的学生提供小假期的额外安排，比如指定老师负责。

另外一种寄宿方式是 Homestay，家庭寄宿。就是由学校当地的居民家庭向学生提供食宿服务。有些国际学生喜欢这样的感觉，生活在一个美国家庭中，有归属和融入感，假期、一些小的事情也都有人帮助。纽约州的霍顿学校（Houghton Academy）、宾夕法尼亚的索尔伯瑞中学（Solebury School）是少数的既提供学校寄宿又提供当地居民家庭寄宿的学校。

（3）学校位置

五方面的因素使各种的家庭都会觉得学校的位置很重要。

★去美国的东部、西部、中部还是南部读寄宿中学？由于新英格兰地区（康涅狄格州、罗得岛、马萨诸塞州、佛蒙特州、新罕布什尔州、缅因州）传统寄宿学校群集，东部的家庭也有送孩子上寄宿学校的传统，而中西部这种习惯就显得相对弱得多，所以东部学校多，同时竞争更加激烈。文化价值观、地理位置也得到了中国人的认可。

中部和西部都有一些很有优势的寄宿学校，和情况相近的东部学校比，有时容易被忽视，相对的，录取率比较高，比如平氏一类校加利福尼亚州韦伯学校（Webb Schools）、密歇根州克瑞布鲁克学校（Cranbrook Schools）；二类校中的亚拉巴马州的印第安之泉学校（Indian Springs School）、明尼苏达州的沙特克圣玛丽高中（Shattuck-St. Mary's School）、田纳西州的贝勒中学（Baylor School）、圣安德鲁塞沃尼学校（St. Andrew's-Sewanee School）、佐治亚州的达林顿学校（Darlington School）等。

★学生还未成年，如果在美国能有合适的亲戚朋友作为监护人，那么离监护人的住所近或者交通方便是一个重要因素。孩子可以得到及时的帮助以及温暖。更实际的考虑是，大小假期，学校关闭，离亲戚朋友家近会使孩子多一种选择。

★美国大部分学校并不要求学生必须在美国有监护人，但也有少数学校，比如军事化学校兰道夫－麦肯学院（Randolph-Macon Academy）会规定学生要在美国有监护人，而且要在学校的 300 英里以内。

★到美国的第一年对孩子是巨大的挑战，把孩子送进美国学校的中国家长要付出加倍的精力和努力，去了解孩子的学习、思想情感发展，在国内"遥控"，最好也要随时做好到美国看孩子或者放假让孩子回国的准备。所以，离国际机场近也是一重考量。有不少孩子一年回国三次。

★准备读好大学，在美国读中学的优越性之一是在语言、文化、轨道上和未来的大学接轨。在大学申请前，方便参观目标大学，找一个自己将来四年愉快学习生活的地方，更容易做出有基础的选择。

（4）学校的课程与活动

学校是否有你感兴趣的选修课程、体育活动和课外活动，相应设施又如何？

首先是英语作为第二语言的课程——大部分寄宿学校提供英语作为第二语言（ESL）的课程，但也有少部分学校不提供 ESL。以你的英文程度，是否一定需要有 ESL 课程呢？这也是一个重要考量。如果 ESL 不仅仅限于英语，也延伸到各个学科，会不会对过渡起到关键的帮助作用？

越具选择性的高中，课程越是普遍具有挑战性。在平氏一类校里都有顶尖和挑战的科学课程。因为是"大学预备学校"，不是大学，更不是研究生院，所以，他们都很注重学生整体的教育，并不"专业于"什么。但每个学校的课程设置、设备设施、师资条件又各有特色。

大学学士学位的免修（AP-Advanced Placement）课程的设置有很大宽泛度，你是否能找到自己见长的课程。AP 课程可以让你将来在申请大学的时候更容易，甚至上大学后也可以节省你的时间和金钱。虽然 AP 课程被很多教师讥为死读书的考试，但它对大学录取可以起到积极作用也是不争的事实。比如涅狄格州的乔特中学（Choate Rosemary Hall）提供多达 24 门 AP 课程供学生选择。

但是不是只有 2 门 AP 课的学校就不是好学校、不能去呢？完全不是。因为学校课程设置是根据该校主要学生群体的学习需要而定的。你如果在一个学习程度很一般的学校拔尖、充分利用了身边的资源提高自己，再辅以其他优势，说不定你可以申请到最顶尖的学校，在某种程度上，完全在个人，每种情况结果都可能不一样。

那美国学校到底为什么这么重视那些中国学生看起来不着边际的体育和课外活动呢？主要有三个原因：首先，通过运动这种游戏，孩子们学会努力、学会克服困难、学会团队精神；其次，激发个人成长的原动力，课业学习、体育再加课外活动，总有一样是一个人会感兴趣的，真正发现自己感兴趣的东西，人的探索能力、创造力就可能被激发出来；最后，一个全面发展的人才是一个运转良好的个体。

所以，在这样不同的教育文化背景下，我们选学校的时候也要对自己的兴趣、爱好、体育发展的匹配度有一个较为全面的考量。

（5）学校类型

学校的校务基金规模很大程度说明了学校的一贯发展情况和设施、设备、师资。

大学校还是小学校更适合自己？有的学校四个年级加起来一共才百来人，有的学校一个年级已经有二、三百人。一个只有百人左右的小学校让学生感到社区紧密、人与人之间彼此关注和关照。每个年级就有二百学生的较大学校，给学生提供更大的平台、更多的机会。一个需要更多关注、指导的学生更适合小一些的学校。

教会学校还是无宗教附属关系的学校？宗教学校也都欢迎其他宗教、无宗教信仰的学生，但在选择宗教氛围非常浓厚的学校时也要注意是否合适自己的孩子。因为宗教氛围浓厚的学校的学生往往从小受熏陶，耳濡目染，对于规则、世界有一个较为统一的认知，如果自己的孩子没有类似的经历，就让自己需要适应和学习的内容又多了一重挑战。

（6）同学和老师

学校中有几个中国学生正在就读？国际学生比例？老师和学生的比例？有多少教师持有硕士以上学历？是否有为国际学生解决他们的特别需要的辅导老师？是否有针对国际学生的有经验的大学咨询顾问？

单一性别学校？男女混合校？有研究表明，中学生在单一性别的环境下，孩子们少分心，更少感觉到异性的压力和张力，更容易发展内在的自我，也更能把注意力集中在学业上。在单一性别学校，女生更容易对体育感兴趣，男生则更容易对艺术和音乐产生积极的态度。而倾向于男女混校的人认为这样更自然、更平衡。美国寄宿学校里男校有 30 多所，女校将近 30 所，又有两所融合了男女分校加男女混校的双重制度的学校：加利福尼亚州的韦伯学校（The Webb Schools）和印第安纳州的柯尔沃学校（Culver Academy）。他们的男女同学生活在同一个校园，遵守共同的规范，同时接受单一性别的课程教育以适应男女生不同阶段不同的学习需要。卡尔佛更突出的特色就是对男生的军事化教学与管理。但大部分人还是习惯接受男女合校的概念。这也导致一些单一性别学校被忽视。

（7）生活学习费用

我们得承认，教育也要考虑成本，且要作长久打算。如前章所述，学费加食宿费加其他杂费，一年可以从 2 万 4 千到 8 万 7 千美元不等。但只有些微的获取奖学金、助学金的可能去偿付总支出。

一些中部的教会学校，一年费用低于 1 万美元。有一些学校学费相对较低，国际学生学费在 2-3 万美元之间的学校多在中部地区和比较远离城市的地方，比如明尼苏达州的希尔克雷斯特学院（Hillcrest Academy）、圣克劳路德（St. Croix Lutheran High School）、亚利桑那州的苏比亚克学校（Subiaco Academy）、纽约州北部的霍顿学院（Houghton Academy）。另外还有一些普通私立学校提供家庭寄宿（Home Stay），有些总费用会比寄宿学校略低，有的是寄宿管理公司提供寄宿，费用和学校寄宿不相上下。

2．校择人，人择校——择校案例

美国选择性强的寄宿高中和美国的名牌大学一样，不是按统考成绩实行一刀切，而是实行"组合（Assembly）"的招生政策，在候选学生中选择在一定智力水平范围内，有各种特色、特长的学生，去满足学校社区的需要，组织一群有着各种兴趣的学生去填充学校的各个教室、运动场、俱乐部。这种特色特长包括文化和教育背景、体育项目、人格特色、行为特色等等。

但因为寄宿学校有 200 多所，如果申请人要求不是太高，又不需要经济资助，哪怕你在中国学校成绩中等，获取几所学校录取的机会还是很大的。

我们先看看以下几位中国学生的情况（背景均为学生实例，为保护隐私，书中学生姓名采用了化名）。

表 4-5 高分型的学生和她所申请的学校

个人背景	女生李玲，浙江省某二线城市； 就读当地外国语中学，提前 2 年开始准备，9 年级申请 9 年级	
9 年级课程	中文，数学，英语，物理，化学，体育，美术，音乐等	
体育、课外活动兴趣爱好等	全国级英语竞赛获一等奖； 全国级数学竞赛获二等奖； 乒乓球 6 年无奖项；击剑（竞争性）无奖牌； 喜欢唱歌，弹吉他； 一直担任班级学习委员	
成　绩	GPA	各个学期、各门均为 95 分以上，年级前 1% 的学生
	TOEFL	116
	SSAT	99%（单词 99%，数学 99%，阅读 88%）
推荐信	所有的老师、推荐人都提供了最强烈的推荐。根据申请学校的不同要求，增加提供了物理老师的推荐信、校外乒乓球教练的推荐信。	
申请学校与面试情况	12 所新英格兰地区的平氏一类校，面试感觉均成功。	
	维立克面试：4.8 分	
	协和学校（Concord Academy）	在校园和招生办老师面试。稍不如其他几所感觉。
	迪尔菲德学校（Deerfield Academy）	在校园和招生办老师面试。稍不如其他几所感觉。
	米尔顿学校（Milton Academy）	在校园和招生办主任面试。面试后自己感觉很好。
	菲利普斯安多福学校（Phillips Academy Andover）	在校园和招生办主任面试。面试后自己感觉很好。
	菲利普埃克塞特学校（Phillips Exeter Academy）	在校园和招生办主任面试。面试后感觉一般。
	圣马克学校（St. Mark's School）	在校园和招生办主任面试。面试后自己感觉极好。
	霍奇基斯学校（Hotchkiss School）	在校园和招生办老师面试。稍不如其他几所感觉。
	爱玛威拉德学校（Emma Willard School）	在校园和招生办主任面试。面试后自己感觉很好。
	布鲁克斯学校（Brooks School）	在校园和招生办主任面试。面试后自己感觉很好。
	圣乔治学校（St. George's School）	在校园和招生办老师面试。面试后自己感觉很好。
	格罗顿学校（Groton School）	电话面试和招生办老师面试。面试后感觉一般。
	圣保罗学校（St. Paul's School）	电话面试和招生办老师面试。面试后感觉一般。

续表 4-5

录取情况	录 取	圣乔治学校（St. George's School） 圣马克学校（St. Mark's School） 爱玛威拉德学校（Emma Willard School）
	等 待	协和学校（Concord Academy） 菲利普斯安多福学校（Phillips Academy Andover） 布鲁克斯学校（Brooks School） 迪尔菲德学校（Deerfield Academy）
	拒 绝	米尔顿学校（Milton Academy） 菲利普埃克塞特学校（Phillips Exeter Academy） 霍奇基斯学校（Hotchkiss School） 格罗顿学校（Groton School） 圣保罗学校（St. Paul's School）

　　李玲的优势是申请作文和面试。她的学业方面优势突出，SSAT 和学校平时成绩都很优秀，但考到绝对高分仍旧不足以肯定被学校接受，12 所里有 4 所学校是把她放在候补录取名单里。面试表现好、给对方印象好都是重要的优势。她之所以要去就读美国寄宿高中，主要因为觉得在美国就读高中，学术方面能给她足够的挑战和成长机会。

　　李玲的弱点也很明显，课外活动比较有限，而且没有任何奖项足以直接证明她的能力突出。李玲曾打电话给迪尔菲德学校询问为什么候补，学校说因为她主要的课外兴趣是乒乓球和击剑，但自己学校并没有这个体育项目。

　　在决定就读哪所学校之前，她再访学校，最后决定去了她感觉最好的圣马克学校（St.Mark's School），因为她感觉圣马克很有归属感。

表 4-6 平均型的学生和她所申请的学校

个人背景		女生黄晶，上海； 就读当地普通公立中学，提前 1 年开始准备，9 年级申请 9 年级
9 年级课程		中文，数学，英语，物理，化学，体育，美术，音乐等
体育、课外 活动兴趣爱 好等		7、8 年级学校排球队，非主力成员； 喜欢游泳，从小学开始一直坚持游泳，没有参加过任何比赛； 从 5 年级开始学绘画，非常喜欢绘画。指导老师非常喜欢她,给出了非常好的推荐信; 课余喜欢中文写作，在网络上发表了十几万字的小说
成 绩	GPA	各个学期、各门均为 85 分左右，年级前 20% 的学生
	TOEFL	91
	SSAT	80%（单词 84%，数学 97%，阅读 59%）
推荐信		所有的老师、推荐人都提供了很强烈的推荐。根据申请学校的不同要求，增加提供了校外绘画老师的推荐信。

	选择了不同区域的 14 所平氏二类校，面试感觉均成功。	
申请学校与面试情况	维立克面试：4.1 分	
	泰博中学（Tabor Academy）	在校园和招生办老师面试。面试后自己感觉一般。
	朴次茅斯教会学校（Portsmouth Abbey School）	在校园和招生办主任面试。面试后自己感觉一般。
	麦迪拉女校（The Madeira School）	在校园和招生办老师面试。面试后自己感觉很好。
	达纳霍尔女校（Dana Hall School）	在校园和招生办主任面试。面试后自己感觉很好。
	西城中学（Westtown School）	没有进行校园面试，提交了维立克面试录像。
	贝勒学校（Baylor School）	在校园和招生办主任面试。面试后自己感觉很好。
	圣安德鲁学校（Saint Andrew's School, FL）	在校园和招生办老师面试。面试后自己感觉很好。
	怀俄明神学高中（Wyoming Seminary Upper School）	在校园和招生办老师面试。面试后自己感觉很好。
	埃尔沃克女校（Ethel Walker School）	在校园和招生办老师面试。面试后自己感觉很好。
	查塔姆霍尔女校（Chatham Hall）	在校园和招生办主任面试。面试后自己感觉很好。
	森林湖学校（Lake Forest Academy）	在校园和招生办老师面试。面试后自己感觉很好。
	达灵顿学校（Darlington School）	在校园和招生办老师面试。面试后自己感觉很好。
	蒂尔顿学校（Tilton School）	在校园和招生办主任面试。面试后自己感觉很好。
	库欣学校（Cushing Academy）	在校园和招生办老师面试。面试后自己感觉很好。
录取情况	录取	达纳霍尔女校（Dana Hall School） 贝勒学校（Baylor School） 怀俄明神学高中（Wyoming Seminary Upper School） 查塔姆霍尔女校（Chatham Hall） 蒂尔顿学校（Tilton School） 库欣学校（Cushing Academy）
	等待	朴次茅斯教会学校（Portsmouth Abbey School） 圣安德鲁学校（Saint Andrew's School，FL） 埃尔沃克女校（Ethel Walker School） 森林湖学校（Lake Forest Academy）
	拒绝	泰博中学（Tabor Academy） 麦迪拉女校（The Madeira School） 西城中学（Westtown School） 达灵顿学校（Darlington School）

之所以说黄晶是平均型学生，是因为她并没有突出的成绩或者奖项，但也都还可以，她比较有想法，这也是她会去写网络小说的原因，但英语基础普通，所以在面试的时候英语水平限制了她能流畅地表达自己丰富的想法。

她在某种程度上比较能代表绝大多数普通中国学生。好在择校方面限制条件不多，地理位置无所谓，混校和女校都接受，不排斥宗教类学校。这让她在申请学校时有了更大的选择余地。

家长希望她就读女校，觉得更安全。但黄晶自己比较倾向于混校，喜欢校园大，风景优美的地方，希望学校的艺术、游泳项目比较强。最后决定去贝勒学校（Baylor School），因为学校对黄晶特别认可，艺术和游泳项目都适合她。

表 4-7 特长型的学生秦正和他所申请的学校

个人背景	男生秦正，北京； 就读当地普通公立中学，提前 1 年开始准备，9 年级申请 9 年级	
9 年级课程	中文，数学，英语，物理，化学，体育，美术，音乐等	
体育、课外活动兴趣爱好等	网球 6 年历史； 校队成员，赢得华北区少年网球联赛第五名； 二胡 8 级； 喜欢唱歌； 喜欢旅游和摄影	
成绩	GPA	各个学期、各门均为 80 分以上，年级前 25% 的学生
	TOEFL	85
	SSAT	78%（单词 79%，数学 91%，阅读 56%）
推荐信	所有的老师和网球教练都提供了最强烈的推荐。	
申请学校与面试情况	选择了不同区域的 10 所平氏二类校，面试感觉均成功。	
	维立克面试：3.9 分	
	艾芬老农场中学（Avon Old Farms School）	在校园和招生办老师面试。面试后自己感觉一般。
	金宝联合中学（Kimball Union Academy）	在校园和招生办老师面试。面试后自己感觉一般。
	考沃尔高中（Culver Academies）	在校园和招生办老师面试。面试后自己感觉一般。
	贝勒学校（Baylor School）	在校园和招生办老师面试。面试后自己感觉一般。
	森林湖学校（Lake Forest Academy）	在校园和招生办老师面试。面试后自己感觉一般。
	麦克凯利男校（McCallie School）	在校园和招生办老师面试。面试后自己感觉一般。
	达灵顿学校（Darlington School）	在校园和招生办老师面试。面试后自己感觉一般。
	韦伯中学（The Webb School，TN）	在校园和招生办老师面试。面试后自己感觉一般。
	冉本·盖普 – 娜库奇中学（Rabun Gap-Nacoochee School）	在校园和招生办老师面试。面试后自己感觉一般。
	佛蒙特中学（Vermont Academy）	在校园和招生办老师面试。面试后自己感觉一般。

续表 4-7

录取情况	录　取	艾芬老农场中学（Avon Old Farms School） 考沃尔高中（Culver Academies） 麦克凯利男校（McCallie School） 佛蒙特中学（Vermont Academy）
	等　待	贝勒学校（Baylor School） 森林湖学校（Lake Forest Academy） 韦伯中学（The Webb School，TN） 冉本·盖普·娜库奇中学（Rabun Gap-Nacoochee School）
	拒　绝	金宝联合中学（Kimball Union Academy） 达灵顿学校（Darlington School）

秦正擅长的网球是很多学校都有的体育项目，因为球队可以代表学校参加比赛，代表学校的体育水平。联系了大部分申请学校的网球教练，给他们寄了比赛录像，得到了很多教练的好评。

秦正特别自信，挺有想法，特别坚持自己，虽然英语基础不是特别好，但在面试时敢于表达。

秦正希望体育方面的特长带他到一个新的高度，但目标还是接受最好的教育。试图寻找一种体育和教育间的平衡。他似乎很知道自己要什么，目标是将来到华尔街做金融工作。

秦正毫不犹豫地决定去艾芬老农场中学（Avon Old Farms School），因为在面试时他就非常喜欢招生办主任，觉得她了解自己，和蔼可亲。参观校园之后，他更坚定了这一点,艾芬老农场中学（Avon Old Farms School）就是他想要的学校。

表 4-8　全面卓越型的学生和所申请的学校

个人背景	女生萧星，深圳； 就读当地最好的外国语中学，从小就规划要出国留学，9 年级申请 9 年级。
9 年级选修课程	中文，数学，英语，物理，化学，体育，美术，音乐等。
体育、课外活动兴趣爱好等	从 6 岁起学习花样滑冰，获得过亚洲青少年花样滑冰挑战赛（香港站）青年组亚军，亚洲青少年花样滑冰挑战赛（中国站）儿童组亚军，深圳滑冰邀请赛花式六级冠军。获得过"叶圣陶杯"全国中学生新作文大赛二等奖，全国华杯赛决赛小学组二等奖，第 9 届希望杯三等奖，CCTV 希望之星英语风采大赛深圳总决赛季军，全国总决赛希望奖； AMC 8 成绩是 1%。学习单簧管二年，目前是学校管乐队成员； 热爱校园舞蹈，是学校高中部拉丁舞俱乐部成员； 在学校很活跃，班长，学习委员，学生会主席。经常组织各种活动； "格桑花"组织青少年义工 3 年

续表 4-8

成　绩	GPA	各个学期、各门均为 95 分以上，年级前 1% 的学生
	TOEFL	118
	SSAT	99%（单词 99%，数学 99%，阅读 90%）
推荐信	所有的老师和花样滑冰教练、乐队老师都提供了最强烈的推荐。	

申请学校与面试情况	12 所学校均为东北部的平氏一类校，面试感觉均很成功。	
	维立克面试：5.3 分	
	乔特罗斯玛丽（Choate Rosemary Hall）	在校园和招生办主任面试。面试后自己感觉很好。
	迪尔菲德学校（Deerfield Academy）	在校园和招生办老师面试。稍不如其他几所感觉。
	米尔顿学校（Milton Academy）	在校园和招生办主任面试。面试后自己感觉很好。
	菲利普斯安多福学校（Phillips Academy Andover）	在校园和招生办主任面试。面试后自己感觉极好。
	菲利普埃克塞特学校（Phillips Exeter Academy）	在校园和招生办主任面试。面试后感觉一般。
	米德尔塞克斯中学（Middlesex school）	在校园和招生办主任面试。面试后自己感觉极好。
	霍奇基斯学校（Hotchkiss School）	在校园和招生办老师面试。稍不如其他几所感觉。
	卢米斯中学（Loomis Chaffee School）	在校园和招生办主任面试。面试后自己感觉很好。
	佩迪中学（Peddie School）	在校园和招生办主任面试。面试后自己感觉很好。
	劳伦斯威尔学校（Lawrenceville School）	在校园和招生办老师面试。面试后自己感觉很好。
	格罗顿学校（Groton School）	和招生办老师电话面试。面试后感觉一般。
	圣保罗学校（St. Paul's School）	和招生办老师电话面试。面试后感觉很好。

录取情况	录　取	乔特罗斯玛丽（Choate Rosemary Hall） 菲利普斯安多福学校（Phillips Academy Andover） 米德尔塞克斯中学（Middlesex school） 佩迪中学（Peddie School） 圣保罗学校（St. Paul's School） 霍奇基斯学校（Hotchkiss School）
	等　待	迪尔菲德学校（Deerfield Academy） 米尔顿学校（Milton Academy） 菲利普埃克塞特学校（Phillips Exeter Academy） 卢米斯中学（Loomis Chaffee School） 劳伦斯威尔学校（Lawrenceville School）
	拒　绝	格罗顿学校（Groton School）

被 6 所学校最顶尖寄宿中学录取，5 所等待，1 所拒绝，萧星在最顶尖的竞争中脱颖而出，实在是实力说话，因为她就是美国寄宿学校心目中所谓的"运转良好的（Well-rounded）个体"。单簧管、数学、英语都有奖项脱颖而出；但那都不算什么，花样滑冰洲际亚军才是重量级的荣誉，牢牢抓住了招生官的视线。同时，她也绝不封闭，有领袖能力的历练，有服务社会的投入。

招生委员会认为：分数高，只能说明会考试，萧星一向各方面都很强，说明她是有潜力的。显然萧星能够自然融入学校群体各个层面的生活，同时她显示了所具备的学习能力、学习习惯已经准备好了面对更大的挑战。最关键的，作为点缀寄宿学校多元文化的少数，萧星能在众多学校中确保位置的还是她有和各个学校相结合的特长——滑冰，虽然这些寄宿学校没有花样滑冰队，但它们有冰球队，萧星的基础素质可以大派用场。

录取不是一种奖励，并不一定给"最强"的选手，而是要把名额给学校需要和适合的学生。虽然面试很好，又有这么多的结合点突出，但萧星还是被 5 所学校放在候补录取名单里，也可见强中自有强中手。另外学校需要的学生不同，每个学校、每个招生委员会、每年度的侧重点决定了他们会优选哪个池子的学生。比如同年迪尔菲德学校（Deerfield Academy）把萧星放在候补录取的位置，但直接录取了一位在美国读了两年寄宿初中的女生，并没有特殊奖项。

决定时刻来临，萧星一度在被录取的几所学校间徘徊难以决定，最后在 4 月份进行了二次访校，参加了 4 所学校的校园开放日活动，深入了解了学校。最后选择了菲利普斯安多福学校（Phillips Academy Andover），因为感觉这所学校能满足自己各方面的需求。

表 4-9　成熟型的中国学生和他申请的学校

个人背景	王青，男生，学校上海； 就读国际中学，原计划就读美国大学，决定去美国读高中较晚，10 年级申请 10 年级
10 年级选修课程	中文，数学，英语，物理，化学，历史，体育，美术，音乐等

续表 4-9

体育、课外 活动兴趣爱 好、荣誉奖 项等	连续 3 年都是学校游泳队成员，获得过上海市国际学校游泳联赛奖项； 学校辩论队主力辩手，在国际学校高中辩论赛上获得过"最佳辩手奖"； 语言能力强，每天帮助日语老师批改作业，每周两次帮助英语老师上听力课； 爵士鼓 9 级，业余和同学组建了乐队； 学校机器人社团副主席； 10 年级学生会主席； 捐出拍广告所得酬金成立了"助学基金会"		
成　　绩	GPA	全 A，年级前 5% 的学生	
	TOEFL	108	
	SSAT	95%（单词 88%，数学 95%，阅读 90%）	
申请学校与 面试情况	10 所均为平氏一类校，感觉面试均很成功。		
	维立克面试：4.9 分		
	乔特罗斯玛丽学校（Choate Rosemary Hall）	在校园和招生办主任面试。 面试后自己感觉极好。	
	霍奇基斯学校（The Hotchkiss School）	在校园和招生办老师面试。 面试后自己感觉很好。	
	佩迪学校（Peddie School）	在校园和招生办主任面试。 面试后自己感觉一般。	
	韦伯学校（Webb Schools,CA）	在校园和招生办主任面试。 面试后自己感觉极好。	
	撒切尔中学（The Thacher School）	在校园和招生办主任面试。 面试后自己感觉很好。	
	默尔西斯堡学校（Mercersburg Academy）	在校园和招生办老师面试。 面试后自己感觉一般。	
	克兰布鲁克（Cranbrook Schools）	没有进行校园面试，提交了 维立克面试录像。	
	普林斯顿罕学校（The Hun School of Princeton）	没有进行校园面试，提交了 维立克面试录像。	
	希尔中学（Hill School）	在校园和招生办老师面试。 面试后自己感觉很好。	
	圣安德鲁学校（St. Andrew's School, DE）	在校园和招生办老师面试。 面试后自己感觉很好。	
录取情况	录取	克兰布鲁克（Cranbrook Schools） 韦伯学校（Webb Schools，CA） 希尔中学（Hill School）	
	等待名单（候补录取）	乔特罗斯玛丽学校（Choate Rosemary Hall） 默尔西斯堡学校（Mercersburg Academy） 普林斯顿罕学校（The Hun School of Princeton） 圣安德鲁学校（St. Andrew's School，DE）	
	拒绝	霍奇基斯学校（The Hotchkiss School） 佩迪学校（Peddie School） 撒切尔中学（The Thacher School）	

王青也是各方面都很强的候选人，语言能力强，学校辩论队主力辩手，在国际学校高中辩论赛上获得过"最佳辩手奖"；兴趣爱好多，连续 3 年都是学校游泳队成员，获得过上海市国际学校游泳联赛奖项；爵士鼓打得极好还有自己的乐队；学校机器人社团副主席。

虽然 10 年级的名额很少，有的学校 10 年级只接受美国转学的国际学生，但王青还是从一开始就脱颖而出。

希尔中学的游泳教练从面试一开始就特别中意王青，一直在争取王青。但王青最终选择了位于加利福尼亚州的韦伯学校（Webb Schools，CA）。直接原因是这所学校的招生办主任无论是在面试当时，还是录取之后，都对王青非常赞赏，并且在录取之后亲自写邮件告诉他，没有比韦伯更适合你的学校了。虽然王青也很喜欢位于五大湖地区的克兰布鲁克，但是考虑并没有进行校园面试，有更大的不确定性，就没有选择它。

3．年级攻略

有些学校是全制，从幼儿园开始一直到高中毕业，但在平氏私立寄宿中学分类表中列明的年级是提供寄宿的年级。大部分寄宿学校是从 9 年级高中开始提供寄宿，也有部分是从 7 年级开始提供寄宿。

在申请美国学校的时候正常情况就是直接按升学计，秋季开学你该升几年级就可以申请几年级。

表 4-10 中美年级对照表

年　龄	5	6	7	8	9	10	11	12	13	14	15	16	17
美国年级	K	1	2	3	4	5	6	7	8	9	10	11	12
中国年级	幼儿园大班	小一	小二	小三	小四	小五	小六	初一	初二	初三	高一	高二	高三

不同的寄宿学校会对毕业年龄有不同要求：学生在年满 18、19 岁，20 或 21 岁之前 12 年级毕业。实际上有些学校不接受 12 年级的新学生，有一半学校提供 13 年级复读班级的学习。笔者认为，在可能的情况下，12 年级是最后的选择，这和美国的大学申请、录取制度有关。简单地说：12 年级秋季开学 3 个月以后，

从 12 月份开始，学生已经可以陆续收到大学的录取通知书。直接入学 12 年级对申请大学的助力程度与其他年级相比减低了大半。

综合考虑前文分析过的各方面利弊，再综合考虑到申请能否成功、签证能否顺利获取等方面的不确定因素，应尽量减少对孩子身心、课业学习的冲击和压力，并考虑学生在美国中学学习的完整性和对申请大学的助益、学生的自理自立程度。

学生如果 14 岁以前就读初中校，学习语言更自然，英语能类似母语般地学习。但由于孩子远未成熟，更需要父母的指导，所以对孩子和家庭的挑战更大，需要充分准备好。不过现在越来越多家庭选择家长陪伴孩子一起留学。

以直接升学计，学生在国内读初二的那一年申请 9 年级秋季入学，可以让学生接受一个完整的美国高中教育。而且 9 年级招生数量比较大。以平氏一类校中选择性居中的劳伦斯威尔学校（Lawrenceville School）为例，2016 年劳伦斯威尔学校共有 795 名学生，2016 年秋季共招了 356 名新生，其中 9 年级招了 222 名，占新生总数的 62%。当然，申请 9 年级的学生也是最多的。做好任何事情都是需要时间的，一个完整的高中经历，会给学生更充足的时间适应、努力以至发力。

读初三的时候申请 10 年级的方案，最大的问题在于是否放弃国内的升学考试。当然，如果下决心放弃国内学习事情就简单了，但绝大多数家长和学生在拿到签证以前是不敢放下国内学校的功课的。初三那一年面临中考，学生"腹背受敌"，压力很大。

在国内上高一的时候申请 11 年级。只需要在美国读两年高中，也节约了费用，但马上就是美国压力最大的 11 年级学习，接着到 11 年级末就要开始准备 SAT 考试、申请大学。整体过于紧凑，学生适应美国高中并提高自己的时间非常有限。

在国内上高二的时候申请 12 年级，最大问题是马上面临申请大学，根本没有时间适应、准备。而且接受 12 年级新生的学校少、名额少，选择性少。可能存在的优点是：年龄上讲更成熟了，在国内也已经接受了完整的高中教育，充分利用了时间。但在国内读高三，完全是备战高考，不学新知识，而这些学生一般是打定主意一定要来美国读大学的，与其在国内备战高考，不如提前适应美国，也许在申请大学上没有更多优势，但在读大学上可是有了适应美国的时间。

在国内上高三的时候申请复读（PG）年级，没有准备好直接上美国的大学，希望能有一个缓冲，提前适应美国，特别是在申请大学的时候可以得到更有效的指导。

实际上，不论申请哪一年级，国内绝大多数学生在申请美国中学的时候都会选择到美国重读一年，认为这样孩子会更成熟，在一个全新的环境能有一个相对较高的起点、更多的适应时间。其中以 9 年级申请 9 年级的情况居多，其次是 10 年级申请 10 年级，有部分准备比较早的家庭会选择 8 年级申请 8 或 9 年级。相对而言，申请 11 年级的学生比较少，申请 12 年级和 PG 年级的情况就属于罕见了。随着大家提前为读好大学作准备的意识越来越强，6 年级申请 7 年级，7 年级申请 7 年级或者 8 年级的学生比例也在逐年增长。

怎么样是最好的时间点，其实是因人而异的，但要注意的是，我们对国内每个年级该干什么都很清楚，但照搬国内情况去理解美国的重点就会大相径庭。参考表 4-11 美国成绩优秀学生的高中学习计划，可以帮助你决定自己申请哪个年级更合适。

表 4-11 美国成绩优秀学生的高中学习计划

9 年级
秋季和冬季学期
1. 尽量广泛地参加各种课外活动，发现自己的兴趣爱好； 2. 选修难度大的课程，发掘自己的潜力。
春季学期
1. 和指导老师探讨你自己的目标，请老师提出建议； 2. 做计划：10–12 年级打算修哪些 AP（跳级课程 Advanced Placement）和 IB（International Baccalaureate 国际大学课程）和荣誉课程（Honor Classes），如何准备自己。
10 年级
秋季和冬季学期
1. 提高课业学习成绩，开始尽可能地修习 AP、IB 和荣誉课程（Honor Classes）； 2. 尽早注册并准备参加到学年末会完成的 SAT II 科目考试和 AP 考试，并制定复习时间表； 3. 把课外活动减少到一、两项，开始纵向发展，尽可能做出最大成就，并锻炼自己的领导才能； 4. 开始参加各种竞赛，积累奖状； 5. 有计划地参加一些大学展览会、招生会，并和辅导老师探讨自己感兴趣的学校和自己的努力之间的差距。

续表 4-11

春季学期
1. 开始参加已经完成的 SAT Ⅱ 科目考试和 AP 课程的考试；
2. 准备下学年要参加的 PSAT（Preliminary Scholastic Assessment Test 大学评估考试预试）。

11 年级

秋季学期
1.10 月参加 PSAT 考试，并争取获得 NMS（National Merit Scholarship 国家优异奖学金，并不面向外国学生）；
2. 尽早注册并参加 SAT Ⅰ 和 SAT Ⅱ 考试，并制定复习时间表；
3. 考虑写大学推荐信的教师人选，并增加和老师彼此了解的计划；
4. 努力成为一两项课外活动组织中的领袖，甚至组建自己的团体；
5. 有针对性地收集一些大学的申请表格。

春季学期
1. 参加 SAT Ⅰ 和 SAT Ⅱ 以及 AP 考试；
2. 和学校的指导老师、大学申请顾问进一步探讨申请大学的策略以及奖学金的可能性。

12 年级

秋季学期
1. 不能松气！保持优秀的学业成绩；
2. 做一张准备申请大学的清单；
3. 如果决定申请"早期招生"则应最迟 11 月完成 SAT Ⅰ 和 SAT Ⅱ 的考试；
4. "早期行动 Early Action"或者"早期录取 Early Decision"的申请截止期一般是 11 月 1 日；
5. 请指导老师写推荐信、出具学校成绩单；
6. 尽早草拟申请大学的作文；
7. 安排大学面试；
8. 申请大学的截止日期一般是 1 月份。而参加"早期招生"的学生这时候已经开始收到录取通知了；
9. 申请奖学金和资助，截止日期一般是 2 月份。

春季学期
1. 3、4 月份就会收到录取通知书；
2. 从收到的几所学校的录取中选取 1 所接受，并发出接受信、交学费押金；
3. 保持优秀的学业成绩，虽然已经有了录取，但大学会要求你学业成绩保持其一致性。

说明：

（1）即使是"大学统考"SAT 以及其他各种标准化测试，参加时间都可以因人而异，只是有个较为宽泛的年级范围。

（2）美国学校寒假从圣诞节到1月上旬，中间假期还有春假。另外有国家的法定假日，教会学校还有各种宗教节日。学校一般不留作业，但寄宿学校会有阅读要求，推荐学生读一两本书，开学后会讨论和作报告。

（3）一般学校一学年分为秋、冬、春三个学期，也有部分学校沿用秋、春两个学期的学制。

（三）制定策略

1．实战计划包

（1）按照第一节的指导，明确自己打算申请哪类学校。首先是学术要求和竞争程度，这是很现实的问题，也就是说你自身的情况要经得住学校的选择——Where do you stand？

这个过程也可以参照高考填报志愿，要有努力可达的最高期望值，有中间力量正合适的学校，也要有保底但也满意的学校。这样从数量上分配才是有的放矢，事半功倍。

（2）从这些有可能接受你的学校中去进一步筛选，也就是你真正的选学校的过程。因为即使做完了第一步，你会发现，仍旧有上百所学校可选。这一步的目标是把学校范围缩小到15所左右，根据前一节中择校因素，把自己的侧重点优先级列出来，列出一个清单，如下表4-13所示。具体项目的数字可参考平氏私立寄宿中学分类表。

（3）深入了解学校。将剩下的15所学校作为你深入研究的学校。这时候，你应该直接从学校索取介绍材料，每个学校都有自己的网站，有些学校的网站介绍非常全面，学校的理念、历史、设施、师资等都有介绍，有时你甚至可以从中了解到学校的日程表。

学校材料可以打电话直接从学校招生办索取，或者填写网上的索求单（Inquiry Form）。对于美国境内的学生，学校会寄送介绍资料。现在申请表格基本都是在网上直接填写，学校通常不再邮寄纸质资料。近年来，随着中国学生申请数量的激增，大部分学校不再给中国学生跨国邮寄申请资料，更多的是发送电子版的资料。

　　了解学校的另外一个途径就是参加海外交流会。寄宿学校协会（TABS-The Association of Boarding School）在每年的 10 月底或者 11 月初召开亚洲寄宿学校展览会。会场分别设在在上海、北京、香港，每年有 70 所左右的寄宿学校参会。

　　当然，任何文字材料都不如亲自迈进学校，去课堂听课、参观宿舍。如果有可能，参观学校是最好的方式。直观地看看你要生活几年的地方是不是让你喜欢、心情愉快，同学老师给你的感觉如何，你是否能融入，这些都是至关重要的。

2．我们通过一个实例来说明如何筛选、对比学校。

表 4-12　中国某学生申请的背景资料

个人背景	男生，初三在学，申请 9 年级； 来自中国南方，某省重点中学前 5% 的学生，英语口语、听力很好，曾经在国外生活过两个暑假参加 ESL 课程，不需要另外的 ESL。 希望找一个稍微暖和一些的地方的学校，中等规模，高中 200–400 人之间。	
体育、课外活动兴趣爱好等	5 年游泳，有天分，无奖； 喜欢打篮球，是班级篮球队的成员； 奥数班尖子生，获得过全国数学竞赛奖项； 会弹吉他，爱唱歌； 学校学生会副主席； 2 年作为敬老院的志愿者工作	
成　绩	GPA	全 A
	SSAT	96%（单词 94%，数学 99%，阅读 70%）
	TOEFL	108
推荐信	所有的老师、推荐人都提供了最强烈的推荐。根据申请学校的不同要求，分别提供了数学、英语、化学、中文（班主任）的推荐信。申请作文写得非常好。	

　　为了进一步说明如何收集学校资料、对比学校情况，我们把该男生申请的学校综合前文提出的选校要素按照该男生的偏好进行列表对比。

表 4-13　个人偏好为序的学校 7 要素对比表

	项目 / 校名	Thacher School 撒切尔学校	Cate School 凯特学校	Mercersburg Academy 摩尔西斯堡学院	Woodberry Forest School 伍德贝瑞森林中学	Baylor School 贝勒学校	The Bolles School 伯乐学校
1	挑战度	努力可达	努力可达	合适	合适	也满意	也满意
	分类 / 录取率	一类 录取率 12%	一类 录取率 14%	一类 录取率 39%	一类 录取率 44%	二类	二类 录取率 50%
	进出学生平均分:	SSAT 83% SAT 2075	SSAT 83% SAT 2098	SSAT 72% SAT 2084	SSAT 67% SAT 1819	SSAT 需要 SAT1730	SSAT 56% SAT 1800
	AP	18	51	40	40	19	22
	ESL	没有	没有	没有	没有	有	有
2	最喜欢的体育活动	骑马、网球、足球、田径	高尔夫、网球、足球、游泳	游泳、网球、高尔夫、足球	高尔夫、网球、足球、游泳	篮球、足球、高尔夫、游泳、网球	篮球、足球、高尔夫、游泳、网球
	课外活动	乐队、网络顾问、美食、电台	室内乐团、独木舟、学生参议院、导游	读书会、汽车俱乐部、合唱团、电脑、社区服务	自行车、读书会、合唱团、辩论、电脑	电脑、电影制作、爵士乐队、徒步旅行	击剑、冰球和帆船
	基金规模（百万美元）	141	90	252	292	130	16
	校园面积（英亩）	427	150	300	1200	680	52
	宗教信仰	无	无	无	基督教	无	无
4	9-12 年级学生数	250	280	440	399	749	782
5	学校位置	西部、乡下、加利福尼亚州 Ojai 谷地、洛杉矶西北 85 英里。离洛杉矶国际机场 2 小时车程。	西部、城郊、加利福尼亚州、洛杉矶郊离洛杉矶国际机场 40 分钟车程。	中部、乡下、华盛顿国际机场西北，约 1.5 一百英里，小时车程。	中南部、乡下、华盛顿国际机场西南，约 1.5 一百英里，小时车程。	中南部、乡下、距 Chattanooga 镇中心 5 分钟路程，距离亚特兰大机场 2 个小时车程。	南部、城郊、位于佛罗里达州东北部港口城市杰克逊维尔(Jacksonville)。

性 别	混合	混合	男校	混合	混合	混合
寄宿学生比例	88%	82%	85%	100%	30%	12%
有色人种比例	41%	42%	18%	12%	13%	28%
国际学生比例	12%	16%	23%	11%	35%	5%
师生比例	1:6	1:5	1:5	1:6	1:8	1:10
班级平均规模	11	10	12	10	14	15
教职员中持有硕士以上学历者	80%	82%	76%	54%	70%	61%
寄宿学生学费	¥57,200	¥58,050	¥56,350	¥53,500	¥47,419	¥48,750
接受资助学生比例	28%	35%	49%	42%	31%	22%
平均助学金金额	¥41,400	¥49,000	¥30,000	¥32,505	¥30,000	¥13,220
申请截止日期	1月15日	1月15日	1月15日	1月15日	1月15日	1月10日
特别事项	致力于培养学生的基本技能和独立的思考能力，给学生创造各种开发智力和潜能的机会。非常重视学生的校外实践，经常组织学生出游各国，学习多国文化，体验各国生活。		有奥林匹克游泳运动员产生，不要求所有学生参加体育运动。	学校的目标是将他们的学生培养成具有正直品质和崇高荣誉感的人。学生需具有追求卓越和服务他人的精神。	学校的社区服务活动真诚和贫困社区形成互动，服务社会提供机会。学校的领导力项目为学生在州里参加政议提供一定的机会。	学校根据年级划分为不同的校区。校注重科技探索。在6-8年级的课程中会有机器人课程。

9年级学生每人分管一匹马。学生热爱自然、成熟、极其上进，和东部的学校全然不同。

6
7

结果：

录取情况	录　取	摩尔西斯堡学院（Mercersburg Academy）
		伍德贝瑞森林中学（Woodberry Forest School）
		贝勒学校（Baylor School）
	等待名单(候补录取)	凯特学校（Cate School）
		伯乐学校（Bolles School）
	拒　绝	撒切尔学校 Thacher School

该男生拜访了所有的学校，因为他觉得面试是自己的强项，想为自己争取最好的可能性。一组撒切尔学校和凯特学校在洛杉矶附近，另一组在东部和南部。他的梦想学校是撒切尔学校，偏偏只有这所学校直接拒绝了他，有些遗憾。他特别喜欢撒切尔的原因是觉得这个学校从天气到学生都特别阳光，亲近自然，朝气蓬勃，他觉得照顾一匹马这个主意让城市长大的他特别的兴奋。

该男生最后选择了伍德贝瑞森林中学，笔者认为多少也是因为伍德贝瑞森林中学邀请他在参观学校的时候住了宿舍，他马上交上了几个朋友，感觉已经被接受，融入学校了。

他觉得在这个学校里感觉舒服是主要原因，另外他希望有一个紧密的社区环境，越少走读学生越好，让他能在一个学生同舟共济的环境中，在陌生的国家产生坚固的友谊。他觉得伍德贝瑞森林中学的学生家庭背景好，会为他在美国发展打下基础。

他还觉得伍德贝瑞森林中学的成长性特别强；他想体验一下都是男孩子在一起的感觉；还有他觉得这个学校气候比较暖和，他希望高中毕业后能申请到西海岸的斯坦福、加州理工或者伯克利去读大学。

第二步：标准化考试

锁定学校类别后，就要作一个考量：要不要参加标准化考试。大部分平氏三类校并不要求标准化考试成绩，当然如果有他们也会很高兴地拿来作参考。平氏一、二类学校绝大多数都要求标准化考试成绩，但也因校而异，具体要求可参考平氏私立寄宿中学分类。

如果没有标准化考试成绩，是不是就没有希望申请到美国的寄宿中学了呢？那倒也不一定。可以这样理解：只要你提供给学校的资料足以向学校证明自己的程度就可以了。我们指导过的一些学生也有缺少标准化成绩而进入理想学校的例子。但标准化成绩让你在可衡量的范围内更容易展示说明自己的程度。

私立中学接受的标准化考试中 SSAT、TOEFL 是最为普遍的，此外，一些学校接受 ISEE、TOEFL Junior 作为替代。11 年级以上则可提供 PSAT 和 SAT、ACT 成绩。本书主要介绍最通行的 SSAT 和 TOEFL 考试，其他几种考试仅作简单说明。

（一） **SSAT**（Secondary School Admission Test）

以下内容均来自 SSAT 中国考试管理中心官方网站。

SSAT 是私立中学入学考试，该考试包括两大部分：多项选择和作文。主要考查学生解决数学问题的能力、使用英语言的能力以及阅读理解能力。考试为笔试，全英文作答。

在中国大陆地区提供两个级别的考试：中级（针对正在读 5-7 年级的学生）和高级（针对正在读 8-11 年级学生）。

目前，SSAT 在中国大陆地区常设 6 个考点：上海、北京、广州、重庆、南京、武汉。需要特别注意的是，每一年 SSAT 在中国设置考点的城市和具体地址以及考试日期的具体安排都可能会变动（比如有时会在南京、杭州、深圳临时增设考点），因此我们建议考生密切关注 SSAT 官方网站以选择适合自己的考场和时间。

SSAT 考试时间安排以年度为单位，起止时间为 8 月 1 日—次年 7 月 31 日，全球全年（8 月 1 日—次年 7 月 31 日）共 8 次考试，考生可以滚动报名，允许参加全年所有的 8 次考试。考虑到中国大陆地区节假日及高考安排，并不是 8 场考试都会在中国大陆举行，报名前请参考中国区的最新考试日程，合理安排考试及申请时间。

考试报名目前只能通过 SSAT 英文官方网站 http://ww.ssat.org 注册报名。

报名阶段分为正常报名、延迟报名、抢注报名三种，分别对应不同的考试报名费。正常报名考前三周截止，国际学生交 247 美金报名费；"延迟报名"考前两周截止，报名费相较正常报名增加 45 美元；还有一种"抢注报名"，在延迟报名结束后开始，在考试那一周的周三截止，报名费相较正常报名增加 85 美元。（注：考试报名费用可能每年会有所变化，请以官网信息为准。）

特别提醒：SSAT 考试不提供退款服务，请考生及家长注意。

1. 如何报名参加考试？

首次报名注册 SSAT 考试必须通过英文官网创建考生 SSAT 账户。一个账户仅对应一个学生，考生通过在线账户完成：

（1）考试报名；

（2）学校查询；

（3）查询成绩 ；

（4）发送申请。

考试成绩将发送到考生的 SSAT 在线账户里，也可以将考试成绩通过在线账户免费发送给考生所申请的 SSATB 成员学校。考生还可以对个人在线账户进行管理，实现以下操作：

（1）重复打印准考证 ；

（2）取消 / 更改考试日期或考试地点。

（特别注意：每次更改需要支付 35 美金，改期考试在本年度内进行，无法跨年度改期。如果报名本年度最后一次考试，一旦报名，则无法改期。）

（3）取消考试成绩

（4）查询考试成绩

（5）添加分数接收方

（6）追踪考试报名进展

（7）追踪学校咨询与申请进展

（8）更新考生个人资料

（9）订购学习指导及额外服务

考试报名流程如下：

（1）在 ssat.org 网站创建考生在线账户、创建考生档案

首次使用 SSAT 网站报名系统，须先创建账户，建立考生个人档案，注册成为用户。个人信息的填写须真实有效，姓、名与护照姓名保持一致。注册成功后，请牢记用户名（Registration User ID）、密码 Password 和所填的电子邮箱地址，并妥善保管，确保个人账户在报名考试、支付费用、查询成绩、申请学校一系列操作的安全。

（2）选择考试日期和考试地点

再次核对个人信息准确无误后，选择考试地区，系统会根据指定的月份和地区列举所有符合条件的考场。选择适合的考场即可。

（3）选择考试成绩接收方

报名注册考试时（未出分数前），可在线选择添加所要申请的学校；也可以等到收到分数后再选择添加申请学校。

（4）选择额外服务

考生可在线支付额外费用选择所需其他服务，如：邮寄纸质成绩单、成绩可查询提醒等。

（5）支付考试费用信用卡（VISA、MasterCard 均可）在线支付考试费用。中国大陆地区的考生不支持 Fee waivers 项目，支付时可不考虑此项。

（6）保存／打印准考证

准考证上的考试信息很重要，包括考务准则、考点详细地址、特别说明、考试当日所需携带的物品。

（7）准备考试

认真阅读备考指南中提到的有关考试的所有内容和技巧。如果已购买官方学习指导，熟悉所有题型，练习完成所有样题。

2．SSAT 考试内容

写作：根据考试的不同等级，所要求的写作形式也不同。写作不记入总分，

但作文会原文扫描递交给学生所申请的学校作为录取参考；

数学：考查学生解决实际问题的能力，涉及计算、基础代数、几何和数学的基本概念；

阅读：考查学生对所读文章的理解能力；

词汇：考查学生的词汇、推理和逻辑思维能力；

考试还包括 16 个试验性问题，不计分，但对于考查学生的学习能力同样重要。

表 4-14　SSAT 中级／高级考题结构一览

考试内容	题目数	计分	每部分答题时间
写作	1	不计分，参考	25 分钟
休息			5 分钟
第一部分（数学Ⅰ）	25	计　分	30 分钟
第二部分（阅读）	40	计　分	40 分钟
休息			10 分钟
第三部分（词汇）	60	计　分	30 分钟
第四部分（数学Ⅱ）	25	计　分	30 分钟
第五部分（试验题）	16	不计分	15 分钟
共计	167	150 道计分题目	3 小时 5 分钟

（1）写作：

★ 中／高级考试会给出两个写作题目，选择其中一个题目作答。

★ 答题时间 25 分钟。

★ 写作不计分，写作内容会原文扫描随成绩单寄送给考生所申请的学校，以便学校了解考生的写作能力和思维组织能力。

★ 给考生的成绩报告中不包含写作，如果考生需要一份自己的写作副本，可以通过在线账户额外付费购买。

（2）数学：

★ 总共 50 道题，分为两个部分进行，每部分 25 题。

★ 每部分（25 道题）答题时间为 30 分钟。

★ 数学 50 道题均计分，测试学生解决生活中数学问题的能力，包括算术、初等代数、几何和其他数学概念。

★ 学生在答题期间不可以使用计算器，需要认真阅读题目。

（3）阅读理解：

★ 共 40 道题目，每篇文章篇幅大概在 250-350 个单词，测试考生的阅读理解能力。

★ 答题时间：40 分钟，计分。

★ 文章题材包括文学小说类、人文类（传记、艺术、诗歌）、科学类（人类学、天文学、医学）、社会研究类（历史、社会学、经济学）等。

★ 题目会让考生确认文章的主题思想、细节定位、推论、从上下文猜测某个词或者短语的意思、确定作者的目的、态度或语气、理解并评估观点、根据短文信息进行预测等。

（4）词汇：

★ 总共 60 道题，包括 30 道同义词和 30 道类比问题。

★ 测试学生的词汇认知，语言推理，逻辑思维能力。

★ 答题时间：30 分钟，计分。

SSAT 中级和高级考试还有 16 道试验题（包括 6 道词汇、5 道阅读和 5 道数学）；这些问题不计分，作为考试研发内容，有可能出现在未来的 SSAT 考试中。答题时间是 15 分钟。

SSAT 官网提供免费样题，考生可以自行下载进一步了解考试内容。

3．关于考试成绩

（1）成绩如何计算？

考试的原始分将由答对题扣除一定比例的答错题来决定。在有五个选项的选择题中，考生每答对一题，得一分；每答错一题，扣四分之一分。如果不答题，则既不加分也不减分。

（2）怎样理解考试成绩？

SSAT 成绩报告会提供详细说明帮助考生理解各部分的考试分数，包括：分数范围、词汇、数学、阅读和总分。

5-7 年级，各部分分数范围：440-710，总分范围：1320-2130

8-11 年级，各部分分数范围：500-800，总分范围：1500-2400

（3）SSAT 各单项的百分比等级

SSAT 的等级值（1-99%）是在比较了考生的分数和美国、加拿大地区近三年和该考生同性别、同年级的第一次参加 SSAT 考试的考生的成绩后的结果。

举个例子，假设你的 SSAT 词汇部分百分比值为 65%，即说明你的词汇部分成绩高于 65% 的在美国、加拿大地区近三年第一次参加 SSAT 标准化考试的和你同性别，同年级的学生。

（4）学校如何评估你的分数？

不同学校对考生的分数会有不同的使用方式：比较你和其他申请者的考试成绩，推断你将来在私立学校中的学习能力；根据你目前的成绩，针对性地帮助你提高各方面能力，成功应对将来的大学入学考试。每个学校会根据各自的标准和要求评估你的成绩。

更多信息，请联系各个学校。作为考试服务机构，SSAT 不提供个人的成绩评估服务。

（5）考试成绩的意义

成绩报告中会有考生成绩的详细分析。考生会得知自己每部分成绩的原始分数，并且知道自己答对几题，答错几题和没有作答几题。考生还会得到一个调整分，这个根据每次考试的难度做出的调整。报告中还会出现百分比等级，这是在比较了考生的分数和美国、加拿大地区近三年和该考生同性别、同年级的学生第一次参加 SSAT 标准化考试成绩后的结果。从中，考生可以得知自己在其他 SSAT 考试学生中所处的位置。

考生不必太过于担心自己的百分比等级。学校录取官员除了 SSAT 成绩以外，也会结合很多因素来考虑考生的申请。虽然，一些高标准录取的学校，会很大程度根据 SSAT 成绩来决定录取，但考生的个人陈述、平时成绩、教师推荐、课外活动也会同时左右学校的判断。

同时，SSAT 成绩也可以作为考生将来 SAT 考试成绩的预测。因此，参加

SSAT 考试可以让考生更了解自己的长处和短处，更好的准备大学入学考试。

（6）免费的在线成绩管理系统

考生可以使用自己的 SSAT 账户管理系统来在线添加或取消考试成绩报告，此服务免费。

可以在考试前后的任意时间点添加给学校的成绩报告。

在考试结束后周二的美国东部时间下午 5 点前，可以取消该次考试的成绩报告。

（7）特别注意：

2015-2016 年的成绩在 2017 年 7 月 31 日之前都可以在网上查询到。

2017 年 7 月 31 日前可以在线管理 2015-2016 年度的成绩。

2015 年 8 月 1 日之前的成绩无法再被查询到。

4．复习参考

考生可通过在线账户订购最新版本的 SSAT 中级／高级学习指导，进行考前练习。SSAT 初级考试的指导手册可在英文官网上免费下载。

《SSAT 高级学习指导》

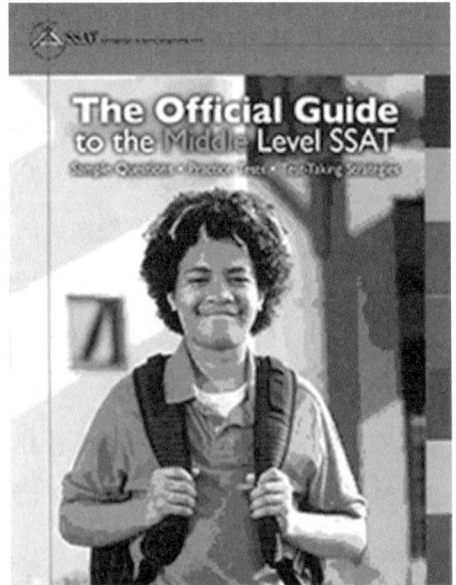

《SSAT 中级学习指导》

SSAT 高级考试指导手册（针对在读 8-11 年级的学生）的内容包括：两套完整的 SSAT 高级考试练习题；注册、准备、参加考试相关信息；分数构成及说明；每项题型的描述和练习。

SSAT 中级考试官方指导手册（针对在读 5-7 年级的学生）的内容包括：两套完整的 SSAT 中级考试练习题；注册、准备、参加考试相关信息；分数构成及说明；每项题型的描述和练习。

请注意：USPS 国际邮寄，周期一般为四个星期到达；USPS 美国、加拿大地区一般一周内到达。

5．考试当日

（1）必带物品

考试当日，请考生务必带齐准考证和护照原件（有效期内）参加考试，其他证件或证明（包括身份证、学生证、护照复印件、扫描件等）一律视为无效证件。无论何种原因未携带护照原件者，一律不得进入考场进行考试。

（2）严禁物品

请考生不要佩戴或携带以下严禁物品，考场会统一发放铅笔、橡皮和草稿纸。如果携带了以下物品，将统一存放在考场指定严禁区域，学生在考试期间及休息期间均不允许接触。

★ 衣物类：帽子、带帽子的衣服

★ 所有电子产品：计算器、手机、手表、电脑，平板电脑或其他电子设备

★ 个人物品：钱包、书包、背包等

★ 其他物品：字典，书籍、笔记、自动铅笔、钢笔、尺子、橡皮、纸张等

（3）其他提示

★ 考试当天，务必提早醒来，保持头脑清醒；穿着舒适的服装和鞋；深呼吸，放轻松。

★ 考试通常在上午 9 点开始（以准考证为准），请考生务必至少提前 30 分钟到达准考证所示考场地址。

★ 入座后，检查自己的座位，亮度是否合适，是否有足够的空间。如果你

习惯使用左手，请告知监考人员，为你安排合适的座位。如发现座位安排有问题，及时联系监考人员。

★ 开考前不得打开试卷。考试所有部分，均采用铅笔答题。考场将统一发放铅笔、橡皮、草稿纸，学生无需携带。

★ 注意聆听监考人员阅读的考前说明。你会被清楚的告知怎样填写答题卡；每部分考试结束前的提醒（通常是考试结束前 5 分钟）；考试中休息时间的安排；洗手间的方位等。

★ 监考人员会尽力确保提供安静、舒适的考试环境。所以，考试过程中避免不必要的走神。

★ 考试期间，考生须仔细聆听监考人员阅读考场规则，严格按照监考及试卷上的说明规范答题。考试中，不得使用手机、笔记、书、计算器等。

★ 在开考前，监考人员会要求考生上交手机，放在严禁物品区域，考试结束后领取。若在考试过程中发现考生携带此类物品，将立即按违纪处理，考试不计成绩，并记入 SSAT 系统。

★ 请认真阅读准考证上的《考试纪律准则》。

★ 考试过程中，如果需要使用卫生间，请举手。监考人员会要求你放置好自己的试卷，答题卡朝下。每次只能一名学生去洗手间。你的考试时间不会因此而被延长。

★ 中 / 高级考试共 3 小时 5 分钟，中途有两次休息时间。休息期间可以吃东西，考试结束时间一般在 12:00-12:30 之间。

★ 每部分考试时间到必须停止做答。也不得在下一部分开始前作答。考试时间结束以后，也不得再将试卷上的答案誊写到答题卡上。

★ 考试结束后，考场工作人员将收回所有试卷材料，考生不得将任何试卷带出考场。

★ 任何外部人员，包括考生父母，不得进入考场。

★ 考试成绩通常会在考试结束两周左右发送到考生 SSAT 在线账户，考生登录个人在线账户进行查询。

（二） **TOEFL（Test of English as a Foreign Language）**

TOEFL（Test of English as a Foreign Language），中文称为托福考试，是全世界适用范围最广的考试之一，由美国普林斯顿教育考试服务中心（Educational Testing Service，简称 ETS）主办，目的在于测试申请就读美国学校的非英语国家学生的英语水平和掌握英语的熟练程度。事实上，所有英语国家，包括英国和澳大利亚，都将 TOEFL 考试成绩作为非英语国家学生申请本科、硕士和博士入学的必备成绩之一。TOEFL 成绩在很多院校也成为非英语国家学生申请奖学金的重要依据。

并不是所有的美国私立寄宿中学都要求学生在申请时提供 TOEFL 考试的成绩，但是如果 TOEFL 考试成绩优秀，可以证明你具有良好的英语水平，会给你在申请学校的时候加上一个有分量的砝码。

对于中学生来讲，托福考试面临的挑战可能更大一些。下面我们具体介绍一下考试的详情。

1. 考试形式

目前托福的考试方式是网考（IBT），所指的网不是互联网，而是美国教育考试中心（ETS）历经十年成功开发的新托福锋利教考局域网。

自 2006 年新托福考试登陆中国大陆以来，并没有因为托福考试形式和内容的变化而受到考生的冷落，相反，广大考生对于新托福考试的热情仍然高涨，报考人数呈有增无减的形势。根据教育部考试中心有关资料显示，全国目前有 133 个考场。

2016 年公布的考试次数是 43 次，一般下半年的考位比较紧张，而且规定两次考试之间间隔不短于 12 天。为了不耽误申请的时间，建议考生要及时注册报名。

2. 考试内容及成绩

托福考试采用真实场景，将听、说、读、写四部分有机地组合在考试中，以考核学生综合运用英语进行交流的能力。例如，学生在考试中阅读一段文章，然后就该文章写作，或听一段大学授课片段，然后用英文谈论相关内容。考试将对听、说、读、写四种能力进行评分，分别给出成绩和说明。此外，读、写、听 3 部分将有一个综合得分。题目难度与上一题回答是否准确无关,每套考试都有固定的时间和题目。考题内容以北美学生学习生活为主,涵盖教育、人文、商业、工程技术、自然科学和社会研究六大类。

托福网考由四部分组成,分别是阅读(Reading)、听力(Listening)、口试(Speaking)、写作(Writing)。每部分满分 30 分,整个试题满分 120 分。考试时间是 4 个小时。

(1)阅读(Reading):

阅读包括 3 篇文章,每篇长度为 650 至 750 个单词,每篇对应 11 至 13 道试题,均为选择题。时间约 60-80 分钟。在完成试题的过程中,考生可以使用"复查"功能瞬间找出没有回答的题目,而不必每道题都过一遍。题目类型包括图表、中心思想总结、变换措辞词汇、指代关系、简化句子、插入文本、事实信息、推断、修辞目的和否定排除题。

(2)听力(Listening):

考试时间 60-90 分钟。包括两篇长对话和四篇课堂演讲长段落,在对话中常有多个角色出现,考题配有大量相关图片配合声音资料,活化题目场景,加强考生的理解程度。每篇 4-6 分钟,细节较多,容易遗忘,语速为每分钟 140-220 个字节。每篇对应题目 5 到 6 个。听完整篇文章之前是无法预读和扫描任何问题或选项,只能按部就班通过先听、后读、再选的程序答题。但是,有些重要信息的内容或者几句话,有可能被重复。在播放录音资料时,电脑屏幕上会显示相应的背景图片。考生可以在听音过程中记笔记。考生不能复查、修改已递交的答案。除单选题,又加入双选、图表、是非、排序,一共是 6 种答题方式。

听力水平无疑是托福成功与否的关键,除阅读外,无论哪一部分都离不开"听"。对于中国考生来说,听力却正是薄弱环节。

(3)口试(Speaking):

这个部分共有六题,持续约 20 分钟。

前两题为独立回答题,问题会被朗读出来,同时会出现在屏幕上。准备时间 15 秒,答题时间 45 秒。第一、二题要求考生就某一话题阐述自己的观点。 第一道题要求考生根据题目表达自己的观点并解释原因；第二道题要求考生在两个相反的事物中选择一个并解释原因。

第三、四题以阅读加听力材料为基础，要求考生回答相关问题。考生首先在45秒内阅读一段短文，随后短文隐去，播放一段与短文有关的对话或课堂演讲。最后，要求考生根据先前阅读的短文和播放的对话或课堂演讲回答相关问题。准备时间30秒，回答问题时间60秒。

情景题，阅读材料为一个自然段，75-100个单词，接着的听力材料是两个学生的对话，对阅读材料中提出问题的评论，长度60-80秒。

学术题，阅读材料为75-100个单词，听力材料是老师的课堂讲解，长度为60-90秒。例如，短文中描述了对学校体育馆进行扩建的两种方案，对话中一位同学阐述了自己的立场，即赞成哪种方案，反对哪种方案，并列举了若干理由。要求考生叙述对话中同学的立场并解释他／她列举了哪些理由支持这一观点。

第五、六题要求考生听一段校园情景对话或课堂演讲，然后回答相关问题。考生有20秒钟的准备时间，之后进行60秒钟的回答。例如，先播放一段市场学课堂演讲，演讲中教授列举了两种市场调查的方法，然后要求考生使用课堂演讲中的观点和例子描述教授列举出的两种市场调查的方法。

考生可以在听音过程中记笔记以帮助答题。在准备和答题时，屏幕上会显示倒计时的时钟。

（4）写作（Writing）

写作包括两道试题，约50分钟。每个写作任务的分数是0－4分。考查综合语言技能的作文题目的评分以回答的质量、完整性和准确性为依据。

第一题是独立写作题，要求写一篇300个单词以上的作文，限时30分钟。要求考生根据自己的知识和经验陈述、解释并支持某一问题的某个看法。

第二题是读－听－写共24分钟：考生首先需要用3分钟阅读一篇学术演讲，读后文章隐去，再听一段约1分半钟的演讲。课堂演讲列举了一些论据反驳文章中的论点、论据。剩下20分钟写一篇150-225个单词的作文总结听力材料中的要点，并解释这些要点与阅读材料中的要求有何不同。写作文时可以看到在放听力材料时隐去的阅读材料。这篇作文不要求考生阐述自己的观点。

要求考生在 1 小时内完成两篇作文。

关于加试

一般实际考试中，考生往往会在听力或阅读部分碰到加试试题，也有可能阅读、听力两部分同时被加试。加试部分不算分，（有人说会算分，说是抽几题给分）但考生事先并不知道哪一部分是加试部分，（有的时候经典加试是能判断出来的）所以应该认真对待。

托福是网上阅卷，通常情况下，考生可在考试结束约 15 个工作日后登录报名网站查询成绩。ETS 正式打印的成绩单随后将通过快递寄送到考生报名时提交的中文地址。快递单号将显示在考生个人账户中。分数取决于回答考试题目时的表现。要想获得分数，阅读和听力部分必须至少回答一个问题、至少完成一篇文章且至少完成一个口语任务。成绩单将给出考生四个部分的成绩并逐项分析，还附有对考生各种能力的优缺点加以概括性评估的文字说明。

平氏私立寄宿中学分类中的一、二类学校 9 年级以上一般都希望考生在托福考试中至少能考到 80 分，比如 Philips Exeter 由于是圆桌讨论式教学，对口语就更看重，同时他们希望考生的成绩在 100 分以上。但每个学校看这个分数的角度是不同的，比如一些学校在同样的分数条件下，会特别优先选择口语和听力表现优异的学生，有些则更看重口语和写作。分数线并不是那么绝对，学校的考量还是有一些弹性的。

3．如何报名参加考试？

目前，中国大陆地区考生必须通过教育部考试中心报名网站报考托福网考。网上报名的地址是 http://toefl.etest.edu.cn，或 http://toefl.etest.net.cn。网上报名托福网考的程序说明如下：

报名前的准备：

（1）电脑要求：

您的电脑应与互联网相连接并且装有网络浏览器（建议使用 IE 浏览器）。推荐显示分辨率为1024X768。中国考生须提供本人的简体中文姓名和邮寄地址。因此，中国考生须使用简体中文操作系统输入汉字。

（2）付费须知

您可以使用中国银行、中国工商银行或中国招商银行的网上付费服务进行托福网考网上报名付费，这样您可在网上一次完成全部报名程序，并支付较低的手续费。使用网上支付功能，当您取消报名时，所支付的考试费将可以退回到您的银行卡上。如果您希望使用网上付费，又没有上述三家银行的电子商务卡，请到中国银行、中国工商银行或中国招商银行营业厅去办理电子商务卡。中国银行、中国工商银行和招商银行在其网站和营业厅均备有相关服务的详细资料。

（3）所需要个人资料

首次访问托福网考报名网站时，网站会要求您创建个人档案。创建个人档案需要的个人基本资料有：中文姓名和姓名拼音／英文姓名（中国大陆考生请按新华字典规则输入标准汉语拼音，中国香港、澳门和台湾考生请以身份证件上的拼音或英文姓名为准；非中国籍考生请输入护照上显示的英文姓名）、身份证件类别、证件号码、生日、电话号码、电子邮箱地址以及通信邮寄地址。上网前请确认您拥有以上所有信息以及他们的真实性和准确性，否则将会导致您无法获得托福网考的考试信息和考试成绩，考生须对本人所提交的错误信息造成的后果负责。

（4）考生须知

报名前，您须认真阅读托福网考考生手册（中国版），点击网站菜单中的"考生须知"可下载此手册。在开始网上注册前，会要求考生阅读网上报名协议，您须点击"同意"相关条款，才能继续进行网上报名操作。

报名程序：

一个完整的托福网考报名，须按顺序完成下列四个步骤，全部完成后，报名才算完成并得到确认。详细说明如下：

（1）注册成为网上报名系统用户，创建个人档案

首次使用教育部考试中心托福网考网上报名系统，须先注册成为用户。完成

这一步，您需要提供基本的个人资料有：姓名、证件号码、邮寄地址、电话号码和电子信箱地址，并为自己设置密码用来以后登录个人档案。提交所需要的资料后，教育部考试中心报名系统分配给您的一个 NEEA 用户（NEEA user ID）号码。注册之前，您将看到网上报名协议，它为网上报名系统用户设定了相应的条款。您须点击"同意"按钮，同意遵守这些条款，否则，系统将不允许您进行注册。当成功注册成为系统用户后，系统将向您的电子邮箱发送一封确认邮件。

重要提示：

请牢记 NEEA 用户号（NEEA user ID）和密码。建议您将它们妥善保管。与他人分享您的 NEEA 用户号（NEEA user ID）和密码将可能导致在未经授权的情况下，您个人的托福网考报名信息遭到篡改或损害。

您所提交的信息只用于与您本人联系及在考试安全方面使用。

每次登录教育部考试中心网上报名系统,都要输入您的 NEEA 用户号（NEEA user ID)和密码。登录后,系统进入一个属于您个人的区域—"我的主页"。在这里,您可以:为要注册的考试或预定的服务进行支付,选择考试时间和地点注册考试,查看您的支付情况,确认您的考试时间和地点,或重新注册考试,或取消已注册的考试,还可查看您的成绩。您的个人联系信息也显示在这里,点击"更新联系信息"可更改地址和电话号码。

使用 NEEA 用户号（NEEA user ID）可在网上多次报考托福网考考试。

重要提示：

您的姓名（中文和英文）、性别、身份证件类型、证件号码和生日，这些主要信息将用于托福网考考试。请确保这些信息是真实和准确的。一旦提交，系统将不允许更改。

（2）支付考试费

"我的主页"提供给考生"付款"链接。在注册考试或预订服务前，您须先支付费用，支付成功后，才可注册或预定。我们建议您尽早计划可能要选择的服务以便随时注册或预定。

点击"付款"链接，所有托福网考提供的服务和相关费用显示如下：

托福网考考试费	1761 元
逾期报名附加费	288 元
转考费	576 元
恢复已取消的成绩	144 元
成绩增送费（每份）	134 元
口语或写作单项复议	571 元
口语和写作双项复议	1139 元
托福复习套餐 Prem（不包含考试费）	999 元
托福复习套餐 Prep	364 元
托福复习套餐 TPO	209 元
折扣后报名费	1510 元
考费差额 1	126 元
考费差额 2	943.5 元
考费差额 3	991 元
考费差额 4	1226 元

点击每项服务左边的框即可选择您要的服务。请至少选择一项，然后点击"继续"进入支付方式页面。

目前提供的支付方式共有：

★ 通过中国银行进行网上付费；

★ 通过中国工商银行进行网上付费；

★ 通过中国招商银行进行网上付费。

通过点击相应的中国银行、中国工商银行或中国招商银行网上付费按钮便可开始进行网上付费。您将被引导到中国工商银行或中国招商银行的安全网页。要进行网上支付，您须拥有一张中国银行、中国工商银行或中国招商银行的网上支付卡，请通过浏览他们的网站或询问营业点获得网上支付卡。

请按照银行网页的要求完成付费程序。付费完成后，银行系统会自动引导您回到报名网站。同时，请记录下银行提供的交易号码（支付号），以便日后核对和查询付款。通常情况下，报名系统会立即收到您的付款确认。偶尔，银行系统会延迟向报名系统确认考生的付款或因考生主动关闭银行安全网页而无法立即获得付款确认。因此，请在付款 1 个工作日后，登录报名网站进入"我的主页"核实您的付费和报名状态。如仍未看到付费确认，请拨打教育部考试中心托福网考考试呼叫中心寻求帮助。如您在银行网页上付费时网络连接突然中断，这时您的网上付费有可能未成功，请拨打银行服务热线确认您的付款是否完成。当报名系统收到银行的付费确认后，会给您的电子邮箱发一封确认邮件。请注意，除规定的考试费外，您还须向银行支付服务费，中国银行、中国工商银行和中国招商银行对每笔托福网考网上付费收取的手续费标准如下：

单次交易额（元）	手续费
500 以下（不含 500）	2 元/次
500—3000（不含 3000）	6 元/次
3000—5000（不含 5000）	8 元/次
5000 以上（含 5000）	10 元/次

费用支付成功后，您可以登录个人账户查询余额。在"我的首页"右侧的个人信息下方将显示您的到账金额。此时您可以在线申请相关服务。

（3）注册考试

当"我的主页"显示的账户余额已够支付托福网考服务项目时，点击"注册考试"，即可注册托福网考考试。

请注意：

距考试日 7 天前（不含考试日）为常规报名日；距考试日前第 7 天至考试日前第 3 天（不含考试日）前为逾期报名日，报名要支付逾期报名附加费，考前 3 天停止报名。

例如：考试日为 8 月 8 日，则此次考试的常规报名将在 8 月 1 日零时截止。8 月 1 日零时至 8 月 5 日零时为逾期报名阶段，在此阶段报名须支付逾期报名附加费。8月5日零时起停止报名。

接下来的页面供您搜索考试地点和考试日期。请至少选择一个月份和一个地区然后点击"继续"，系统会根据指定的月份和地点列举所有符合条件的考场。选择某个考场点击"注册"按钮即可，当该考场没有安排考试或者座位已全被注册完，"注册"按钮就无法点击。注册完后，屏幕会显示您注册考试的详细信息，包括考试名称、考试日期和时间、考场名称和考场地址，此页面还有一个"取消"按钮，点击它继而点击"继续"就可取消您的注册。

确认注册考试后，下一个页面会要求您输入四个免费送分学校的信息，如您还没有这方面的信息，可暂时不填。但请注意，如您想以后再给学校送分，那么每送给一个学校您就要支付人民币 134 元。

（4）填写背景调查

报名的最后一步是回答关于您个人背景信息的问题，这部分为自愿项，也可选择不填。回答完以后，系统会要求您阅读并同意托福网考考生手册中的有关考试实施、费用支付及成绩报告方面的条款和 ETS 关于隐私保护方面的政策。您须选择同意，这也是您注册考试要同意的一项。至此，您已完成注册一个托福网考考试需要的所有步骤，您的邮箱会收到一封邮件确认报名成功。在"我的主页"，点击"查看已注册信息"来查看您的报名状态。

当您成功注册一个托福网考考试后，系统将为您提供下列相关的服务：

转考

距考试日 10 天前（不含考试日和申请日），您都可以申请转考。但只有在您要重新注册的日期和考场仍有空位时，转考才可能进行。您须首先支付转考费并在"我的主页"中确认支付成功，然后通过"查看已注册信息"申请转考。如您已支付转考费因没有空位或超过转考截止日而未能成功转考，可将此款继续留在账户中以便日后申请其他服务也可申请退款。

取消

距考试日 10 天前（不含考试日和申请日），您均可申请取消考试。成功申请取消考试，您将获得相当于考试费 50% 的退款，其余 50% 被保留的费用将用于支付您的报名工作和预留考场座位的费用，而不退还给您。逾期报名附加费不予退还。退款不会自动处理，在网上取消申请后，您须向教育部考试中心托福网考呼叫中心传真一份退款申请，传真内容包括您的 NEEA ID、姓名、生日、签名、证件号码以及证件的复印件等，传真号码是 86-10-82345672-1-3 或 86-10-61957800，传真后再致电呼叫中心确认退款事宜，电话是 010-82345672。退款申请表可在考生须知中下载。

成绩增送

托福网考向考生指定的四所学校免费送出正式成绩报告。如需将成绩给这四所之外的学校，您可申请每份 134 元的成绩增送服务。通过"查看已注册信息"就可申请此项服务，申请前请确认您已支付成功或您的账户余额充足，请您保证送分学校信息的正确性。同时，如果您申请了向学校或机构寄送成绩单（包括免费和付费申请），则不能对该次考试成绩提出复议。请注意，复议期间成绩冻结，不能申请成绩增送服务。

成绩复议

★ 考试结束后 30 天内，可对您的写作和口语考试成绩提出复议。

★ 您可申请写作或口语单项复议，也可同时对两项提出申请。一次考试只能申请一次复议，也就是说，您不可以对某次考试先申请口语部分复议，随后再申请写作部分复议。

★ 复议后的成绩无论变高或变低都将成为您的最终成绩。

★ 如果您已申请了向学校或机构寄送成绩单（包括免费和付费申请），则不能对该次考试成绩提出复议。

★ 复议期间成绩冻结，不能申请成绩增送服务。

★ 申请写作或口语部分单项复议的费用是 571 元人民币，申请两项复议的费用是 1139 元人民币。申请成绩复议，您须先支付成绩复议费，通过 "查看已注册信息"下载打印成绩复议申请表，填写完毕、签字，然后传真至 86-10-82345672-1-3 或 86-10-61957800。

恢复已取消的成绩

考试当天，如您在考试结束后已取消自己的成绩报告，此后如希望恢复该成绩，您可在考试日后 10 天内向呼叫中心提出申请，费用是人民币 144 元。申请恢复已取消的成绩，您须先支付费用，通过"查看已注册信息"下载打印申请表，填写完毕、签字，然后传真至 86-10-82345672-1-3 或 86-10-61957800。

4．托福网考考生须知

以下摘抄自教育部考试中心托福网考报名网站（http://toefl.etest.net.cn）：

（1）报名要求

报名前，考生须仔细阅读 ETS 发布的托福网考考生手册（中国版）并同意 ETS 关于托福网考考试实施、考试报名和成绩报告方面的所有条款，阅读教育部考试中心托福网考报名网站公布的报名程序、费用支付等方面的内容和重要提示及相关网上报名条款。报名时，考生须确认所提交全部信息的真实性和准确性，否则将会导致您无法获得托福网考的考试信息和考试成绩。考生须对本人所提交的错误信息造成的后果负责。考生报名时，系统将为考生建立个人账户，存放考生个人的报名信息和考试成绩。该账户由网站指定的 NEEA ID 号码和考生本人设定的密码控制。考生应妥善保管 NEEA ID 和密码。

（2）证件要求

考场按 TOEFL 要求严格审核身份证件。考生如未携带 ETS 要求提供的证件或携带证件不符合要求，将被拒绝进入考场，考费不予退还，考生须仔细阅读并了解 TOEFL 网考考生手册（中国版）中关于证件要求的部分。

中国大陆 TOEFL 考场对身份证件的要求：

★ 中国大陆的考生必须携带有效的二代居民身份证原件参加考试。根据中华人民共和国相关法律，任何年龄的公民，均可在户籍所在地申领居民身份证。

★ 台湾地区考生必须携带有效的台湾地区居民往来大陆通行证原件参加考试。

★ 香港和澳门地区的考生必须携带有效的身份证或护照原件参加考试。

★ 非中国籍考生必须携带有效护照原件参加考试，护照明确显示考生的姓名、照片和签字。

注意：证件上的姓名和生日等个人信息必须与报名信息完全一致。

（3）考生到达考场时间

在考试日考生到达考场的时间不得晚于报名确认信标明的时间。迟到者将被拒绝进入考场并不予退款或转考。

（4）关于个人物品

除身份证件之外，任何个人物品都不允许带入考试区域，考试区域包括等候室、考场、考试过程中使用的卫生间。个人物品须存放在考点指定的地点，并且考试过程中或休息过程中不再接触这些物品。教育部考试中心、ETS 和考点均不对丢失物品负责。违禁物品包括但不限于：自带文具和键盘、钱包和钱夹、电子及通讯设备、计时器、参考资料、食品和饮料及监考人员认为属于违规的其他物品。如果在考试过程中或休息时发现在考试区域你携带上述任何物品，考场管理员将立即向 ETS 报告，你的考试将不被评分，考试管理员也有权禁止或者终止你的考试。

（5）等待进入考场

考生到达考场后应有秩序地在等待区等候，听从考务人员的指令，禁止大声喧哗和拥挤。在完成个人物品的存储、违禁物品检验、身份证件初审以及阅读和签署考务人员分发的保密协议后，等待考务人员安排入场检录。为避免占用考试时间，建议考生利用此时间如厕。

（6）考生进场检录和考位安排

考务人员将依次安排考生检录进入考场。考生应携带身份证件和签署的保密协议接受主考检录。主考将核收保密协议，审核证件并进行数码摄像。身份证件上所显示的姓名和生日与报名信息不符的考生将被拒绝进场。主考不能更改考生的姓名，只能对姓名拼写的个别错误（如姓名倒置、空格位置不对等）通过电子邮件提交修改的申请。

考生的座位由计算机系统随机分配。考生的照片、注册号、姓名和生日将显示在所分配考位的计算机显示器上。考务人员将引导考生到达考位就座。此时严禁考生触摸计算机键盘和鼠标。考生应核对显示器上的信息是否正确。在考务人员输入键盘解锁指令后,考生方可使用键盘和鼠标开始考试。

(7)考试注意事项

托福网考允许考生在考试进行当中做笔记。考场将发给每位考生一支铅笔和三张专用草稿纸。考试完毕后考生须在退场前将铅笔和草稿纸如数退还。 考试计时由计算机系统控制并显示在显示屏上。禁止考生携带和放置个人计时器。

耳机的音量由考生在计算机上通过鼠标调整。

考生在考试时,只需使用计算机的键盘、鼠标和耳机进行考试,不得擅自触摸和拔插计算机其他部件。因考生非正常使用而导致计算机及耳机损坏(如将耳机电缆拉断),由考生负责赔偿。

如遇计算机系统故障或死机,请考生不要紧张,立即举手示意考务人员帮助重新启动考试系统。停机期间考试的计时停止。重新启动系统后将从停止时刻开始。

(8)考场规则

考生须服从考务人员的指令,不得大声喧哗扰乱考场秩序。有问题须举手示意等待考务人员前来解决。

考生在考场的任何违规或舞弊行为都将被如实报告给 ETS,违规或舞弊行为将会影响考生的考试成绩甚至考试资格。因违规舞弊而被取消考试成绩或考试资格的考生不得申请更改、退考或退款;情节严重者有可能被禁止参加以后的考试。

违规舞弊行为包括但不限于:

★ 代替他人考试或请他人替考

★ 采取任何形式协助他人进行舞弊或本人舞弊

★ 在考场内携有或使用上述违规物品

★ 通过不正当的手段获取考试信息

★ 将草稿纸(全部或部分)或试题内容带出考场

★ 不听从监考人员指令或警告

★ 故意毁坏考场设施或考试设施

★ 故意扰乱考场秩序或影响他人考试

★ 监考人员认定的属于违规或舞弊的其他情况

（9）其他规定

★ 免费重考

发生异常情况导致考试无法按时进行或无法完成考试，或无法对考试进行评分的，这些情况可能包括但不限于考试实施失误（考试安排、考试资料和考试设备等方面导致），不可抗力（自然灾害、流行病疫情或其他紧急情况），由 ETS 评估确认后给予受影响考生一次免费重新考试的机会。免费重考的时间和地点由 ETS 安排注册。对于新安排的重考，考生因故不能参加，可在考前 10 天申请取消重考退还全部考试费或一次免费转考。

★ 考试成绩

通常情况下，考生可在考试结束约 15 个工作日后登录报名网站查询成绩。ETS 正式打印的成绩单随后将通过快递寄送到考生报名时提交的中文地址。快递单号将显示在考生个人账户中。

★ 其他服务项目

注册参加托福网考的考生还可选择另外付费提供的服务，包括增送成绩、恢复已取消成绩、口语和作文复议等，详见考生手册和报名程序。

★ 相关信息

考生如对考试服务（包括考试报名、考试实施、考场设施、监考人员等）不满意或认为其权益受到了侵害，请向教育部考试中心托福网考呼叫中心提出投诉。教育部考试中心托福网考呼叫中心电话：86-10-82345672，考试日服务电话：86-10-61957815，传真：86-10-82345672-1-3 或 86-10-61957800。教育部考试中心托福网考报名网站：http://toefl.etest.edu.cn 或 http://toefl.etest.net.cn。

5．考试复习建议

（1）提前熟悉和适应考试方式

托福网考注册成功后，考生可以获赠一套托福网考模拟试题（TOEFL iBT

Sampler），考生可从"查看已注册信息"中进入免费样题，免费样题只允许做一次并请在有效期截止前使用。考生还可以随时登录托福考试全球官方网站 www.ets.org/toefl，点击"考试准备"（Test Preparation）或"考试内容"（Test Content）栏，即可浏览托福考试介绍并下载真题，题型涵盖听力、阅读、口语和写作四个部分。供免费下载的托福网考真题包括以下内容：

阅读部分——阅读一篇短文并回答 14 道问题，及参考答案（不予评分）；

听力部分——听一段对话和讲座并回答 11 道问题，及参考答案（不予评分）；

口语部分——阅览 6 道问题及相应口语作答范例，并查看相关评分标准；

写作部分——阅览 2 道问题及相应写作作答范例。

考生在考试前，可以访问 ETS 官方网站 http://toeflpractice.ets.org，购买由托福研发机构 ETS 权威提供的托福全真在线模考——托福在线练习（TOEFL Practice Online），该模考试题采用例次托福网考中使用的全真试题，考生在完成模考后即可得到来自 ETS 的评分，获得真实的托福网考体验。

建议考生在参加正式的托福考试前，不仅要知道答题要求，还要很熟练地依据答题要求操作答题工具。考生在考试时如果不能熟练地操作答题工具，则要浪费宝贵的考试时间甚至是超过规定的时间而错过答题。考生若能像骑自行车或开车那样下意识地操作托福答题工具，则就能够在考试时只关注考题本身。若想达到这样的熟练操作程度，建议考生至少要参加一次模拟网考或者在锋利教考局域网上有过操作经验。

（2）了解出题范围，有的放矢地复习

托福考试的目的在于测试考生的英语能力、英语水平是否能达到美国大学的授课要求，托福考试是使用英语进行交流与沟通的能力测试。托福考试的出题场景和范围由两部分组成：其一，美国大学一、二年级的简单授课内容；其二，美国大学的校园文化和校园生活。也就是说，国内的托福考生在未赴美国留学之前，要提前了解和适应在美国大学可能使用的英语。否则，考生很难在考试中取得优秀的成绩。

复习资料介绍

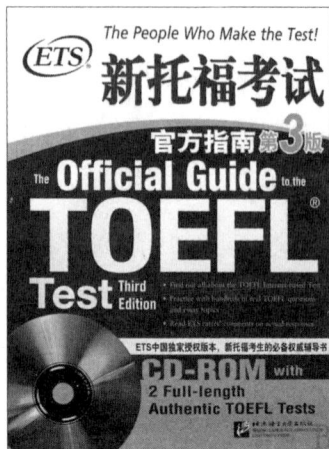

《ETS 新托福考试官方指南》

《ETS 新托福考试官方指南（第 3 版）》为 ETS 在中国独家授权版本，也是 ETS 为新托福考试编写的唯一一本官方指南。由美国教育考试服务中心 ETS 编著，2009 年 10 月 1 日授权北京语言大学出版社出版。本书为双语版，随书附光盘一张。书中全面介绍了新托福考试的相关信息，提供了大量翔实的备考资料与权威指导，同时附有题型分析、模拟样题、备考策略、计分体制、写作题库等，是新托福考生必备的权威辅导书。

（三）TOEFL Junior 考试

TOEFL Junior，即初中托福，俗称为小托福，是 ETS 美国教育考试服务中心专为全球 11—15 岁中小学生开发的权威英语能力测试，是 ETS 托福家族最新成员，主要满足初中学生的英语学习需求，该考试已经在美国、日本、韩国等 30 多个国家展开。2012 年 6 月 30 日，SLEP 考试正式被 TOEFL Junior 考试取代。

中国大陆地区的 TOEFL Junior 考试由 TOEFL Junior 中国管理中心负责运营管理，在中国大陆地区的报考年龄上限为 17 周岁（含），下不设限。

该考试主要由三大部分组成：听力、语言形式和含义、阅读。每部分均 42 道选择题，听力 35 分钟，语言形式和含义 25 分钟，阅读 50 分钟，共 110 分钟，满分为 900 分。TOEFL Junior 和大 TOEFL 的分数对应关系如下：

TOEFL 分数	TOEFL Junior 分数
0–56	630–735
57–86	750–825
87–109	840–900
110–120	

关于 TOEFL Junior 的考试详情，可以登录官方网站了解：http://www.toefljuniorchina.com/。

要特别注意，绝大部分美国高中并不接受 TOEFL Junior 的成绩，但申请 8 年级及以下年级，通常提交 TOEFL Junior 或 TOEFL 成绩即可。具体要求请详细查看学校官网关于申请的部分。

（四）SAT I（申请 12 年级或者 PG）

如果是申请 12 年级或者复读班（Post-Graduate），学校往往要求学生提交 SAT 或者 ACT 考试成绩。

目前 SAT 和 ACT 在中国大陆都没有固定的考试中心，将在注册后根据考生的数量和位置确定考点。一般是到香港考试。

第三步：申请学校

（一）申请时间

理想的做法是在入学之前两年就开始进入申请程序。

所有学校接受秋季入学，入学时间集中在八月底和九月初。多数学校特别是一、二类学校的申请截止日期是 1 月 15 日至 2 月 1 日之间。另外有些竞争不那么激烈的学校申请截止日期是 3-4 月，也有部分学校根据名额情况会接受冬季、春季新生，甚至根据名额情况滚动录取，随时入学。

一般来说，如果你想申请 2017 年秋季入学，那么在 2017 年 1 月份之前你已经应该把所有的申请材料递交到学校，其中也包括标准化考试的成绩。大部分学校会在 2 月中旬开始开招生委员会会议，3 月 10 日前做出录取决定，于 10 日前后寄出录取书和入学合同，并要求学生家长于 4 月 10 日前将合同返签并交押金。

一些学校从 4 月 11 日开始根据合同回签情况确定有多少名额供第二轮录取，也有些学校不提供第二轮录取。

如果已经迟了，错过了学校第一轮录取的时间，对于竞争本来比较激烈的学校，名额就更少了，有时一个学校只给二轮录取留一到两个名额，有的要排队等有学生转学出现名额。对选择性比较强的学校，即便第二轮有录取的名额，也是想找到更好的学生，所以希望遇到更有水平的学生。

总体来讲，第一轮申请会使学生本身有更多的选择机会。但是在特殊情况下，特别是学生本身具有相当实力的时候，第二轮录取走出了海选，由于学生和学校彼此需求和意向明确，会走出短、平、快的良好效果。

（二）申请费用

国际学生的学校申请费一般是 100 美元。也有少数学校对国际学生和本国学生同样收费，在 50 美元左右。目前绝大多数学校都是网上申请的，一般使用国际信用卡在线支付。

（三）申请文件

现在绝大部分学校都可以直接在学校官网上申请，在网上填写并完成主要申请资料的递交。（部分学校仍需递交纸质的成绩单或推荐信等，每个学校都有具体规定）极少数学校只接受纸质申请，这需要将所有申请表格下载 PDF 文件然后打印、填写。填写可利用电脑排版系统输入打印，当然也可以工整地手写。

虽然每所学校都有自己的申请表格，但 SSAT 标准化的网上申请平台已被大多数学校所接受。使用 SSAT 标准化网上申请平台的好处就是填写一套通用的电子化申请表格就可以申请多所学校。

不管是每所学校自己的申请表格还是 SSAT 的通用表格，格式和内容上虽然存在细节性差异，但实质内容一般都分四部分：

1．父母表格（Parent Form）

在这一部分，除了一些基本信息（如学生和家庭成员的姓名、地址、受教育情况，参加标准化考试的时间，申请年级等）外，最重要的就是家长对学生的评述与推荐。

家长问卷部分，我们其实可以把它当做一份父母为孩子写的推荐信。有些父母会把这个工作当做负担，事实上，这是一个让您去展示、"推销"孩子的机会。作为最了解孩子的人，孩子最独特、闪光的性格特征是什么？成长的经历有什么独特性？这是不论家长问卷还是学生问卷都要一再涉及的。这里既要总结归纳，也要实实在在摆事实，讲心路历程。

2．学生表格（Student Form）

学生表格的目的是考查学生的文字表达能力、表述程度，但更重要的是要了解学生的思想、生活以及学校能为学生制造参与和有助于校园生活的机会。

至于标准化考试分数和其他资料的权重关系，一位有名的学校招生办公室主任是这么阐述的："分数只是衡量很狭窄领域的一件事情的，我们不把成功只限定在学生的分数上，对我来说，更重要的是，透过所有的申请资料，了解学生是否好学不倦，是否有学习的动力，是否喜欢追究事物本来的道理。"

填写这部分表格的时候一定要想想这句话，要明白大部分问题都是给你机会，让你陈述你的抱负、你的想法、你的动机。

学生表格一般分两部分：

（1）学生的兴趣爱好

这一部分只要求简答，用一至四句话把自己的情况解释清楚就可以了。当然如果有必要多写也没有问题，甚至可以另附纸页。最基本的要求是要列明投入的时间和时段。社团活动和校内外所从事的服务与领导职务也是重点。自己所作出的成果和成就要详细列出，特别是学校以上级别的奖项要写清级别与授奖单位。

最基本的，目标学校通过这一段的阅读应该能辨别出你在现在的学校里处于什么样的一个位置，和集体之间的互动如何。进而，选择性最强的一类学校会希望看到你在全省、全国同龄学生中是否有突出的才能并以某种形式得到认可。

（2）学生作文

一般要求 250 字以上，有些学校要求这部分必须手填，想看看学生的笔迹。题目往往是比较宽泛的问题，比如：你生命中难忘的时刻，对你影响最大的人。

有独特的经历和成就去深刻加以描述固然好，但千万不要写成流水账，因为列举应该在前面完成，这里要深入阐述自己的所思所想。对于绝大多数中学生来说，没有惊天动地的大事件、大成就，但你独特的视角和思辨，从或许平常的生活学习中体现出你的性格、价值观、对生活的观察、思想境界，就是好文章。写文章要能达到和读者形成有效交流的目的，自说自话、自吹自擂绝不会是好文章。

3．推荐信 （Recommendations）

所有学校均要求有英语、数学老师的推荐信，另外还可以有班主任或者学生自找的推荐人的推荐信。总之，学校喜欢从多方面和角度听取对学生的描述。

每个学校都有各自推荐信的格式和问题。东部 10 校联盟的学校采用统一格式。SSAT 标准化申请平台也提供了通用推荐信表格。不论格式怎样，透过所有的选择题和简单的问答题，学校想了解的是什么呢？

★ 学生的学术好奇心、企图心。

★ 学生的自律指标。

★ 学生作为一个人，是否平衡健康。

★ 学生的特长和弱点。

★ 学生的一贯表现曲线以推测其潜力。

SSAT 网上通用申请平台和部分学校的网上申请已经全面推行无纸化，会要求学生提供填写推荐信的老师的姓名、邮箱，提交申请后，老师会在该邮箱收到填写推荐信的链接，直接在网上填写和提交即可。成绩单也是由老师在链接里直接上传扫描件。

如果需要提供纸质的推荐信和成绩单，那么推荐信要求推荐人签字，推荐信和成绩单都要求由相应老师分别直接寄出。注意，办理成绩单的时候要留一份副本，以备签证时使用。

4．成绩单

一般学校都会要求学生提供过去三年的成绩单外加申请时本学期成绩单。因为中国的学期设置和美国不同，9 月份至来年 1 月份属于一个学期，而美国学校通常从 9 月份开学至感恩节假期前或者圣诞节假期前属于一个学期。所以对于中国学生，大部分学校只要求学生提供本学期的期中考试成绩单就可以，个别学校会指定要求提供本学期的期末考试成绩单。很多中国学校本学期的期末成绩要在 2 月份才能出来，这样会不会错过申请截止日期呢？正确的处理方法是：在申请截止日期前向美国学校递交过去三年的成绩单及本学期的期中成绩单，并同中国学校沟通，备注本学期成绩单大致补交的日期，等收到后再及时递交给美国学校。一般成绩单应由原学校加盖公章和签字。

上述所有资料和标准化考试成绩最好能赶在学校申请截止日前让学校收到。因为截止日期前递交申请的是主流申请人群，较具选择性的学校在这一轮一般会基本招满所需学生。即使是有第二轮录取的学校，第二轮的名额非常有限，往往还需要排队等第一轮入选学生自动放弃而产生名额，对于绝大多数学校，第二轮录取相当于候补空额的申请。除非是一些没有申请截止日期学校，在 7 月 1 日前完成申请还是来得及拿到签证、赶上秋季入学。

独立申请还是通用申请？

越来越多的学校加入接受通用申请文件的行列。通用申请也有不同的平台，一般一个学校会选择使用其中一个平台，比如 SSAT 通用申请平台、Gateway，也有少数学校坚持只能用自己学校的申请文件。有一部分学校既接受通用申请，又提供由该校自己设计的独立申请文件或通用申请补充文件。在这些学校里，有少数学校虽然两个申请文件都接受，但较为偏向于自己学校设计的申请文件，认为更适合自己学校的情况和习惯。

这种情况下，是不是用该校自己设计的独立申请文件就会有更好的效果、获得更大的机会呢？笔者认为这要就事论事，具体情况具体分析。

如果是既接受通用申请，又提供独立申请的学校，并且没有倾向性，那么首先推荐使用通用申请，其次也要综合考虑看哪一套学生问卷更能体现自己的特色和水平。对于有偏向性的、希望学生尽量使用本学校的申请资料的学校，如果觉得学校的独立问卷题目让你完全发挥不出自己的水平，而通用申请文件的题目答得有内容、有思想、非常突出，那还是建议选择能突出、表现出自己的那一份申请。具体问题具体分析，一味因循是达不到目的的。

递交了学校要求的材料，完成了标准化考试。恭喜你。工作量很大是不是？但那还只是走向成功的三分之二。除此之外，你还大有可为。下面这两项工作若做好了，可以让你在学校面前，从一张写满了考试成绩的纸，变成一个活生生的人。

这些，如果你都做到了，再次恭喜你，你真的是很优秀呀。这些也将是你以后学校、职业生涯中不可多得的宝贵财富。

（四）面试

主要有 Skype 电话面试和校园面试两种形式，另有少部分学校会派招生办老师前往中国面试或者在中国有招生代表或者校友作为面试官进行面试。部分学校收到初步的咨询表就可以进行面试，部分学校要求申请资料递交齐全了才进行面试，还有部分学校需要学生先进行维立克面试（Vericant，第三方面试机构），经过初步甄选后才由学校进行第二轮面试。

以下就常见的 Skype 电话面试、校园面试和第三方面试所需注意的事项进行详细说明：

1．Skype 电话面试

首先，学生应主动写 email 或打电话给招生办公室预约面试的时间。大多数学校要求由学生按预约时间登录 Skype 呼叫或者打电话到学校。

应注意美国和中国的时差，美国东部、中部、山区和西部时区不同，还有夏令时和冬令时之分。如美国东部，在 2017 年 3 月 12 日至 11 月 5 日凌晨两点期间为夏令时，与中国的时差是 12 小时；2017 年 11 月 5 日凌晨两点后，开始冬令时，与中国的时差是 13 个小时。

列出你认为电话面试可能问到的问题，准备好回答要点，但不要写出答案照读，一定要根据问题自然地回答。记住，这首先是一次谈话！

表 4-15　参考问题（有些平行列出的问题就是对同一件事情的不同的表述）

Why do you want to attend the school/transfer to US high school?/ What do you know about the School?

What will you contribute to the School's community? / What can you contribute to your goal?

What courses have you enjoyed most? Why?

Are your grades an accurate reflection of your potential?

Which of your activities is the most rewarding and why?

What has been your biggest achievement?

How did you spend last summer? What did you do in your spare time? / What did you gain from your learning experience/vacation/social work/ Extracurricular activities?

What do you want to do after you graduate from the School?/ Where do you expect to be in your college? /For your career?

What's the most difficult situation you've faced? ? Give an example of a time when you handled a major problem. / What's the biggest challenge you've ever had? What action did you take?

How do you manage your time? /How well do you learn under pressure? Give examples.

Would you say you were a follower or a leader? / What do you consider your strengths/weaknesses? / Have you ever had a position of responsibility? / Give an example of a time when you showed initiative.

If you could change one thing about your high school, what would it be?

Have you any questions to ask me?

对所有问题形成自己的想法，回答问题思路应本着：

★ 表现你的成熟、做好了海外独立学习生活的准备；

★ 表示你有挑战自我极限的愿望和准备；

★ 强调你的好学和在学业上的自我期许；

★ 探索世界、发现自我的热望；

★ 了解学术的、整体世界逻辑的责任感和自主意识；

★ 对一两项兴趣活动长期的爱好和投入。

Skype 电话面试时的注意事项：

★ 称对方的姓并加前敬称先生或女士（Mr/Ms + Last Name）；

★ 要为开始准备一个 2-3 分钟的自我介绍。一定要不断地练习、背下来，再能够自然地复述出来；

★ 面试之前熟悉自己的简历、父母表格、学生表格中的内容，还有为回答问题做的小条提示都放在手边；

★ 面试时保证所在房间不被打扰；

★ 放松，声音洪亮，面带微笑，表现得外向、自信、诚实、积极、向上、热情、愉快，让对方体会到你的积极度和对该学校的兴趣。总之要体现出你的个性，让你从众多的候选学生里脱颖而出；

★ 说话要恭敬、清晰，不要图快，不要谄媚；

★ 记住这是一次谈话，你有义务交流、把谈话往前推进。如果能让面试官觉得和你交流顺畅，有问有答，那么电话面试已经是七八十分了；

★ 尽量不要只是简单地说 Yes 或 No，要有进一步的说明，不要让对方觉得在挤牙膏。如果你没听明白对方的问题，坦然请他重复一遍或者请他说慢点儿。如果你遇到了没有准备的问题，无法回答，别慌张，我需要再考虑一下，我可不可以给你写邮件回答这个问题呢？（"I'll have to think that over. Is it okay if I write you about this?"）

★ 感觉到谈话接近结尾的时候，要再次表示自己对该学校的兴趣以及对面试官的感谢。例如：I would love to study with the School. Your help is very important for me. Thanks for your time. Very nice to talk to you.

★ 最后，别忘了第二天给面试官写个电子邮件，感谢信的形式，并且可以在邮件里提及你们在电话里讨论的某个问题。

2. 校园面试

学校欢迎并鼓励申请学生和家庭参观校园，并和招生官面对面地交谈。这样有助于学生和家庭对学校的整体环境（包括校园规模，教学、课外活动、住宿等硬件设施条件和学校的人文氛围等）有一个直观的了解和感受，便于之后对学校的进一步甄选及优先排序，也给学生一个机会更立体生动地向招生官展示自己。

每个学校都有自己的校园参观和面试时间表。如果时间和精力允许，可以通过直接和学校招生办公室联系，安排校园参观和面试。

在面试中要给老师留下好的第一印象，首先应守时，并穿着端庄得体。男生可以穿西服，女生可以穿合宜的裙子或正装，同时注意头发的装饰。

这里也要特别提醒家庭和学生，面试之后，不必过于焦虑或者执著于猜测对方对自己的态度。下面我给大家一些小案例，都是经常会引起大家兴奋或者焦虑的由头。大家猜一猜，有兴趣的可以看一看我们的答案。

A. 面试官热情地送我和妈妈到楼下。

B. 面试官没有对学生进行面试，只是说："你们对我们学校有什么特别的问题么？如果没有的话，就这样吧，有进一步信息再彼此联系。"

C. 面试官一开始都特别热情回复我 EMAIL，但忽然有两个星期都没有理我。是不是对我的态度转变了？

D. 面试官说我是他见过的最有头脑的学生。

E. 面试官主动给我写信。

F. 面试官主动给我写信说："你的想法每每令我深思或者微笑。我还记得我们的很多对话，特别是当我问你对你来说成功的概念是什么，不像绝大多数学生，说金钱、地位、事业，你轻轻一笑说：'我认为那就是不断战胜自我。'你还记得当我问你，人生最重要的是什么，你的答案是什么吗？"

G. 面试后，招生办主任给我手写了一封信，提到面试官对我的良好印象。

H. 我对面试官说：贵校是我唯一申请的学校。

I. 面试官问我妈妈：您的孩子对学校可以做出什么贡献？妈妈迷惑：是让我们捐钱么？

参考答案：

A. 面试官热情地送我和妈妈到楼下。

应该是一次好的面试交流，你的面试官会把你放入第一或者第二类的面试结果里去，你应该有很大机会进入最后一轮。但这远远不等同于面试官就能决定录取你。招生委员会需要做出多方面的权衡。

B. 面试官没有对我进行面试，只是说："你们对我们学校有什么特别的问题么？如果没有的话，就这样吧，有进一步信息再彼此联系。"

应该来说这种情况不多见，可能是面试官这一天很忙，但也可能确实对你没有兴趣，不论如何，除非有其他转机，一般你在这个学校的候选前程是非常渺茫的，请把关注转移到其他学校。

C. 面试官一开始都特别热情回复我 EMAIL，但忽然有两个星期都没有理我。是不是对我的态度转变了？

面试官在招生季节确实很忙，有的还要经常到各地开招生会。不要让自己的心情过分依赖于 EMAIL 的回复和热度。

D. 面试官说我是他见过的最有头脑的学生。

应该是真心话，你的面试官应该会把你放入第一类的面试结果里去，你应该有很大机会进入最后一轮。但这远远不等同于面试官就能决定录取你。招生委员会需要做出多方面的权衡。

E. 面试官主动给我写信。

应该是一次好的面试交流，你的面试官会把你放入第一或者第二类的面试结果里去，你应该有很大机会进入最后一轮。但这远远不等同于面试官就能决定录取你。招生委员会需要做出多方面的权衡。

F. 面试官主动给我写信说："你的想法每每令我深思或者微笑。我还记得我们的很多对话，特别是当我问你对你来说成功的概念是什么，不像绝大多数学生，说金钱、地位、事业，你轻轻一笑说：'我认为那就是不断战胜自我。'你还记得当我问你，人生最重要的是什么，你的答案是什么吗？"

肯定是一次非常好的面试交流，你的面试官对你非常认同。面试官会把你放入第一类的面试结果里去，你应该有机会进入最后一轮。你的面试官很可能在招生委员会中为你说话，你有很大的机会被委员会录取。

G．面试后，招生办主任给我手写了一封信，提到面试官对我的良好印象。

有些学校有这样的程序，对面试官放在第一或者第二类的面试结果里的学生发这种信，建立和学生更好的互动和沟通。你应该有很大机会进入最后一轮。但这远远不等同于面试官就能决定录取你。招生委员会需要做出多方面的权衡。

H．我对面试官说：贵校是我唯一申请的学校。

关键是，这是实情么？如果是实情，那你肯定有极大的原因这么做，否则学校方面当然知道这不常见，因其不常见，所以不符合通识。如果不是实情，那就是撒谎，对你自己不利。

I．面试官问我妈妈：您的孩子对学校可以做出什么贡献？妈妈迷惑：是让我们捐钱么？

你可以参加足球队、乐队、辩论队，都是对学校社区的贡献，学校应该不会这么直接去问你是否会成为学校的资助人。退一万步讲，如果学校对你有这方面的期望值，学校发展办公室会去做相应的背景了解和研究。

3．第三方面试

随着中国申请学生数量的不断增加，选择性较强的学校每年招收的国际学生数量又有限，学校感觉没有必要花过大的人力物力去一一甄别申请人，近几年来在高中申请领域，一种新的服务——第三方面试应运而生。少量大学也要求中国的申请人进行第三方面试。第三方面试，顾名思义，是学校以外的面试服务机构，透过面试的录像和写作测试，为学生提供一个较为公平、便利的竞争平台，其结果为美国学校提供了有力的参考依据，节省了彼此的时间。

相比标准化考试，第三方面试为学校提供了一个更为立体的学生情况的预览。

同时，学校方面也可以更有弹性地利用招生办和师资力量，不出校门就简单全面地通过看录像、比对写作去了解一个学生的英语水平、交流能力、兴趣爱好、独特的生活学习经历、性格特点、思维方式、精神面貌、沟通能力和技巧。这样学校可以成本较低地筛选掉一批不甚理想的候选人。

目前主要的第三方面试有维立克（Vericant）和 InitialView 两种。维立克面试总共时长 45 分钟，包括录像面试和写作测试两个环节。面试后，维立克把面试的视频、学生的当场作文和维立克公司出具的对学生初步判断分析的 SEE 报告发给申请的学校。详细内容可以登录维立克网站 http://vericant.cn 查看相关说明。

针对中学申请者，目前已经有 89 家中学采用了维立克面试。这些学校里，又根据学校录取政策，分以下方式使用维立克面试：

如果学生不能前往校园进行面试，则需提交维立克面试；如果学生可以进行校园面试，学校优选学生进行校园面试。

学生必需提交维立克面试，经过学校的审查筛选之后确定是否进行第二轮的校园 /Skype 面试。

维立克面试取代正式的学校面试，不需要再进行其他形式的面试。

因为每个学生只有一次正式的维立克面试机会，而且部分学校要在收到并查看学生的维立克面试资料后决定是否进一步提供正式的校园面试的机会，所以学生家庭需要根据自己校园面试的时间计划，至少要提早 1 个月进行维立克面试。

2016 年维立克公司又新增了"预面试"，就是在正常的维立克面试之外，提供一次预先的面试，结果不递交给目标学校，只提供给学生家庭作参考，帮助学生预先了解维立克面试的形式，做更充分的正式面试的准备。维立克预面试结束之日起，至少 90 天后才能参加维立克常规面试。每位同学一年只能参加一次预面试。

很多学生和家长认为维立克面试的推出，在竞争日趋紧张的美高申请过程中，进一步增加了申请的手续、周期和难度。当然也是有一些积极的效果：有了第三方面试的筛选，在最终确定申请学校和访校之前，能够帮助自己更好地了解竞争力，调整目标，少走弯路，节约时间和精力。

（五）跟进

面试之后，学校会在某一时点通知学生申请资料是否完整，需要补交哪些资料。大部分学校会把学生和学校之间的往来邮件存档，并作为申请资料的附属文件供招生委员会参考。这些附属文件也许不是申请最重要的部分，但构成了一个完整的申请档案。

纸质的申请资料终究是单一维度的，而学生家庭和学校的沟通是流动而活泼的。当学生、家庭和学校工作人员形成良好的互动，甚至是产生默契，就好比学校里有人会为你的加盟摇旗呐喊、助阵加油，那么无形中，你就多了一个非常重要的盟友，至少是拉拉队，说不定在适当的时候他会帮你把脚下的球踢进自己学校这个大门。而反之，对方如果对你不欣赏、感觉不好，那你肯定是让对方成了足球守门员，守住你踢的球成了他的"责任"，这样一进一出之间，天壤之别。

如何和人交往，表现自己优秀的一面，进退自如，形成良性互动，这不是一时之功，相反，是一辈子的功课，并不是从申请学校才需要、才开始的。进退之间需要学生的悟性，也需要到位的指点。最好的沟通是在度上的准确把握，除了基本的礼貌、懂得感恩，我的建议就是不要为了沟通而沟通，沟通要有新的内容，新的内容可以包括你的新成绩和新情况、比赛获奖、心路历程、和对方学校的互动产生的积极影响，也可以是节日祝福等等，关键是要有建设性。

第四步：权利反转——最终的选择

3月10日，终于守得云开雾散。经过漫长的挑战和充满了成长机遇的申请过程，终于迎来了学校公布结果的日子。常年和学生共同迎来这一时刻，我发现这也是一个非常微妙的心理挑战和反转过程。从确定申请学校到3月初这段时间，由于彷徨无所依，看到竞争的激烈，也感到自己的不完美，学生和家庭会不谋而合地集体默祷：上天啊！请让我能得到一所学校的录取吧！任何我申请的学校都是很好的学校啊。

3月10日，收到第一所、第二所学校的拒绝的时候，信心进一步崩溃。而当收到第一所学校录取的时候，除了欣喜，更多的是期待和自信心的回稳。

就在收到第二所录取通知的时候，学生和家庭渐渐进入新的境界，真切感受到：权利反转时刻来到，原来终极的决定权还在学生和家庭手里！

其实整个申请过程是一次很有意义的认识自己将安身立命的新国家文化体系的过程，更是以它所特有的一种新的价值观、评估体系去审视自己所长所短的过程。这是学习和调整的过程，是要在一个新的国度学习和生活必须完成的，而在申请过程中把它做好、做到位，将大大缩短到美国后调整所需要的时间，少走弯路。

因为是双向选择，加之竞争激烈，如果过程科学，一般来说结果出来的时候会比较水到渠成，最后即便有几个选择，也是在对学校进一步了解基础上的个人偏好。

第三节　DIY 还是寻求帮助？

经过了如许的考量、斟酌，在一个成熟的想法和有计划的行动之间，你还是要决定计划的执行人、具体的实行步骤乃至时间表。

据 2016 年抽样调查统计，80% 的学生家庭会雇请教育顾问／中介机构协助完成这一系统工程，10% 的学生家庭会请熟人、大学生协助完成这一系统工程。这其中有 15% 会请两个顾问机构一起协助完成。那么如何找顾问，如何判断中介机构，你又需要什么样的中介呢？是不是必须找顾问，能不能自主完成这一巨大战略转移呢？

通过教育顾问／中介机构申请是一条捷径，最重要的原因是借助他们的经验和专业指导，让学生少走不必要的弯路。因为在我们接触任何工作和领域之初，由于没有经验，都会付出经验成本，在重要的判断和调整面前疏于适当的应对。在竞争激烈的时候，仅仅把自己的情况说明，把学校要求的资料递交，是难以在众多合格的候选人中脱颖而出的，做了完全不等于做到位。

经常会有学生家庭问：顾问和留学中介机构和学校的关系到底重要不重要？

我告诉他们既不重要又非常重要。学校要推广自己，找到适合自己的学生，顾问和中介是一个媒介——既了解学生又了解学校，除了做出最基本的判断让供需见面，还可以节省学校大量普及教育的时间。

比如一个学生家庭在四月份找到一所"平氏一类校"，知道他们还招生，就想申请。而学校的招生官告诉家庭：您最好找一个教育顾问，帮您判断需求，理顺流程，并热情地给家庭推荐了顾问。是不是因为是学校推荐的顾问，这个学生只要申请就肯定被录取呢？其实并非如此。当时学校的申请工作基本完成，但还接受申请，其目的只是敞开一线窗给由于各种原因漏网的顶尖学生。招生官很容易可以感觉到学生家庭对学校和申请要求的了解有很大的差距，而学校招生办也不可能事无巨细地进行流程的指导，故而指出了一条明路给家庭。

顾问的重要性在于，他们不仅了解学生和学校的需求，做出专业判断和引领。在必要的时候顾问还会在学校和家庭之间适当沟通，也可以为"成交"起到举足轻重的作用。

（一）中国的教育顾问/留学中介机构

原来自费出国留学中介服务属于特许服务行业,实行行政许可制度。2017年,国家取消了留学中介资质的行政审批，留学中介市场进一步降低市场主体准入门槛。该项行政审批的取消对于很多新兴留学中介机构来说是一个很好的发展契机。对所在领域的认知、业务成熟度、顾问水平是家庭考察中介机构的核心。同时,在现阶段，学生家庭的需求是比较多元的，因为除了"顾"和"问"的工作之外，还有很多操作性的工作是机构需要帮助家庭处理的，这就要求机构的管理、协调能力也要非常强。

（二）教育顾问/中介机构——专业公司能帮你做什么？

★ 提供相关的学校信息和法律咨询；

★ 帮助选择适合申请者的国家和学校；

★ 对不同国家的文化和教育轨道通透彻底的分析；

★ 从整体求学策略规划的制定到具体方案的执行；

★ 代办入学申请；

★ 协助申请者准备申请资料；

★ 对申请者进行办理签证前的培训；

★ 进行出国前的培训；

★ 申请者被学校录取后，可以负责安排送机、接站、住宿或寄宿家庭；

★ 安排学生在国外的监护人；

★ 为学生在国外就学的过程提供指导和培训。

鉴于通过教育顾问／留学中介服务机构能提供上述的服务，所以对想申请自费留学的家长和学生而言，通过中介机构申请能得到以下的好处。

1．提供专业指导，不走不必要的弯路

留学之路，从规划、选择到申请甚至进入后的手续都很繁杂，如果没有经验，一定要自己办理，一是时间可能比较紧张，二是由于缺乏经验，可能会做错决定、走错路。所以，从这个角度看，专业机构可以帮助家庭减少很多麻烦和问题。这是最大的好处。

大多数人对国外教育体系及学校状况、竞争情况都还不是很了解，通过专业机构对目标国家相关政策、教育体制、文化，以及具体学校的情况做更宏观、客观、深入的了解，而且专业机构在选择国家和学校、申请入学、材料准备、办理签证等方面可以提供信息，并给予具体操作的指导，以免家庭和学生因缺乏经验和了解而浪费不必要的时间和金钱。

2．设计适合个人的留学道路

其实大多数想申请留学的学生和家长，并不是很清楚自己到底应该去什么国家，选择什么样的学校，有盲从跟风的嫌疑，比如看到亲戚朋友的孩子出国留学了，所以也想起来留学。而且这么大的一件事情，要想把转换轨道的路走好，怎么说都还是需要提前的规划和准备。所以，如果不能正确地选择国家和学校，浪费时间和金钱，对家庭和个人成长来说，都是很大的损失。

由于专业机构对国内外的教育状况都比较了解，而且办理过一定数量不同情况的个案，所以通过与申请者的有效沟通，一个专业的、负责的专业顾问通常会根据申请者的特长、兴趣和经济能力为申请者量身定做一个最适合的留学方案，并妥善监督执行。

3．平衡留学市场

由于信息的不对等，申请者往往不可能全面了解留学市场的整体情况。而专业机构相对来讲，更了解整个留学市场的供求状况。比如，当某个学校越来越热，竞争越来越激烈，专业机构因其对学生的个体情况有较为深入的了解，可以做出较为客观的对比，所以能够给申请者一定的合理化建议，可以让申请者调整短期目标，综合考虑，想办法实现自己的长期目标。

更何况如果专业机构和学校之间有长期的了解和一定的默契，可以帮助学校和家庭之间沟通一些不方便直接沟通的信息。

（三）如何判断机构的能力

我们发现有一些学生，即便雇请了专业的留学中介帮助他们申请到心仪的学校，但出国后，却感觉到学校完全不适合自己需要。比如我曾经收到这样的一封邮件："我儿子在国内时是省级重点高中高一实验班的学生，他性格开朗，品学兼优，在国内升学，未来基本是北大清华。儿子的目标是美国前 20 名的大学，等他到了美国的中学，才发现，他的成绩比最高等级还要好，所以对他来讲在这个学校的学习毫无挑战。中介把学生送出国门就算成功了？"

近几年，中介机构越来越多，但它们的能力、经验、水平存在着一定的差距。所以，我们建议在委托中介办理自费出国留学申请之前，应该多咨询几家中介机构，并实际进行对比之后再选择。

顾问的经验

顾问是否办理过此类业务、对特定国家的学校宏观和微观的了解程度是很重要的判断标准。因为美国中学特别是寄宿学校留学是比较具有专业性的一块业务，和通常的大学留学以及去澳洲、新西兰、英国等国的中学生留学申请程序上有不一样的地方，具体的学校资源状况也需要付出大量的时间和努力去了解。特别是2009 年以来，随着中国申请学生的增加，美国寄宿中学的入学竞争白热化，同等水平的成绩如果平移到大学申请有望进入最顶尖的大学，却难以进入顶尖甚至普通一些的寄宿高中。因为私立寄宿学校规模相对大学为小，选择性强的学校招收的国际学生比例小，对学生的考量可谓方方面面，非常具体而微。比如有的学校发展办公室的工作人员会对每个进入首轮筛选范围的国际学生的家庭、进入本学校后可能的冲击进行背景调查和评估。经过招生委员会几轮筛选之后，最后还要根据学校现有学生的整体状况和目标学生的特长爱好等做出模拟平衡，调整各个"候选池"之间的比例。从 200 个合格候选人中选出 2-3 个入围队员。对自己的判断、对形势的判断要客观，才能锁定较为准确的一组目标学校。如果有一方面做不到位，等于主动淘汰、自行出局。

所以，在选择留学中介机构时，一定要和留学顾问进行仔细攀谈，了解对方是否具有实际办理的经验。最有效的判断方法是：根据自己已经了解的美国私立寄宿学校情况、SSAT 考试情况等进行提问，最好也要有老客户的推荐，并由此判断顾问的真正能力。

比如作者的一个朋友，在网上知道了中学生去美国留学的信息，打电话给某中介机构时，该机构声称自己可以办理，但具体问及 SSAT 考试的细节时，就无法明确回答，却说我们的合作学校只要我们推荐，都不需要任何标准化考试。

只是以出国为目的，随便上一所学校是一回事情，而如果是想通过双向选择找到适合自己需要的学校则是另一回事。美国私立学校具备很强的自主性，连美国政府都不能干预其合法合理的录取与开除，而学校也自珍羽翼，甚至在大一些的学校，招生办主任一个人说话都不一定是一锤定音的。选择性最强和较强的学校都有一个招生委员会，最典型的是 7 人委员会，主要负责人作为会长是不投票的。多人轮流看卷并写出自己的阅卷意见，主阅卷人做出阅卷陈词，最后根据投票决定该申请是否进入可录取"候选池"。即便进入可录取候选池，也不意味着绝对的录取，还有后面的调整和筛选。对于这类学校，筛选过程是复杂的综合体。招生委员、顾问都有可能起到某种作用，但不可能是无条件的，只是简单的裙带关系是不可能顺利地被录取的，除非在市场上，学生是处于强势选择的位置，或者学生和家庭以某种方式给学校带来特殊贡献。

全面评估学生和学校的需求，很好地指导学生通过留学的各个关口，做出有价值有见地的判断，做好及时的调整才是顾问的价值所在。一可以帮我们提出更切实有效、较为客观有远见的申请意见建议，增加成功的可能性；二是事先对可能出现的问题提出预警，避免走弯路；三才是在一些事务性的问题上，诸如填写表格等，有更多的指导经验，节省时间。

能否提供针对个人的计划——为了谁的利益？

一家好的中介服务机构，应该是能为客户提供个性化服务的。美国的私立寄宿中学有 300 所左右，在招收学生的年级、性别、标准化成绩要求方面各不相同，更何况他们的目标学生群体类型也存在着具体而微的差别，每年的形势又会有不同。这些学校自身也有各自的特色，有的学校对学术要求严格，有的学校有丰富的课外活动，还有的学校是特别针对艺术类或者有问题的学生开设的。所有这些，都要求中介服务机构非常清楚，并能针对学生个人的状况提出建议。并不是推荐最好的学校，而是应该根据学生自身的学习成绩、未来发展方向提出最适合的建议方案。

学生 A 在美国 10 年级作了一年交换生后想要升 11 年级时进入一个私立寄宿学校，其实他的初衷就是想到美国完成学业，而钱也并非重要考量因素。现在他面临的问题是：高中经历缺乏系统性，学校之间的课程断层较大。为大学准备，高年级频繁转校实非佳策。这个弯子绕得莫名其妙，浪费了时间、效率，人为降低了可以达到的高度。学生 B 在 3 月份收到学校录取后才了解了一些信息发现学校并不适合自己，想申请其他学校，这时才知道为让自己有更多选择还需要考 SSAT，当初中介告诉 B 没有必要考 SSAT。学生 C 倒是硬件齐备，顶尖的分数顶尖的奖项，但申请文件的自我表述处处在告诉读者：我是一个平庸的人。名落孙山不是没有原因的。做好任何事情都需要时间，需要适当的路径和计划，很多弯路都是因为缺乏了解、缺乏经验和缺乏远见。

顾问在做出申请学校建议时，首先应该要非常了解美国寄宿学校的整体状况、不同学校的状况。同时，要了解学生的情况，学生的强弱势、学习需求、学习成绩、标准化考试的成绩、家长的经济状况、自我期许等等，需要进行有针对性的深入沟通，进一步观察和了解学生本人的特质。只有这样，才能帮学生找到适合他的学校。再有，申请的成功率也很重要。我们知道，美国的私立寄宿学校每年根据其毕业生升入一流大学的比例会进行排名。但并不是排名越靠前的学校对你来说就是最好的选择。首先，美国大学招生和中国的情况大不一样，并不是根据你的高考分数一刀切，他们更看中你在学校的表现，你在学校里的资源利用能力和相对优势。所以选学校就是要有一定的挑战，也要考量一个学校是否能够帮助你取得进步，你是否在学校里能如鱼得水。申请学校也是一个迅速调整的过程，这个过程赋予了你一个重要的机会：在不同的体制背景下认识自己和认识学校的过程，科学地走好这一过程，一方面在认识上提高，一方面能迅速调整自己，可以大幅度缩短学生将来用在两个完全不同的体系环境之间转换、弥合差异的时间。

具有很强选择性的寄宿学校，除了要求较高的 SSAT 成绩之外，对学生的综合素质还有很高的要求。所以录取比例相对比较低，有的只是 10% 左右，近年，中国学生这一数字可以低达 1%；而且学生间的竞争压力也相对大。作为顾问应该考虑综合因素，包括学生的性格、学业、课外活动、兴趣爱好等提出自己的专业建议，找到一个相对平衡点，有的放矢地推荐一系列的学校。

一些机构和某几个美国私立寄宿学校签有协议，会因推荐学生收取学校返来的中介费。所以他们可能以自己的利益为出发点，而不是学生利益为出发点，他们会大力推荐某一个或者几个学校，而不顾是否适合家长和学生的需求。家长和学生要对这种情况保持警惕，避免在不了解情况的时候，选择了自己不满意的学校。

有一个学生的情况比较典型，她到一所东部的寄宿中学就读 12 年级，当 9

月入学才发现，她马上就要考 SAT Ⅰ、SAT Ⅱ和 TOEFL 了。她懵了，她到了美国才知道，原来美国的高考不是高三尾巴的 6 月份！而这些也是中介机构早就应该告知她的。

海外分支机构

一些实力强的留学中介在美国当地有分支机构，这对申请者来说是件好事。因为海外的顾问可以直接参观学校，向学校招生办的老师了解细节情况，随时沟通。在申请的时候，更可以生动地介绍学生的特长，帮助学生加深印象，增加申请成功的可能性。

申请者需要注意的是，要事先了解这些分支机构的作用：我需要什么，对方能帮助我做什么事、做到什么程度？除了家长，学生本人最好能和海外的顾问通电话或邮件，进一步了解其能力和水平，感受沟通效果，不要盲目地因为有海外机构这么一个噱头，就相信海外机构能帮我们做更多的事情。

成功的例子

中介机构是否成功办理过去美国中学留学的案例，成功的比例是多少，这是帮助我们判断中介机构资质的最直观的东西。有的中介机构会用"很高""挺多的"之类模糊的字眼来回答问题，这个时候一定要继续追问，到底是多少人，百分比是多少。比如，有的中介，一年只办理过 2 个案例，而且都申请成功，就宣称成功率 100%，从数理统计的角度看，这是非常不科学的。

还有一个更好的办法，尽可能地问中介要一下已经申请成功的学生的详细信息，比如年龄、性别、年级、去了什么学校、当时 SSAT 和 TOEFL 考试成绩是多少，甚至能拿到学生的联系方式更好。这样一是可以避免中介有不实的说辞，二是可以进一步了解申请成功者的经验。

当然，有些机构也许经历尚短，但顾问敬业、素质高，也应该在这些了解过程中有所权衡。虽然有些大的机构成功案例多，但是小的机构有时能提供更个性细致的指导。

费用

目前中介公司在办理去美国读中学的收费方面有很大的差别。比如上海市中介机构，收费从 3 万到 30 万不等。不能简单从收费判断，而且每个公司的收费体系不同，很难直接拿苹果和鸭梨比价钱。收费较高的公司，相对而言提供的服务内容更多。而收费较低的公司，基本不了解美国寄宿学校的详细资料，由申请者自行选择学校，更不会有时间和能力去深入研究怎么样到位地去呈现一个学生的特点和长处，他们往往只协助一些事务性的工作，比如填写表格、预约签证等。

同时也并不是收费越高的公司，办理成功的可能性越大。所以，在选择专业公司的时候，一定要了解清楚，收取的这些费用包括哪些项目，不包括哪些项目，是一次性收费还是未来还有追加费用。通常大多数的中介公司都会有一个小幅的优惠额度，也应该尽力去争取。但千万不要为了优惠而忽略中介提供的服务内容。

留学后续服务

专业机构是否有留学后续服务？这一点也很重要，因为一起经历规划、申请学校就像一个战壕里的战友，是学生和顾问机构彼此了解、建立信任关系的难得机会，学生到了国外往往还是需要机构顾问进一步的指导、培训，甚至一些应急情况下，顾问机构和学生、家长、学校的关系和彼此的了解信任可以让事情迅速有转机。

比如一个学生因在学校里打架，面临被开除的可能。家长也批评孩子不应该打人，孩子在跟家长、老师辩解，事情越来越复杂。幸而家长及时寻求顾问的帮助，顾问当天到了学生所在学校，孩子委屈地跟顾问讲：有几个孩子总在说中国人滚回去，他感觉被错待了，但又觉得自己都是大男孩不能报告给老师，就自己硬挺，那天挺不过了，就出手制止对方的语言侵犯，后来就变成了打架。和学生谈话后可以迅速做出判断，学生本身是个非常诚恳正直的孩子，只是采取了错误的方式去制止对方的错误行为，并非打架斗殴，不至于被开除，关键是引起他动手的原因值得深究。经过多方努力，用语言暴力欺凌中国孩子的几个学生也得到了适当的处罚，而这个中国学生也受到了该有的教育。整个过程学生感觉自己学到了该学的，知道了处理类似问题的正确做法；同时避免了受到不公正的处罚、甚至被开除的种种后果。

表 4-16　顾问能力的初步评估问题

1	曾经手多少学生申请美国中学，录取情况，获得签证情况，学生在校情况。申请到的最好的学校是哪所？最意外的情况是什么？
2	顾问是根据什么标准在什么范畴筛选和向家庭推荐学校的？（如果只是推荐和该顾问有协议的学校，能否提供这些学校的名单，然后和平氏私立寄宿中学分类表里的学校分类进行对比，看是否适合自己孩子的需求。）
3	该顾问通过什么途径了解学校，亲自考察、拜访的学校数量？
4	学生的表格、申请文章是由学生和家庭草拟由机构顾问修改呢，还是由顾问草拟学生和家长修改？他们的写作或修改优势是什么？例文有么？
5	面试之前是否和学生有一个一对一的预演？
6	大使馆面试之前是否和学生有一个一对一的预演？
7	机构是否提供依学生个体而制定的建议书？
8	机构是否有留学后续服务？后续服务范围、最长和最成功的后续服务是怎样的一个过程？

（四）通过专业机构申请留学的注意事项

1. 服务委托合同

近年来，自费出国留学中介机构在办理公民自费出国留学方面做了许多有益的工作，取得了一定的成绩。出国留学中介机构和顾问机构也像雨后春笋一样日益发展起来，随着竞争的激烈，从业公司的水平也不断提高，随着信息越来越透明，以前层出不穷的欺诈消费者事件越来越少了。

2004 年，教育部、国家工商行政管理总局联合发出关于印发《自费出国留学中介服务委托合同（示范文本）》的通知，希望自费出国留学中介机构和自费出国留学当事人通过签署规范公正的自费出国留学合同，保护自己的合法权益。

该合同范本，涉及了办理自费留学过程中中介机构应该提供的服务，以及收费、退费、信息的真实程度等方面的规定，也明确界定了双方的权利和义务，以及违约责任。即使对办理自费留学手续不是很清楚的家长和学生，通过仔细阅读这个范本，也可以了解在签订留学中介合同时的注意事项。

利用范本，有利于当事人依法保护自身合法权益，避免因合同缺款少项、意思表达不真实、不确切，导致留学当事人上当受骗。《示范文本》的实施，是规范自费出国留学中介市场、依法保护消费者合法权益的有效措施之一。根据当事人的情况和意愿，《示范文本》既可以作为签约的参考文本，也可作为签约使用文本。

教育部已在教育部教育涉外监管信息网（www.jsj.edu.cn）刊载了《示范文本》，保证自费出国留学当事人能够随时免费下载参考使用。

另外，教育部教育涉外监管信息网也公布了承诺使用教育部、国家工商行政总局制定的《自费出国留学中介服务委托合同（示范文本）》的留学中介名单，大家可以事先进行查询。查询地址为 http://www.moe.edu.cn/srcsite/A20/moe-851/201612/t20161205-290868.html。

但由于每家机构提供的服务内容和价格都不同，所以合同不可能完全按照范本执行。范本也只是一个大纲。

2．与专业机构的关系

最后要特别注意的是，即使你已经和中介公司签订了合同，委托他们办理出国留学申请，但并不意味着就万事大吉，高枕无忧了。我们应该知道，留学对家长和学生来说是事关一生的重大选择，是学生和家庭将面对的体制和体制之间的巨大改变，现在和将来都要面临无数的选择，这些选择调整做好了，做到位了，后面的路才能走得高远顺利；如果前期的目标不正确，后面要把思路和道路理顺的时间也许会更漫长，而且也许更难到位。

不论升学还是求学，主体都是学生和家庭，如果你对自己的事情都不上心，那么别人又怎么帮得上你呢？对机构来说，一个案子只是他们的一单业务，即使是最负责任的机构也不如自己尽心，所以，一定要对自己负责，关注整个过程中的每一个细节。越多地了解相关信息，你就越能和机构更有效地沟通，大大缩短时间，提高办事效率。更何况，机构不如家长对学生的了解程度高，所以在机构给出留学建议之后，家长还应仔细筛选和判断，最终做出决定。

最重要的是，学生要和学校直接联系、跟进，才能更有机会进入合适的学校。关于为什么和怎样与学校联系、跟进，请查阅"实战篇"相关章节。

同时家庭和学生也要尊重顾问的专业意见，信人不疑，疑人不用。有些家庭对顾问提出的合理建议总是将信将疑，又要一一去询问很多朋友，回来又无法判断到底该信谁的，而朋友又对整体策略和思路不负责任，只是就事论事地评论一下。最后反而把本来可以简单的事情弄得复杂不堪。失去了聘请顾问的意义。

（五）直接找美国的中学教育顾问

你可以直接雇请美国的教育顾问。

美国的教育顾问术业有专攻，寄宿学校顾问十分了解寄宿学校情况，有些曾任职著名寄宿学校的招生办公室，所有教育顾问均应持有独立教育顾问的资格证。

美国的中学教育顾问提供如下服务：

★ 和学生、家长面谈或电话详谈，做出学生申请计划和时间表。

★ 评估学生的能力、兴趣、需求，并帮助他们安排适当的标准化考试。

★ 向学生、家长提供一系列的学校名单，学生有可能被这些学校录取且会在这些学校中茁壮成长。

★ 提供指导避免犯常识性的申请、面试错误。

★ 在整个寻找学校、申请、面试、录取过程中鼓舞学生的士气、引导学生完成所有事务性工作。学生是申请作文、申请文件的制作人、执笔者。

美国的教育顾问的工作更偏向于宏观策略和指导性的建议。避免学生和家庭犯"路线、方针"的错误。他们节省学生家庭大量的寻找适合自身情况学校的时间、研究申请程序的时间。最重要的是，他们凭借自己的经验和辨别能力，更容易帮助学生申请到自己适合的学校。一般教育顾问最后会根据自己对学生的了解写一封推荐信给学校，写明学生的性格特点、对学生的整体评估、推荐理由。顾问一般按照服务的深度和时间收费。顾问不会从学校收取费用，美国的教育顾问并不是申请学校成功才收费。

（六）如何找美国顾问

美国全国有几百名独立教育顾问专门从事私立中学学生申请与安置咨询工作。他们通常会拜访很多寄宿学校，和寄宿学校的招生委员、管理人员面谈，从而真正了解学校，这些第一手的资料是他们重要而宝贵的无形资产。他们还有自己的网络可以得即时的学校招生情况、录取信息和统计数据。

学生家庭也可以考虑直接找合适的美国教育顾问为孩子的国际教育出谋划策，前提是沟通。如果家长或学生英语交流能力强，这也是一个不错的选择。美国独立教育顾问协会（IECA）有各州 400 多名中学顾问可供选择。

学生家庭在寻找和考察顾问的时候，第一是要确认顾问在寄宿学校方面的经验。美国的教育顾问非常专业，有的特别擅长普通的私立学校择校，有的专注于问题学生，有的特别擅长于超常学生，有的顾问又有心理学医生从业资格。一个独立教育顾问，理想情况下应在该领域有 3 年以上的经验，同时，也要重视和顾问的沟通感觉，以保证整个过程保持良好的交流、得到最好的效果。

（七）判断美国教育顾问的资质

问如下问题，你可以对该顾问的资质有一个比较全面的了解：

★ Do you have counseling experience, certification, a credential or master's degree in counseling or a counseling related discipline?

★ How long have you been an educational consultant?

★ Do you have experience as a high school admission officer?

★ How long has this counseling center been functioning?

★ How long have your been active in the field, and in what roles?

★ How recently did you visit a high school campus?

★ Do you visit campuses regularly—locally, regionally, and/or nationally?

★ Have you attended professionally directed conferences, counseling institutes or workshops?

★ Are you familiar with the academic program in XXX high school?

（八）自主申请自费留学

如果了解美国高中留学的申请程序，家长和学生也可以考虑自己申请办理。一般申请学校从了解到考试、填申请表，中间花费大量时间，所以自主申请最好有以下几个基本条件：

★ 事先做好计划，留出一年至一年半的充足时间；

★ 家长具备一定的英文能力，能阅读并理解私立寄宿学校介绍等相关英文网站的内容，并协助学生填写相关的英文表格；

★ 学生的英文程度非常好，能够独立进行学校搜索与联系；

★ 家里具备方便的互联网登录条件，有自己的私人邮箱，并能及时收取邮件；

★ 在国内有详细的通讯地址，可以收到相关的信件；

★ 自己能事先去学校进行实地考察；

★ 心理上比较轻松、自在地去面对这件事情。

其实自己办理自费出国读中学申请只要具备一定条件，并做好充分的准备，根据我们后面的指导一步一步去做，你会发现实际的可操作性还是很强的。虽然付出的努力更多，但家长比顾问更了解自己的孩子，这样在做出选择时可能更正确、更适合。但随着竞争日益激励，一个家庭的力量和一个专业团队的力量还是不同的。

低龄出国留学并不是一件简单的事情，不仅需要多方面的准备，而且需要建立一个良好的心态来面对。在这个转换轨道的过程中学习认知大洋另一面的文化、要求是这个大工程可以提供给学生家庭的额外红利，只有善加利用，出国留学才可能会水到渠成。

第五章

离实现梦想一步之遥：签证和体检等

获得了美国中学的录取后，需要开始准备申请美国签证、进行体检、给学校提交本学期的成绩单等等事务性工作，这些工作也不可掉以轻心。

第一节　美国 F-1 学生签证

学生签证的申请人必须在到美国学校报到日期之前的 120 天之内到领事馆申请。就是说，如果学校 9 月 1 日开学的话，学生在 5 月 1 日之后就可以去美国领事馆申请签证了。

以中短期学习为目的到美国的人应申请留学生签证（F-1 签证）。申请人首先需要证明他们已被有资格招收留学生的学校录取，除了学校的录取通知，还有一个证明文件是由美国移民局签署，由移民局在该学校的代理人发放管理的，收录了学校和被录取学生基本信息的 I-20 表。美国移民局认可的可招收外国学生的学校才有资格提供这个表格。美国任何一个政府认可的正式学校，如果要招收外国学生就读，必须向 USCIS 美国公民及移民服务局（简称移民局）申请。如果获得批准，即获得经移民局授权签发 I-20 表的资格。USCIS 有一个特别管理留学生的系统——SEVIS（Students and Exchange Visitor Information System，学生及交流访问者信息系统）。学校负责国际学生事务的人员要定期向 SEVIS 输入信息，从而使 USCIS 及时监控学生，其动因是 2001 年的恐怖袭击，使得美国政府迫切需要了解、控制外国学生的状态及其是否真正在学习。SEVIS 系统理论上是 USCIS 的系统，但是也由美国国土安全部、美国国务院管理。每个有资格发放 I-20 表的学校至少要有一名移民局和领事馆认可的指定官员负责处理外国学生事务，有关学生身份方面的问题，都由这名学生顾问负责回答。学生顾问的另一基本职责是定期地向移民局报告学生的有关情况，如该学生是否继续在校注册，是否全时就读，有无转学或者有无非法工作等等，以供移民局例行掌握学生情况，或者在学生违反规定时做出决定或处罚，如吊销签证甚至勒令出境等。

　　F-1 签证的申请人必须在到美国学校报到日期之前的 120 天之内到领使馆申请签证。F-1 签证持有人在学校开学前的 30 天之内才可以进入美国。开学日期以 I-20 表上的日期为准。

　　持 F-1 学生签证入境时需出示签证和 I-20 表。入境口岸移民官根据这两种文件准许入境并确定在美居留期限。持 F-1 签证入境时，I-94 电子入境卡一般只注明入境日期，没有到期日期，到期日期一般只签上 D/S，表示该持证人处于注册学生的学习持续期。而学习持续期的结束即其签证或身份的到期日期。持 F-1 签证者只要一直保持其注册学生身份，签证有效期最长可达 5 年，入境后其 I-94 卡标明的身份有效期最长可达 8 年。此期间，你可以在美国转学、升学，但必须把变动情况通知移民局。

签证形势

　　教育是美国服务业的创汇大户。因此，国际学生在美国还是非常受欢迎的。中国从 2010 年开始已经连续六年成为输送国际学生到美国学习最多的国家。据美国国际教育协会公开数据（Institute of International Education Open Doors Data），2015 年留学生为美国创造了 305 亿美元的经济收入，其中三分之一来源于中国。在 2015 至 2016 学年，共有 32.8 万名中国学生在美国高校就读，比上一年度增加 8.1%，约占美国高校外国留学生总数的 31.5%。

　　美国学校的利益促使美国政府继续保持开放性的留美签证政策。从 2004 年开始，美国留学签证的通过率逐步提高。2006 年，美国国务院倾向进一步放松学生签证。从 2007 年开始，据不完全统计，中国学生的美国签证一次通过率为

80% 以上。

2014 年 11 月 12 日起，中国公民申请 F-1 学生签证的有效期从原来的 12 个月延长至 5 年，并且可以多次往返。但是大家要特别注意，签证的作用是用来规定你可以何时入境。留学生签证有效时间其实是以 I-20 为准的。如果 I-20 给你的有效期是 2 年，那么即使持有 5 年期的签证，签证有效期也是 2 年。

在 2009 年，近 50 万的中国公民获得了赴美签证，创历史最高。美国政府在签证申请方面消除地理制约，简化申请程序，使之更为方便。非移民签证申请人可以不受领区、户籍常住地限制，在任何驻华美国使领馆预约签证面谈时间。

表 5-1　领事馆地址与联系方式

领事馆	领事馆地址与联系方式
北京	地址：北京市朝阳区安家楼路 55 号　　　　邮编：100600 电话：010- 85313000　　　非移民签证处：010-56794700
成都	地址：四川成都市领事馆路 4 号　　　　邮编：610041 电话：28-85583992　　　非移民签证处：028-6273 6100
广州	地址：广州市天河区珠江新城华夏路（靠近地铁 3 号线或 5 号线珠江新城站 B1 出口） 邮编：510000 电话：020-38145000
上海	地址：上海市淮海中路 1469 号　　　　邮编：200031 电话：021-64336880　　　非移民签证处：021-51915200
沈阳	沈阳市和平区十四纬路 52 号　　　　邮编：110003 电话：024-23221198　　　传真：024-23222374

第二节　办理护照

在着手办理签证之前必须先拥有一本护照。护照是一个主权国家发给本国公民用来出入国境、在国外旅行或居住的证件。凡是出国人员均应持有护照，持照者享有护照颁发国的外交保护。从 2007 年 1 月 1 日开始，我国首部《护照法》正式实施。

（一）护照的种类及有效期限

1．护照的种类

我国的护照分为外交护照、公务护照和普通护照；普通护照又分因公普通护照和因私普通护照。

自费留学、定居、探亲、访友、继承遗产、就业、旅游及其他因私人事务出国和定居国外的中国公民持有的是因私普通护照。

护照的内容主要包括护照持有人的姓名、性别、出生日期、出生地，护照的签发日期、有效期、签发地点和签发机关，还有持有人的照片图像及个人签名。

2012 年 5 月 15 日起，中国公安部门统一开始向普通公民签发普通电子护照。电子护照就是携带有电子信息的护照，在传统护照的封面或者当中的某一页嵌入电子芯片，持照人的姓名、性别、出生日期、照片图像、指纹等个人信息储存在芯片内。方便让电脑读取器迅速准确地读取和记录信息；在印刷信息遭破坏或损坏时，有额外的途径获取或核对护照持有人的正确个人信息。

2．护照的有效期限

普通护照的有效期为:护照持有人未满 16 周岁的 5 年，16 周岁以上的 10 年。《护照法》取消了护照延期的规定。

（二）办理因私出国护照的程序、手续

公民申请普通护照，应当由本人携带居民身份证、户口簿、近期免冠照片以及申请事由的相关材料，到当地公安机关出入境管理部门申办。公安机关出入境管理机构应当自收到申请材料之日起 15 日内签发普通护照；在偏远地区或者交通不便的地区或者因特殊情况，不能按期签发护照的，经护照签发机关负责人批准，签发时间可以延长至 30 日。

办理护照的一般具体程序和手续如下，但不同地区可能有一些差异：

1．办理护照所需材料

★ 居民身份证、户口簿。未满 16 周岁的公民可以只提供户口簿。姓名、身份证号码、出生日期、出生地等信息发生过变更的申请人还须提交户口簿等相应

证明材料。

★ 字迹端正、内容填写完整并贴有申请人照片的《中国公民出入境证件申请表》。照片要求：本人近期正面 2 寸免冠半身彩色证件照片，背景白色，光面相纸，48×33 毫米；

★ 另提交电子照片；

★ 提交与申请事由相关的证明；

★ 办理过因公出国护照的，须提交省外办出具的因公护照已收回的证明；

★ 国家工作人员（登记备案人员）应当按照有关规定，提交本人所属工作单位或者上级主管单位按照人事管理权限审批后出具的同意出境的证明；

★ 如果不在户口所在地申领护照，还需要提供居住地公安机关出具的居住 6 个月（含）以上的证明（包括居住证、暂住证等）；

★ 审批机关认为确有必要的其他证明。

2．申请护照办理步骤

★ 到户口所在地或者常住地公安局出入境管理部门申请护照；

★ 在出入境部门的社会服务照相点采集出入境证件电子照（一年内已采集的可免）；

★ 提交填写完整并贴有申请人近期正面免冠照片的《中国公民出入境证件申请表》（自助填表机打印的申请表已印有照片的无需再贴）；

★ 提交本人居民身份证（或临时居民身份证）；未满 16 周岁的申请人如未办理居民身份证，提交本人户口簿；

★ 采集申请人指纹及签名等信息，现在颁发的护照都是电子护照，7 周岁（含）以上申请人须当场采集个人签名。申请人需要当面签署本人姓名，原则上以规范汉字填写。学龄前儿童等不具有签名能力的申请人可以不签名；

★ 取证，在取证回执单上的日期领取证件，正常申请等 10-15 个工作日，加急申请等 5 个工作日。现在很多地方也提供邮政快递递送服务，会更方便；

★ 工本费：人民币 160 元。普通护照加注每项 20 元。

3．办理护照须知

★ 要提前办理护照，给颁发护照的机关以足够的时间，不可等出国日期临近时才匆匆前去申办，以免误事；

★ 在领取护照时，应认真核对护照上的姓名、性别、出生地、身份证号码等，并检查一下汉语拼音是否正确，钢印、发照机关印章、签署是否齐全。如护照上的信息有误，需要及时向发照机关报告；

★ 护照是出国人员的重要身份证件，持照人应妥为保管，护照上所有项目，均不得污损、涂改。电子普通护照中内置敏感的电子元器件，为了保持其最佳性能，请不要将电子普通护照弯折、打孔或者暴露在极端温度、湿度环境中；

★ 要防止护照遗失、被窃。护照在国外遗失、被窃，当事人应立即书面报告我国驻外领事馆；在国内遗失、被窃，应立即报告有关申报护照单位或公安机关，登报声明作废。如需补发，仍按正常办理护照手续办理。因私普通护照在国外失窃，如需申请补发新照，申请人需提供本人护照失窃经过的书面报告和足以证明其确实具有中国国籍的有关证件。

4．护照的换发和补发

护照换发或补发的情形为，护照有效期即将届满的；护照签证页即将使用完毕的；护照损毁不能使用的；护照遗失或者被盗的；有正当理由需要换发或者补发护照的其他情形。

护照持有人申请换发或者补发普通护照，在国内，由本人向户籍所在地的县级以上地方人民政府公安机关出入境管理机构提出；在国外，由本人向中华人民共和国驻外使馆、领馆或者外交部委托的其他驻外机构提出。定居国外的中国公民回国后申请换发或者补发普通护照的，由本人向暂住地的县级以上地方人民政府公安机关出入境管理机构提出。

要特别注意，首次申领、换发、补发、失效重新申领护照的，申请人须亲自办理。未满十六周岁的申请人应当由监护人陪同申请。除提交上述规定的相应材料外，申请人还应当提交本人的《出生医学证明》或者监护关系公证书，以及监护人的居民身份证。监护人无法陪同的，可以委托他人陪同，陪同人还应当提交本人的居民身份证以及监护人的委托书。

第三节　申请签证的简单流程

申请签证的一般流程是：准备资料（在完成填写在线 DS-160 申请表格的填写）——缴纳申请费并预约——签证面谈。本节我们会做一个简单的介绍，后面我们再就办理签证的细节问题展开详细说明。

（一）签证所需基本资料

获取美国签证的核心在于符合条件，但什么是符合条件，怎么做才能符合条件，这是具体操作层面上的问题。能够获取美国签证的中国学生本身要有价值，同时还要符合美国的利益。目前总的学生签证签过率为 80%，中学签证签过率更高。随着越来越多的中国学生选择留学美国，未来的签证通过率将保持在这个水平，估计会时有小幅上下浮动，但都应在合理的范围之内。

1．有效护照

护照的有效期应长于预计抵美日期后的六个月并有空白的签证签发页。关于如何办理护照，我们已经在前面有过详细说明。

2．带有条形码的 DS-160 申请表格确认页

每位申请人，包括儿童在内，都必须拥有自己的 DS-160 签证申请表。在去大使馆或总领事馆进行面谈之前，须通过在线方式完成并提交 DS-160 表。预约面谈时需要 DS-160 表确认页上的条形码编号。必须在线提交 DS-160 表并在去使领馆面谈的时候带好打印清楚的确认信。

3．I-20 表格

签好入学合同后，美国中学会寄来学生签证所需的材料，其中最主要的是 I-20 表格。表格基本信息已由学校填妥，只需学生本人签字。

4．"学生和交流访问者信息系统"（SEVIS）费用收据：I-901 表格

收到 I-20 后就可以填写 I-901 表格，因为 I-901 表格需要 I-20 表格上位于

右上角的编号。

美国国土安全部（DHS）自 2004 年 9 月 1 日起执行"学生和交流访问者信息系统"（SEVIS）收费的规定。每个被颁发 I-20 或者 DS-2019 首份表格的申请人有责任在申请签证前支付这笔费用，并在签证面谈时出示此项缴费证明，否则签证官不予办理面试。SEVIS 收费由美国国会授权，以支持收集和管理在美外国学生和交流访问者信息的自动系统，保证他们美国的合法身份。

"学生和交流访问者信息系统"（SEVIS）付费为 200 美元。在网上填写 I-901 表格的同时要缴纳费用。可以使用美元汇票、支票和美元信用卡缴费。推荐使用信用卡付费。费用必须在签证以前三天交清并获得收据。SEVIS 缴费有效期为一年，在这一年内，如果学生遭遇拒签，可持同一份缴费证明进行多次申请签证，但不予退款。

该表格可以通过 www.fmjfee.com 在线获得。

（二）缴纳申请费，预约签证面谈时间

申请人需要通过预约中心注册登记、缴纳申请费用以及预约面谈时间。先要登录美国签证信息服务网进行注册并按照步骤进行预约选择拟领取护照及签证的中信分行网点。然后支付申请费用

下面详细说明一下如何缴纳申请费：

第 1 步：登录在线申请系统，创建个人资料。这有助于保证支付的金额准确无误并且及时接收，以便后续的预约工作顺利进行。签证申请服务价格以美元（USD）标示，应缴纳费用以人民币（RMB）标示。

第 2 步：点击屏幕左手侧的"安排面谈时间"（Schedule My Appointment）选项。依次完成以下步骤：选择移民 / 非移民签证、使馆 / 领事馆、签证申请归类和签证类别。

第 3 步：进入支付界面后，点击"支付方式"（Payment Options）。签证申请费用对应的人民币（RMB）金额取决于美国国务院发布的领事汇率。如申请人未按照签证类型正确缴纳费用，可能无法预约面谈。

第4步：根据需要选择支付方式，并缴纳签证申请费用。在支付签证费时，系统将发出提示：只有缴纳签证费用才能开始申请流程，并且这笔费用一经支付不予退款。缴纳上述费用并不构成申请人与签证机构之间的合同关系，也不保证签证能够获批。无论申请结果如何，已经缴纳的签证申请费均无法退还。

第5步：保存收据编号。支付流程完成后，打印收据编号并妥善保管。一旦丢失，将无法替换。如不提供收据编号，也无法进行预约。

第6步：签证费用的支付流程顺利完成，现在即可通过收据编号预约面谈。

签证申请费的支付方式有以下几种：

在线支付

请注意，银联借记卡持有人将支付 0.3% 的服务费。这笔费用是银联征收，而不是 CGI Stanley 征收。

非移民签证（NIV）申请费最方便的付款方式是由中国本地的银行发行的借记卡在网上支付。该系统不接受信用卡。一旦登录到个人资料，将可以通过借记卡支付。如果没有一个中国本地的借记卡，请选择其他的付款方式。

中信银行柜台办理现金支付

可以在中信银行的任何一网点使用现金支付非移民签证（NIV）申请费。去银行之前，必须登录预约网站个人资料页面，打印相应的美国签证收费单。每一位家庭成员或团组成员的签证费用将被视为一笔独立的交易。必须为每一笔交易打印唯一的美国签证收费单。支付签证费时，请携带申请人的护照和打印的签证收费单。支付流程完成后，将会收到一个收据，可通过收据编号预约面谈。

自动柜员机支付

可在中国境内有中信银行徽标的任意自动柜员机上缴纳非移民签证（NIV）申请费。在缴纳费用之前，请首先登录在线系统创建个人资料，并打印自动柜员机的交易单号。使用自动柜员机时，需输入支付卡信息、自动柜员机交易单号，并从菜单中选择"缴费"（Fee Payment）选项。选中此项后，应选择"美国签证费用"（US Visa Fee）作为支付选项，然后根据提示选择签证类型．支付完成后，系统将打印一张包含"签证费收据"的收据，请妥善保管，以便通过在线系统或预约中心安排预约。

自 2016 年 9 月 6 日起，对使用非中信银行卡在 ATM 缴纳签证费的申请人，银联将收取签证费的 0.49% 作为手续费。每笔交易手续费最多不超过 17 元。

支付成功后预约面谈有两种方式：可以使用网络预约系统或致电预约中心话务员电话预约。此两种服务均无需支付额外费用。预约面谈时间时需要提供 DS-160 申请表格上面的确认编码。

网络预约：

付费后需要重新登录预约网站，在指定的栏目里输入银行收据确认号码，就可以继续进入预约面谈日历页面。

电话预约：

请拨打下列电话联系客服代表，他们将引导您进行预约：

北京：（010）5679-4700

成都：（028）6273-6100

上海：（021）5191-5200

广州：（020）8390-9000

沈阳：（024）3166-3400

美国：+1 703 665 1986

第四节 面签所需资料

（一）DS-160 非移民签证申请表

每位申请人，包括儿童在内，都必须拥有自己的 DS-160 签证申请表。在预约和进行面谈之前，必须通过在线方式完成并提交 DS-160 表。预约面谈时需要 DS-160 表确认页上的条形码编号。去面谈的时候必须带好打印清楚的确认信。如果没有 DS-160 表的确认页，将无法参加面谈。

1. DS-160 表格在线填写注意事项

在线填写 DS-160 表格的链接：https://ceac.state.gov/genniv/。

预约面谈的领事馆，必须与 DS-160 表格开头选择面谈地点的领事馆保持一致。重要提示：如果是续签或无需进行面谈，在填写 DS-160 表格时，面谈地点需要选择"广州"。

除按要求以英文（拼音）和汉字填写姓名的全名外（汉字在表格中标明为"您本国文字"），所有问题必须以英语作答。请注意：必须填写中文全名及相对应的中文电报码。

填写 DS-160 表时需要上传一张最近六个月内的照片。有关照片的详细要求如下：

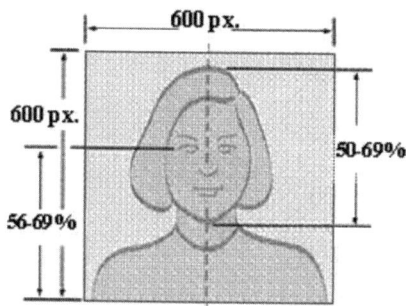

头部尺寸

头部尺寸（从头顶发迹至下颌底部）须占整个照片高度的 50% 到 69%。从照片底部至眼睛水平线的高度须占整个照片高度的 56% 到 69%（大约 2/3）。

照片尺寸

照片须为正方形，即高宽相等。照片最小尺寸为 600×600 像素（高 × 宽）。最大尺寸为 1200×1200 像素（高 x 宽）。

照片必须为整洁的白色或灰白色背景。

自 2016 年 11 月 1 日起，拍摄签证照片将不允许戴眼镜。

在填写申请表的过程中，如果未操作时长超过 20 分钟，申请流程将被终止。除非已记录申请编号或已将申请存入电脑文件，否则必须重新开始。请记下页面右上角显示的申请编号。如果需要在提交申请前关闭浏览器，则需要使用该申请编号继续进行申请。

DS-160 表格完成之后，会生成标有字母加数字格式的条形码确认页。并在去使领馆面谈的时候带好打印清楚的确认信。

打印标有条形码的确认页之后，请点击浏览器上的"后退"按钮，然后将 DS-160 表格副本发送至自己的邮箱。文件为 PDF 格式，需使用 Adobe Acrobat 查看或打印。

每一个新的签证申请都必须提交新的 DS-160 非移民签证在线申请表及其相关的条码。

2．DS-160 表格填写说明

步骤 1：申请人所在国家

在浏览器中打开网址：https://ceac.state.gov/genniv。

每个申请人都需要单独填写一份 DS-160 表格，无论是否面签。

首先，要选择申请人目前所在的国家和城市。然后点击"Start An Application"按钮就可以开始填表了。

在这一步里需要上传照片进行测试，如果照片不合格，可以先跳过这一步，先填写后面的内容。

下方两个按钮"UPLOAD AN APPLICATION"和"RETRIEVE AN APPLICATION"都是用来恢复上次没有完成的表格。其中"UPLOAD AN APPLICATION"按钮需要将之前下载保存的 DS-160 上传；而另外一个"RETRIEVE AN APPLICATION"则会自动回复最近一次填写的状态，不过需要提供自己的申请 ID 和生日、姓名及安全问题。

步骤 2：设置安全问题

在这一步，要记录下来自己的 ID，然后自己去设定安全问题和答案，如果需要继续填写被中断的表格，就需要提供这些信息了。

步骤 3：填写个人信息（部分 1）

这个部分必须是英文填写，只有"中文全名"处填写中文。所有信息必须和护照上完全一致。如果名字由两个汉字组成，两字之间必须空格。

步骤 4：填写个人信息（部分 2）

这个部分主要填写国籍，"National Identification Number""Social Security Number""Taxpayer ID Number"等均无需填写，选择"Does not apply"即可。

步骤 5：申请人地址与联系方式

主要是相关联系信息，家庭住址和邮寄地址按照英文的地址信息格式正确填写即可。

步骤 6：申请人护照信息

这里需要注意的是：中国护照里边没有"Passport Book Number"，因此无需填写。

步骤 7：旅行信息

如果尚未订购去美国的机票，在"是否有旅行计划"这里直接选择"No"就行了；如果已经订购了机票，就选择"Yes"，要把航班号填写在"Specific Travel Plan"一栏中。"预计在美国停留时间"需要和 I-20 表格里的时间一致。

步骤 8：是否有人陪同申请人去美国

如果父母陪同一起去可以在这里填写。如果尚未确定是否陪同，也可以填写无人陪同。

步骤 9：之前是否去过美国

如果已经在申请美国移民，拿到了档案号，这里需要如实填写。

步骤 10：在美国是否有联系人

一般这里直接填写 I-20 表格里的联系人信息即可。

步骤 11：申请人家庭信息

如实填写即可。

步骤 12：申请人目前教育经历

填写在申请美国学校之前在中国正在就读的学校的相关信息

步骤 13：申请人过去 5 年内的工作和学习信息

中学以上的学历都需要填写，专业填写"Academic"即可

步骤 14：安全信息

一定要看好问题，不要随便回答"Yes"！！！

如果真的有的问题的答案是"Yes"，也需要如实填写，这并不代表你就会被拒签，但是面签时可能会要求你做出解释。

步骤 15：上传美签照片

首先，选择并上传你的照片。在该页面的右侧提供了名为"Start Photo Tool"的按钮，点击后可以启动一个协助裁剪照片的工具（需要电脑浏览器安装有Flash 插件）。用放大或者缩小的方式人，让绿色圆圈对准人的头像。

照片上传成功后，会显示绿色对勾的图标。

上传照片的步骤结束后，就是预览并检查确认刚才填写的全部信息了。这一步一定要认真的一项一项去检查，如果发现不正确的信息可以点击"Edit Personal Information"进行修改。

最后一步，检查无误后，确认并提交 DS-160 表格。

填写完毕后，最好要打印 DS-160 表格，如果当时没有打印机，可以填写自己的 email 地址，系统会将该表格发送到邮箱。特别要注意，面签时需要携带的是 DS160 表格的确认单，而不是原始表格！确认单只有一页，包含照片、条形码以及刚刚填写的 DS-160 表格的编号。

（四）学生和交流访问学者信息系统 (SEVIS) 表格及费用

学生和交流访问者信息系统由国土安全部移民和海关执法局（简称 ICE）管理，是一个存储来美外国学生及交流访问者信息的互联网系统（简称 SEVIS）。在美国上学或从事研究的外国学生、学者及交流访问者前往的学校或参加的项目若被批准纳入 SEVIS 系统，他们在得到签证前必须填写学生和交流访问学者信息系统表格，并缴纳一笔 200 美元的系统管理费用。

面签时携带电子版收据或 I-797 收据原件皆可，并通过在线填写 I-901 表格并支付费用，具体办法如下：

1. 在填写表格之前，需要先确认你必须已经拿到了完整、正确的 I-20 表格。

2．在线填写 I-901 表格并支付费用的步骤：

★ 登录缴费网站，此网站为英文网站 http://www.ice.gov/sevis/i901。

★ 点击本页面中的"Proceed to I-901 Form and Payment"，进入下一个页面

★ 选择"I-20"，然后点击"OK"，进入下一个页面。

★ 填入自己的相关信息，注意，其中"SEVIS Identification Number"一项需要填入你已经获取的 I-20 表格里条形码上方，以字母"N"开头的 10 位数字。

★ 特别要注意，这里所填写的信息必须与 I-20 表格一致，因为系统会自动核对相关信息，如果信息不符，将不能继续填写。

★ 填写好后选择"Enter"进入下一个页面。

★ 这里主要是填写收据邮寄的地址。然后再填写相关的信息。

★ 填写好后选择"Enter"进入下一个页面，选择回执的寄送方式和缴费的方式。

★ 可以使用美元汇票、支票和美元信用卡缴费。推荐使用信用卡，因为汇票需要手续费，支票在国内使用不够方便。注意这里使用的信用卡必须是人民币和美元双币种的。

★ 填写好后选择"Submit"进入下一个页面，填写信用卡的相关信息。

★ 如果是使用亲友的信用卡，需要提供持卡人的姓名、地址、邮政编码、信用卡类型（Visa 或 Master）、卡号以及信用卡的到期日。

★ 提交后，如果缴费成功，会出现一份电子格式的回执页面。如果电脑连接有打印机，可以直接按"Print"按钮打印出来。

★ 签证的时候这份回执不是必需的，签证官可以查到你是否已经缴费。但是有了回执比较方便。

（五）必要的支持性材料

除上述必备材料外，某些类别的签证还需要附加一些支持性文件。你准备好这些材料了吗？ 请注意下列文件并非毫无遗漏，在面谈时出示下列文件也并不能保证你一定得到签证。

1．在中国有牢固约束力的证明

出示经济、社会、家庭或其他方面约束力的文件，以帮助证明你在美国短暂停留后有意愿返回中国。

美国驻华大使馆的签证官员弗拉德•利普舒茨先生在网上回答说："如何判定一个申请人是符合得到赴美签证还是不符合，我们的基本标准有两点，一点就是看你在中国是否具有非常牢固的约束力，第二你是否有非常好的留学或者归国的计划，也就是你到美国所学的专业和内容，怎样帮助你在回国之后更好地发展。如果申请人在办签证的时候，能够非常明确的解释清楚，为什么他要到美国学习，美国学校与他现在的学校相比有哪些优势，在美国的专业和课程怎么帮助他回到中国后有更好的未来的话，他得到签证的几率跟其他签证是一样的。"

对于如何判定一个申请人在中国的约束力，弗拉德•利普舒茨说："这个约束力包括经济方面的，比如他在中国有没有一份很好的工作，每个月的收入是多少，有多少存款，在中国有没有其他的房产或者其他的财产等等。另外非常重要的是家庭方面的联系，他在中国有没有直系的亲属，比如孩子，可以想象的是一个母亲和儿女之间的关系是非常牢固和紧密的。"

由此可见，能证明"在中国有牢固约束力"这一点是非常重要的，值得我们深入探讨一下：

"约束力"的基本概念及其简单类型分析

"约束力"是签证设计的第一步，即明确你向签证官表述内容的核心。"约束力"表面只是一个说法，内在的核心是你对自己的定位和规划的描述方向。从内容上，"约束力"并不是一个单独的因素，而是由众多因素组成的一个逻辑层面。

下面我们系统分析一下"约束力"的定义和基本的类型，每一个准备签证的人都可以反思一下，到底我有哪些"约束力"，应该怎么向签证官表述呢？

（1）什么是牢固的"约束力"？

牢固的"约束力"因国家、城市和个人情况的差异而不同。"约束力"是指迫使你在祖国或某地居住的各种关系，如：你的财产、职业、社会及家庭关系。个人的工作和收入、住宅或公寓、汽车、亲近的家庭成员及银行存款等都包括在内。

签证官采用分别处理的方法来研究申请人的职业、社会、文化和其他关系。由于年轻的申请人无法建立这些关系，签证官就要审查他们赴美的确切意图、家庭情况及其在国内的长期发展计划和前景。所有签证申请都依据法律被单独处理。

一般来说，"约束力"是在归国计划中体现出来的，是让签证官认可签证者的归国计划的核心。任何一个看似完美的归国计划，如果不能体现出签证者和祖国之间的一个"约束力"的话，都是不可能得到签证官信任的，最后导致的结果就是拒签，因此"约束力"在整个签证过程中具有非常重要的地位。

一个令人信服的"约束力"不是孤立的，凭空编造出来的，它是和整个签证过程的其他部分，如专业背景、出国目的性、资金投入、家庭背景、工作背景等等紧密相连的，因此要设计合理的"约束力"，就要综合整个签证者的背景情况来进行规划。

（2）"约束力"有哪些类型，如何去设计呢？

不同的签证者情况都是各不相同的，不能随随便便把别人的"约束力"的设计往自己身上套用，但是可以结合自己的具体情况，找出和自己情况相似的成功例子，借鉴他们的设计思路，规划符合自己情况的"约束力"。一般来说，"约束力"通常是从财产、职业、社会家庭关系等几个方面来规划，对于出国留学的中学生而言，常见的"约束力"有以下几种类型：

★ 签证者是家里唯一的子女，将来需要回到父母身边

大多数中学留学生基本都是独生子女，符合这一点。所以关键是看在面签的时候如何向签证官表述。比如强调自己和父母乃至祖父母的深厚感情，自己未来在家庭里担负的责任等等。

★ 签证者家庭背景不错，有家族企业，回国之后可以直接进家族企业

这种类型适合自己家族开有公司的签证者，而且最好是签证者是家里唯一的继承人，这种情况的"约束力"是非常有说服力的。作为家族企业的继承人，去美国学习相关的知识回来继承和发展自己企业，肯定要远比留在美国白手起家要有前途得多，因此回国肯定是必然的。这样的逻辑思路是非常有说服力的，也很容易得到签证官的认可。不过对中国学生来说，毕竟有这样家庭背景的人还是不

多的，但是只要家里有公司，哪怕规模不大，我们都可以采用这种思路。

例：

VO: What will you do after you graduate?

ME: I will come back to China to join my mother's company as a solicitor in the law department and take charge of some international trade issues.

VO: What company?

ME:....Corporation Limited.On the Fortune it ranked NO...of Top 100 Chinese Corporations.

★ 父母地位显赫，社会关系比较广，毕业以后可以借此获得一份不错的工作

这种类型适合于父母有一定实权的签证者。其实签证官对中国的社会是有一定了解的，知道中国是一个比较讲人情世故的社会对于一个去美国学习的中国学生，毕业之后回国凭借这种社会关系找到一份不错的工作是非常容易的，相比留在美国竞争这么激烈的社会更具有发展前景。所以说这种"约束力"也是很容易能得到签证官的认可的。

VO: What's you plan after graduation?

Me: I will come back to China to find a position in xx Accountant Firm. Do you know xx Accountant Firm?

VO: (smile)No, is it a big one?

Me: Yeah. It is one of the biggest Accounting Firm in China. And a friend of my sister's is one of the partners of it. She will recommend me to it after I get my MS degree and come back to China. （个人认为，这句补充起了很关键的作用）

VO: (smile again) She will recommend you. You are lucky.

需要强调的是："约束力"本身只是签证中一个逻辑因素，是你在签证中必须表达清晰的一个概念。但是，一个逻辑，也许是核心逻辑，并不是决定性逻辑。这个逻辑不能没有，但是，并不是有了这个逻辑就万事大吉。

对于大部分留学申请者而言，这个逻辑要素是很清晰的，但是，真正重要的并不是逻辑本身，而是逻辑的表达方式。

建议每一个签证入门者，首先要明确自己的核心逻辑要素，然后再从这个逻辑出发。需要强调的是，有单一的约束力并不代表你一定可以获得签证，事实上，对于任何一个人而言，每个人都有很多的"约束力"，"约束力"表述的核心在于你到底如何将你的众多"约束力"联合成一个核心，并且用语言向签证官强化这个核心，同时每个人也有很多"弱项"，这个是你签证中的弱项和必须警惕或准备好的解释。

如果你已经设计好了你最主要的几种"约束力"，你现在的目标就很明显——如何把这些"约束力"有效地表达给签证官，这就是我们说的"交流的艺术"了。[①]

2. 资金证明

证明你有能力无需工作即可支付在美停留整个期间的费用。

对于中学留学生而言，资金证明这一项非常重要。因为通常中学留学生都很难取得学校提供的奖学金或者财政资助，家庭必须有足够的资金才可能支持学生完成学业。所以这也是签证是否能取得成功的关键因素之一。

申请人需要提供家庭存款来支付在美国学习期间所需费用的证据，并证明资金可以随时供学生使用。通常，资金证明的金额至少是学生在美国就读期间第一学年的所有学费和生活费的总和。举例说明，一名中学生去国外的私立寄宿学校就读 10 年级，相当于国内的高一，那么他的存款至少可以支付一年的高中学费和生活费。我们按照美国私立寄宿学校的平均学费是每年 50475 美元计算，由于寄宿学生的食宿费用都包括在学费里，所以每年的生活费用在 5000 美金就足够了。这样存款就要不低于 56000 美元。

除了能拿出至少一年学费及生活费的存款证明外，还要有今后几年可靠的费用来源的说明。需要提供父母的收入证明。比如，你父母目前从事的职业，每月的收入金额。父母年度收入的总金额应该是需要支付的学费的两倍。比如上面的例子，该学生所提供的父母年收入的总和应该在 80 万左右。如果是私营业主，最好提供有关的公司证件的原件，比如营业执照、股权证、股东决议、名片等。

---

① 以上部分文字及示例摘抄自网站 http://www.taisha.org。

当然，能提供更多金额的资金证明会更好，比如存款可以支付孩子在美国读高中期间全部的费用，这样有利于签证的通过。

签证时，需要出示银行资金证明原件。银行给你出具资金证明后，资金就会进行冻结。通常冻结期为一个月。在签证时，你的资金证明在有效期内即可（有效期＝冻结期）。等交回资金证明后，资金就可以解冻了。要特别注意，部分银行的资金证明会显示款项存入的时间，如果显示存款存入的时间，最好不要是刚刚存入，最好是半年以上。可以同时提供几家银行的存款证明，只要存款人是申请人的父母，总金额满足条件就可以了。曾经有过申请者，把几家银行存款改存入同一家的例子，虽然方便了，但是存款不满足存入半年以上的条件，反而会增加拒签的可能性。如果家里有多于一套的房产，提供房产证明也可以增加签证官的信任度。

3. 研究、学习计划

在美期间计划好的学习或研究工作的详细信息。

学习计划既可以直接口述，也可以提交事先准备好的文档。我们建议中学生还是提前准备好一个文档，这样一是思路比较清晰，二是说明你已经做好了充分的准备。在面签的时候，可以递交给签证官你的学习计划，同时口头做简单的说明。

一篇成功优秀的学习计划不仅仅要求文法上没有错误，还要求语言流畅、简明扼要，并具有说服力。

写学习计划，首先是要证明你来美国就是为了学习，其次要说明你学成之后一定是要回国的。中学生写学习计划，可以包括以下几个方面：

★ 目前去美国之后打算就读几年级；

★ 初中或高中阶段完成之后是否打算进一步在美国深造？为什么？

★ 如果打算进一步深造，需要准备相应的考试，预计何时参加考试？

★ 大学倾向学习什么专业？为什么？（可以说明美国在该专业领域具有的优势）；

★ 大学毕业之后的进一步学习计划或者归国计划；

★ 在写学习计划中要注意的几点是：切勿提及亲朋好友在美国；切勿过于

推崇美国的优点，即不要把去读书的原因写成你对美国的一片热忱，要有针对性；归国原因切勿过于泛泛，能结合自己的专业和个人实际情况写出完整的归国计划是最好。

4．个人简历

详细描述你过去在学术和社会实践工作方面的经历，包括一份所发表文章的清单。

个人简历的目的是让对方清晰地了解申请者的全面情况，应力求在真实、全面、简明的基础上准确地反映自己受教育和从事社会实践工作的经历，特别是近年来的兴趣及成果。个人简历主要包括以下内容：

（1）基本情况：姓名，性别，出生年月日及地点（力求与各类学历证明的出生年月日一致，出生地点写明国别和省别），国籍。

（2）家庭情况简单介绍：家庭成员组成，简单介绍父母的情况。

（3）个人受教育经历：包括中学、小学的在读时间，所在学校的名称，除学校之外接受的培训或学习。 最好带着学生证和成绩单。

（4）有何文章发表或学术成果：个人发表的文章要注明题目，刊载的杂志或期刊名称、期号、语种；如果其中有被外国学者评论过的，最好附上刊载评论文章的杂志名称及时间。如有参加竞赛的获奖证书，可以一起出示。

（5）外语水平：注明参加 TOEFL 等考试的时间、地点及成绩。若申请者掌握多门外语，则要一一注明语种并说明熟练程度。

（6）参加何种学术团体，得到何种荣誉：学术团体一般应是省、市或行业一级以上的专业学术团体，在学术团体中所担任职务可予以注明：荣誉主要是指在专业、技术研究方面获得的奖励和荣誉，要注明获奖名称、颁奖时间和颁奖单位。

（7）个人的兴趣爱好或者特长：说明自己有哪些兴趣爱好，比如摄影、国际象棋等，如果有作品或者获奖证书可以一起出示。

简历最好打印。上述项目如遇缺项可不必撰写，只需将下一项内容提前即可。简历的字迹要求工整、清楚。既不要言过其实，又必须充分反映自己的实际水平。最好能写出自己的特色，不要照抄范本，要让签证官看到你的独特之处。形式上还可以活泼创新，比如配上自己的作品（或者作品照片）等等。

5．其他可能有用的材料

以下这些资料不是必需的，但最好也一起带着，也许能起到支持作用。

第一类：资金证明、与中国强不可离的关系证明

★ 户口本；

★ 家庭合影；

★ 房产证明；

第二类：个人证明

★ 学校的录取信、SSAT、TOEFL 成绩单；

★ 毕业证、学生证、成绩单；

第三类：其他

★ 制作的个人介绍类的小册子；

★ 老师推荐信；

★ 所有与学校联系的信件（email 打印件）；[①]

第五节　关于面签

有的人相信，签证就是看运气，只要运气好，不需要准备也能签过去。这样的想法非常不正确，虽然有的人面签只有三五分钟，一次性就签过，但这绝对不是运气好的问题。还是那句话说得好"机遇只垂青有准备的人"。例如我们的一个学生家长第一次面签时因为收入证明的印章模糊而被拒签。我们也有学生被整整提问了 15 分钟，带去的资料被一一查看，最终获得了签证。在面签之前，一定要仔细准备相关的材料，熟悉关于签证的基本问题，加强英语口语的锻炼。

还有很多人在签证之前，希望从已经顺利取得签证的人那里获得一些经验，甚至是"秘诀"，来提高自己签证的成功率。其实，由于每个人的具体情况不一样，

---

① 以上部分文字及示例摘抄自网站 http://www.taisha.org。

并没有什么通用的秘诀或者技巧，大家不应该过分参照或者依赖别人的案例，甚至是盲目背诵一些案例。

（一）前去接受签证面谈

1. 请在面谈当天携带所有签证相关资料。非申请人不能进入签证大厅。

2. 到达相应的领事馆后请先在外面排队，在预约时间之前等候大约 30 分钟。

3. 进入使馆接受安全检查时请不要随身携带任何电子产品，包括手机。也不要携带背包、手提箱、公文包或手推童车等。申请人只能携带跟签证申请有关的文件。为了保证文件不散失，可以外装一透明文件夹。

4. 到指定窗口递交签证申请表和材料，之后等待指纹扫描和签证面谈。等候时间大约为 1-2 个小时。

5. 如签证申请得到批准，使馆会将签证印在你的护照上并将印有签证的护照在面谈后递送至你选择的中信银行网点，通常需要 1-2 周。如有特殊情况需加急服务，可以在面谈之日告知签证官，一般第二天可以自取签证。某些特殊情况，如申请需要进行行政审理、需补充支持材料或需要进行打假调查等可能会影响签证申请的审理速度并推迟签发时间。

（二）面签指点

笔者认为，在面签前，你只要做好充分的准备，掌握一些基本原则，现场灵活发挥，就会增加成功的可能性。千万不可以死记硬背，或者盲目相信所谓的技巧和运气。以下就是我们对签证者的一些建议和指点：

获得签证最关键的因素是以下三点：

1. 你来美国的目的就是读书学习，而且这是唯一的目的。

2. 有足够的资金支持你整个学习期间的花费。

3. 学成之后你一定会回国。

所以，在签证之前，你一定要牢记这三点，所有签证相关资料的准备和所有签证官的提问，都要从这三点出发去应对。在面签之前，假设你自己就是一个签证官，看看自己准备的材料和设计的问题答案是否能充分说明这三个问题。

态度很重要

准备面签时最需要注意的是如何能让签证官相信你的"坚定性"，这点是签证的最关键之处。所以在签证之前，你要坚定自己针对上述三点的态度。即使你自己对未来是否回国还没有计划，也要不断告诉自己："我去美国就是为了读书，将来学成之后回国。"

其实留给签证官的印象好坏非常重要，这就需要灵活的变通，随机应变，关键的一点就是一定要镇静，只有镇静才能做到头脑灵活、反应机智。

由于学生签证第一次面签有一定比例的拒签，所以很多人在去签证之前就已经对签证官抱有了成见，似乎签证官就是那个毁掉你大好前程的人。还有的人认为，面签本身就是很不公平的，自己是在被不太相干的人决定命运。这些想法都是非常不好的。人与人在沟通之前，如果已经抱了这样的不信任、不友好的感觉，怎么能达到好的沟通效果呢？

笔者一位顺利拿到签证的朋友曾经说，在面签的时候，你要把签证官当做你的老朋友。想想我们对老朋友是什么态度呢？亲切、友好、信任、轻松，如果你能先假设这样一种签证时的氛围，那么在你面对签证官时就会放松平和，更能准确表达自己的想法。

学生表现也不要唯唯诺诺，这样会让签证官觉得你没有适应能力，难以独自在美国学习。也不要低三下四或者局促不安，美国人不同情弱者，而是更倾向于尊敬有实力的人。当然，也不能表现得过分自信，洋洋自得，这样容易引起签证官的反感情绪，不利于签证的通过。

关于语言

签证时最好用英语回答问题。因为作为去美国学习的学生，具备良好的英语水平，也是能顺利完成学业的保证。

回答问题的时候，最好不要语速太快，因为如果那样，签证官会认为你英语很好，也会因此而加快语速，这样有的问题你可能听不懂。当然，签证官有时故意提高说话的速度来考核你的英语水平，你可以把语速压下来，讲的慢并不能说明英语差，关键是语法要正确。

另外，在回答问题的时候力求简明扼要，不要有太多细节方面的解释。因为签证官没有那么多时间和耐心听无关紧要的事情。但是，也要掌握一个度。比如，签证官问你去美国的目的，简单地回答读书是不够的，因为这样你和别人的情况完全一样，等于没有回答，你怎么可以得到签证呢？这样的问题要针对个体情况来具体回答，有说服力，表明自己的情况和去美国的目的。

如果你第一次没有完全听明白签证官的提问，一定不要急于回答，避免所答非所问，给签证官留下不好的印象，甚至让签证官误认为你思路不清楚。而是应该有礼貌地请求签证官重复他的问题。有的申请者由于紧张，会多次无法理解签证官的提问。这个时候，你甚至可以请签证官用中文来提问，而你用英文回答，以确保正确理解签证官的意图。

诚信最重要

美国文化，非常看重一个人的诚信。而面签本身就是对你诚信的一个考核，因为所有申请非移民签证的人，为了得到签证，都会不断强调自己没有移民倾向，一定会回来。虽然事实并非人人如此。所以，为了显示出你是一个有诚信的人，一定要注意自己面签时的细节表现。

比如笔者曾经遇到的一个例子。签证官指出申请者的英语水平不够好，恐怕很难顺利完成在美国的学业。其实这并不代表你就会遭到拒签，而是签证官在有意考察你回答问题的思路和态度。这个时候，你应该拿出自己的相关英语测试成绩来证明自己实际的英语水平，并且可以解释自己现在有些紧张，所以表达不够流利等等。而不是去反复告诉签证官，我的英文水平足够好，可以适应在美国的学习。甚至有的聪明的申请者会说，我的书面表达和阅读能力都是不错的，但是口语和听力由于缺乏语言环境确实还不够好，所以这也是我希望能在美国学习期间提高的。这样的回答反而能够变不利条件为有利。

创造机会申述

面签的最高境界是由被动变为主动，变"他问你"成"你问他"，让签证官回答你的问题。最常见的是，如果你无法准确判断签证官想问你什么，可以不要急于直接回答问题，而是根据自己的理解反问签证官，"您说的是这个意思吗？"这样既可以保证正确理解签证官的问题，又可以表示出自己有良好的沟通技巧，同时也给自己留出了回答问题的时间。

（三）面签注意事项

关于衣着打扮

穿衣打扮决定了签证官对你的第一印象，所以一定要注意。尽管很多美国人平时衣着休闲随便，但是在正式场合，他们还是很注意衣着打扮的。学生去签证一定要整洁大方，不要穿着过于时髦，也不可以过于随便，头发要梳理整齐，最好不要化妆，要有学生的样子。

关于材料的递交

不要在面签一开始时就递交材料，这样往往会引起签证官的反感。可以在回答签证官的相关问题同时递交材料。这样签证官能及时看到他想看的东西，而且可以少说话。有些申请者其实材料带了一大堆，但是没有在合适的时候及时地给签证官看，导致了不必要的麻烦，甚至被拒签。签证官其实就是要了解你所交的表格上所填的内容之外的情况，你要主动让他了解你，不要被动等他向你要，万一他不要你的材料，而你又不主动给，那么离被拒就不远了。

注意肢体语言

面签时你的表情、你的眼神、你的动作等肢体语言至关重要，因为通常大家会认为肢体语言可以传达一个人内心真实的想法。面部表情放轻松，看着对方的眼睛，以显示你的诚实，你所说的都是真的。

有的人喜欢模仿西方的讲话方式，夸张地运用表情和动作，以期达到效果，这是不必要的。要注意把握分寸，适当地运用一些还是可以的，但不要给人夸张做作的感觉。学生的表现不能太前卫，太西化，这样反而会让签证官认为你很喜欢和适应美国的生活方式，不会回国。应该举止大方，显得有学生气，是一个充满美好理想、有远大抱负的人。

（四）中学留学面签典型问题举例

以下我们例举了一些针对中学生签证时的常见问题，以供参考。

关于为什么来美国读书

【简单解析】如何确认学生来美国的唯一目的是学习？签证官主要会听你怎么说。签证官会尽力把你从有所准备的套话中引开，他们想听的是你自己的回答，而不是别人教给你的话。你的事业蓝图是什么？你为什么要去美国读书？你在那儿想学什么？完成学业后你打算做什么？

Why do you want to go to the U.S.?

What's your purpose or what will you do in the U.S.?

What do you intend to do in the U.S.?

【回答举例】I wish to pursue my high school degree in the U.S. because I think it would be better for my future. An earlier start will bring me better knowledge of the world's most advanced democratic country's policy, culture, people and system.

毕业后的打算

【简单解析】要知道，准确地预料毕业后的事情是很不容易的。如果你不清楚，就直说不清楚，坦率地承认会使签证官觉得你诚实可信。签证官并非要得到一个十分确切的答案，他们要看的是你是否认真考虑了这一问题：你对未来是否有计划或是有某种雄心？这一计划在中国的现状背景下是否可信？如果你去美国所学的课程在中国派不上用场，那签证官该会怎么想呢？如果你能解释清楚所学内容今后在中国如何有用，那就有助于你在签证官的眼中成为有资格获取签证的人。

What will you do after you get your high school degree?

What are you going to do after your graduation?

【回答举例】I will go to US university to earn my bachelor degree.

学习的期限

Which grade are you in?

【回答举例】I am in 11th grade.

How long do you plan to stay in America?

How long will you stay in the US?

【回答举例】Eight years. I will finish my Master degree in the US and come back to China. That's my whole plan so far.

Are you grades an accurate reflection of your potential ?

【回答举例】I can find excuses for my scores. The most important is as a high school student, I still have chances to improve myself.

【回答举例】I heard a lot about American high school education, and made some research myself. I really admire the US system and concept I believe it will bring the best of me.

申请学校状况

How many schools have you applied for?

【回答举例】Here is my list of schools I researched about and applied for. Kent, Pomfret and Oakwood.

How do you know about these schools?

【回答举例】From website of Boarding School Review and those schools' websites.

Where will you study in the United States?

【回答举例】Oakwood Friends School.

Where do/will you live ?

【回答举例】I take the boarding program. I will live in school, the school is in New York State.

Any relatives in the United States? Parents? ...Anybody else in the United States? ...

【回答举例】I have a family friend in New York who will be my guardian in the US. She is in the same county as my school.

经济状况

【简单解析】签证官对你家庭的经济状况也感兴趣。如果你的家庭现在就能供你去美国上大学，父母在国内事业开展得不错，他们也就容易相信你回国后事业也能有成。如果你是借了数千美元去美国上学，那签证官就很难相信你在毕业后能马上回国。你将去哪儿挣钱还借款呢？看的另一方面是你目前在国内的现状，你的家庭成员都有谁？父母做什么工作？他们在政府机关、工商企业、教育界所任的职务在你回国后是否对你有帮助？

Who will sponsor your study in the US?

Who will offer you the money?

Who will pay for your study?

【回答举例】My parents will pay for me.

How long will you get your financial support?

【回答举例】They can support me until I get my master degree probably 8 years.

What're your parents' jobs?

What do you parents do?

【回答举例】My father is the CEO of a top pharmatheutical company in Guangzhou and my mother is an administrator in a hospital.

How much is your parents' salary?

【回答举例】My dad's annual salary is five hundred thousands Yuan, and my mom's is about twenty thousands Yuan .

Why there's so big difference between them?

【回答举例】Different positions, I guess.

出国经历

Have been abroad?

What countries have been to?

【回答举例】Yes,I have traveled to France,German,Holland and Italy.

个人情况

What/where are you studying now?

【回答举例】I am a student in Beijing No. 1 middle school.

What is the difficult class do you have?

【回答举例】I think Math is difficult for me.

Where is your Hukou（户口，用中文）？

【回答举例】Nan Jing.

How much is your TOEFL score ?

【回答举例】98（Hand in the transcript）.

是否会回国

90% chinese students don't come back , how can I believe you can come back?

Give me three reasons that you will come back to China.

What is your plan after you come back to china?

【回答举例】I just want to go to US university to earn my bachelor and master degree in arts or business related area.

【回答举例】I think I will come back, because China's economy is getting better and better, and more and more Chinese students come back to China. My family is here, and I have my father's support to have a head up start for my career. And I am the only child in my family.

其他可能问到的问题

What is the thing you like best in America. ...Then what is the thing you don't like most in China?…

【回答举例】A good system, especially the well-reputed education system. There are too many people and it's over crowded everywhere.

Do you think it is just luck which makes one receive his visa or not ?

【回答举例】I believe you will grant me the honor and help me to achieve my dream.

（五）面签之后

面签之后，如果顺利通过，可以在网上输入面谈地点和 DS-160 表格条形码编号，在线查询 DS-160 表格及签证申请状态。

如果状态显示"origination scan"，代表护照已经离开了大使馆或总领事馆，可是护照还没到达领取的支行。在"ready for pick up"的状态时，可以去选择的支行领取护照。如果状态还没有显示"ready for pick up",代表护照还不能领取,请不要去领取地点。

如果你的第一次签证被拒签,一定不要情绪激动,有的申请者在被拒签后大吵大闹,这样其实于事无补,还会造成不好的影响。首先,可以冷静的询问签证官拒签的理由是什么。虽然拒签一般会给你一张纸条说明,但往往没有具体的原因。如果签证官可以告诉你具体的理由,那么在准备第二次签证的时候,你可以有的放矢,提高成功率。比如,如果签证官说你经济来源不清,下次来时就要带上说明资金出处的文件;如果签证官说无法让人信服你毕业后就回国,那就仔细想想在向签证官解释你的蓝图时如何更清晰、更有说服力,然后再申请签证。即使签证官没有告诉你明确的理由,也最好不要争论,而是礼貌地向签证官道谢、离开。

第一次被拒签,并不意味着你就失去了机会,但是千万不要在第一次面签前就抱定这样的想法——没关系,一签不过,还有二签呢。虽然签证处在二签时会为你更换签证官,避免签证官的习惯性裁决。但如果和第一次签证相比,你在提交的资料和回答问题时没有任何改善,你有很大的可能性二签失败。由于每一次签证的结果都会被记录在案,所以你被拒签的次数越多,意味着你未来获得签证的可能性越小。所以,大家一定要重视第一次的签证准备,争取一次通过。在一签被拒绝之后,一定不要急匆匆预约第二次签证,而是要总结和吸取第一次的经验教训,更好地进行准备。可以请准备就读的学校给大使馆写一封证明文件来证实你就读的真实性,增加通过的可能性。

(六) 有关签证的其他问题

取得签证之后,一定要保管好你的I-20表格、护照,因为到了美国海关还要出示这些证件才能进入美国。

每个学年结束的时候,一定不要忘了请学校的相关老师在你的I-20表最后一页签字,证明你获得了第二年继续就读的资格,你的I-20表是有效的。

第六节　体检

办好签证之后，下一件重要的事情就是进行体检。

基本上所有的美国私立高中都会要求学生在入学前进行体检并按照要求进行预防接种。不同的学校对留学生体检和疫苗接种的要求各不相同，一定要至少提前一个月到出入境检验检疫机构进行健康体检及预防接种，办理"国际旅行健康检查证书"和"疫苗接种或预防措施国际证书"。

每个城市出入境体检的地方一般是国际旅行卫生保健中心。在正式体检之前，一定要先上网查询或者打电话了解相关要求，比如需要携带的证件（一般要求护照原件），照片要求，是否需要空腹等等。

通常学校都会有自己的健康表格，需要事先打印出来携带。健康表格分为三个部分：一是体检项目，二是要求打的预防针，三是需要医生填写的关于健康状况的表格。有了这些表格，在体检中心才能确认你需要做的检查项目，需要补打哪些预防针。因为中国没有家庭医生，所以学校需要医生填写相关的体检和疫苗注射记录的表格，一定要带去请医生一并完成。

一般体检的项目是出入境人员的体检，差别不大，根据要求进行即可。通常要求空腹做血液检查，女同学可能还涉及要避开生理期。

疫苗注射需要根据学校的要求不同而调整，一般不同的州要求有差异。学生需要携带从出生至今的疫苗注射记录本，根据学校的要求补打相关的疫苗。

美国学校一般要求学生注射的疫苗有 MMR（麻疹、风疹和腮腺炎疫苗）、TD 或 TDAP（白喉、百日咳和破伤风疫苗）、Hepatitis B（乙肝疫苗）、Meningitis（脑膜炎疫苗）、Varicella（Chicken Pox 水痘疫苗）、Poliomyelitis（脊髓灰质炎疫苗）等，并且要做肺结核测试。

其实，每个中国学生从出生就已经在注射疫苗，美国学校要求的疫苗都已经注射过或注射过部分。以 MMR 为例，中国学生一般小的时候只注射过麻疹和风疹的疫苗，一般为一针。而美国要求 MMR 或麻疹、风疹和腮腺炎疫苗各两剂，中间相隔最少一个月的时间。所以，时间上要计算好，避免因为疫苗注射不满足学校要求而影响注册报到。如果有的疫苗要求有间隔时间，确实无法在国内完成，可以和学校申请，到校之后完成注射。大多数情况下，学校都会理解和接受。

以下以上海为例对体检做个说明，供大家进一步了解。

【受理地点】（请提前查询电话，咨询信息）

中国公民出国留学体检：

上海市长宁区金浜路 15 号上海国际旅行卫生保健中心本部 3 号楼 1 层

【受理时间】

中国公民出入境体检的受理时间为每周一至周五上午 8:00-11:00。

需要事先在网上预约：http://sithc.shcig.gov.cn。

【携带材料】

★ 出国体检网上预约确认单；

★ 本人身份证或者护照原件及复印件；

★ 二寸免冠照片 3 张；

★ 出国留学者需带好本人预防接种记录；

★ 持有国外体检表格的，需一并带来，体检前向接待人员出示。

【基本流程】

★ 交 3 张两寸照片，领表，填好后交回去；

★ 柜台拍照（摄像头）；

★ 到医生办公室确认要打那些疫苗；

★ 更换医院指定的衣服，到各个诊室体检。体检项目有：五官科（耳鼻喉）、B 超、胸透、心电图、身高体重、血压、验血验尿。一般各个项目没有顺序要求，哪个地方人少就去哪儿；

★ 完成体检后，到柜台交表确认；

★ 到疫苗室交表，领疫苗打针；

★ 打好针后，将表交给服务台的护士，观察 20 分钟后，拿疫苗接种证书（俗称小黄本）。

【注意事项】

★ 健康评估体检前需空腹，当天早上不能吃早饭，可以喝少量的水。

★ 每个体检受理点当日受理体检人数为90人。在预约时段内及时报到。

【报告结果】

一般三个工作日后取件，可电话查询是否可领。如果有特殊情况，可以出示证明文件（比如机票信息）办理加急。

体检正常，应该拿到红色健康证和体检报告（内含TB肺结核测试报告）。

【领证取证】

取证途径有本人现场取证和委托快递取证两种。

★ 本人现场取证，需体检者本人在完成体检三个工作日后凭体检缴费发票到发证窗口取证；

★ 委托快递取证，体检结束后由体检者本人办理委托快递送证服务，体检证明将于完成体检三个工作日后送达。

第七节　最新成绩的提交

通常学校在学生9月份入学之前，要求提交最新的成绩。也就是说，学生在3月份拿到录取通知书之后，在9月份入学之前，要给美国学校提交在中国的本学年下学期的成绩单。

其实学校要求学生提交最新成绩单的主要目的是根据学生的成绩来安排课程。但是，近年来，不止一次出现过，因为学生最新提交的成绩太差而被学校警告或者延迟一年入学，甚至取消入学资格的事例。

有的学生在3月份拿到美国中学的录取通知书之后，就放松了对自己的要求。部分学生因为是9升9，不需要参加国内的中考，就更加无所顾忌。等到收到美国学校的邮件，要求提供本学期成绩单时，往往已经是6月份，为时已晚，只能硬着头皮出一份很难看的成绩单。

更何况即使拿到录取通知书，拿到签证，也只是万里长征的第一步，更大的挑战才刚刚拉开序幕。不仅不能松了那口气，反而要更加努力，为自己人生一个重要的转折点做更好的准备。一方面，中国学校的功课不能放弃，比如初二下学期有很重要的知识点，初三下学期是对初中整体知识点的梳理和复习，更是一个绝佳的学习机会。另一方面，要积极为去美国读书做准备，不断提升英语水平，尤其是要补足美国历史、英语阅读和写作上的差距。

有学者曾经对比了中美两国小学生的阅读量，整体来讲，美国小学生的阅读量是中国小学生的 6 倍，这个差距在初中阶段会更大，而且这种累积差距未必完全表现在分数的差距上，更多是语言的领悟和表达能力上。所以抓紧时间大量阅读英文原版书籍，让未来的美国求学之路更顺畅，也可以是进一步提高自己水平的机会。

这时候美国学校往往还会发来一些分班测试题目，了解学生的科目学术水平，因地制宜地安排高中的课程，要求学生独立闭卷完成。

做好这个工作后最好是开始规划高中四年的整体课程安排，因为选课会对未来大学的选择、高中学习的节奏都产生影响。

总之，整个申请过程都是学习和锻炼的机会。拿到录取通知书之后，也正是需要重新扬起风帆，调整航向，驶入更广阔的海域的时刻。我们一定要认认真真对待每一件事儿，脚踏实地，从申请签证到日常学习，切不可因小失大，错失了留学和提升自己的良机。

第六章

你准备好了吗？

  清冷的 12 月的早晨，一所历史悠久的新英格兰地区寄宿中学，松鼠在老橡树间跳跃，晨雾笼罩，两名中国学生兴奋地从餐厅出来。"听说宗洁收到康奈尔早期决定的录取通知了！" 10 年级的齐粤声音中满是羡慕——在这所普通的平氏三类校里，每年只是偶尔会有学生受到顶尖大学的青睐。

  "有什么好惊讶？你什么时候看宗洁松过劲儿呀，全 A，ACT 满分，学校国际学生俱乐部的创始人，学生大会的召集人，听说校长也很推崇她，说她让美国学生和国际学生相互理解、彼此融合！" 11 年级的方晴淡淡，转而问齐粤："昨天历史课作业特多，你写完了么？"齐粤漫不经心："没写。"

  "又没写作业呀！"方晴看了看齐粤："你到底什么打算呀？历史课没见你写过作业，其他课也这样么？"齐粤答道："我要换学校，这个学校水平不行，设施也不行。"

  "换学校？那别的学校也要这边老师的推荐信、平时成绩呀，而且，你重考 SSAT 了么？你过来的时候不是 SSAT 只对了几道题？你有把握能考好？"方晴这次才惊讶起来。

  齐粤换了话题："周末就放假了，你圣诞节去哪儿玩呀？"

  方晴无奈："我想去滑雪，好多同学都去滑雪呀，或者飞去迪斯尼，我阿姨都不让，说要我背单词准备 SAT，烦死了，漫长的 20 天，让我怎么过呀，想想都可怕。"

看了这段对话，你一定对这两个小留学生的现状和未来充满了好奇，读完这一章，你就知道故事的结尾了。

即使上了同一所中学，不同的生活和学习态度也会让你几年后面对不同的选择，所以在出发前，一定要做好各种准备，去面对未来的美国寄宿中学生活。

拿到了学校的入学通知，万里长征似乎走了一大半；再拿到签证，看上去好像已经万事大吉，可以高枕无忧了。其实，依我看，拿到了去美国读中学的签证，才是万里长征要启程而已。

首先，要恭喜你，从此人生有了一个新的、更高的起点。而且这个机会是大多数人梦寐以求的。你已经是个佼佼者了。

然而，是机会的同时也是挑战，一点儿也不能因此放松，摆在你面前的其实是条更难走的路，因为你给自己设定了更高的目标，提出了更大的挑战。美国的土著民族是这样祈祷的："当我们祈求力量的时候，神给我们派遣来困难——困难使我们强大。"你整个留学的前期工作都是在向神明祈祷力量，所以，接着，请准备好面对困难。

在这一章里，我们会和你一起，怀着一份欣喜兴奋的心情，来看看在长征之前，还需要做好哪些事情。更希望能帮助你，慢慢地冷静下来，完成一个角色的过渡和转换，从心理、知识、物质等各方面为出发做好准备。

第一节　心理的准备

在过去的十几年里，可能你已经习惯了早上会有妈妈叫你起床；下雨了，妈妈给你拿出伞；小学升初中了，爸爸妈妈早就帮你选好了学校……你早都习以为常的这种生活，以后将会发生根本变化。迈出国门去求学，意味着从此你要学会自己照顾自己，自己安排生活。乍一听，似乎有点儿可怕，事实上并没有你想的那么困难。

（一）Take it easy!——要放轻松但不要松懈

首先，大家都在一个水平，你并不比别人差。你未来的同学，有一部分和你一样，也是外国人，独自离家来美国求学。大部分虽然是美国人，可是他们之前大多数也是在公立学校或者私立走读学校学习，并没有寄宿生活的经验。从这一点看，你和大家的起点是一样的，都需要一个适应的过程，所以不要过于担心。

其次，学校会安排好日常生活起居，不必为此担心。美国的寄宿中学都有宿舍管理老师，他们会帮助你照顾好自己的生活起居。根据作者本人在美国生活的经验，在一个物质更发达的社会，人们的日常生活会更加简单从容。比如洗衣服，宿舍会有洗衣机和干衣机，只要学会几个简单的操作就可以了。衣服放进去等一个多小时，提示音响起，马上就可以穿了。有的学校还规定好了作息时间，这样即使你刚开始不知道如何安排自己的生活，也不必太担心。通常新去的学生都会安排和高年级同学住在一起，这样平时有什么问题，你也可以随时咨询你的室友。

饮食也不会是大问题。在国内，你也一定会经常光顾麦当劳、肯德基、必胜客，相信西餐对你也不会是太大的问题。成年人到国外往往觉得一日三次西餐还是不习惯，但年轻使你更有弹性，有更强的适应能力。寄宿生的费用已经包括了住宿费和一日三餐。一般学校餐厅食品种类是非常丰富、有很大选择余地的。如果实在渴念中餐，偶尔叫附近的中餐外卖，在绝大多数地区也是可能的。

其他像日用品的购买，学校大多会安排校车在规定的时间带住宿生去采购。加上现在网上购物日益方便，这些都不会是问题。

既然衣食住行这些最基本的问题都解决了，我们需要谈谈你此行最重要的目的——学习。老实说，只要你努力，学习就不会落下来。因为在国内，我们非常重视基础知识，在小学和初中阶段已经打下了良好的基础。而且国内中学阶段的学习是非常紧张的，只要继续保持你的学习节奏，就不会掉队。加上美国的考试、考分制度对中国长期以考为本的学生来讲还是相对比较容易适应的。

至于语言问题，英语环境为你提供了最好的浸入式教育的机会。有些小留学生和他们的父母都乐观地认为，到了一个英语社会，学习英语是轻而易举、无师自通的。如果此前申请学校的时候以较好的成绩通过了标准化考试，必定经过了较为充分的语言准备，为迅速地渡过语言关奠定了良好的基础。记住，没有谁渡过语言关的过程是一帆风顺的。学习语言一定要勤奋。那种顺其自然就能学好英文的想法是不适用于在非英语国家接受过长时间教育的留学生的，所以要想英文很快过关，首先态度上就要心甘情愿地去适应，要下决心适应这个环境。在本书的下一章节，我们会专门和大家探讨如何尽快渡过语言关。

美国是一个注重和欢迎多元文化的国家，只要你保持一个开放、接纳的心态，肯定会很快交到新朋友，而且是和你完全不同的，总是能带给你新鲜感的朋友。当然，你对他或她而言，也是如此。

"独在异乡为异客，每逢佳节倍思亲。"想家是不可避免的事情，尤其在刚开始的时候。一方面，你可以花更多的精力去了解和适应周围的环境，这会分散你一部分注意力。另一方面，现在通讯手段非常发达而快捷，你可以用电话和网络与家人保持定期联络，可以缓解思乡之情。

有的小留学生拿到签证以后就完全放下了学习，觉得可以放松了——美国中小学学习不像中国人那么严肃认真。当你对独自出国读书不再惶惶不安的时候，你还要保持自己关于学习的那根神经是紧张的。因为出国读书最主要的目的不是为了让你体验异域的风情，而是为了你的学业有所提升，为了你在中学之后能进入一流的高等学府，让你自己有所成长。这个目标在美国的每一天你都要提醒自己，不能忘记。

我发现很多在你这样的年龄的学生都会认为学习是为了父母。爸爸妈妈天天逼着自己学习，学习进步了，爸爸妈妈比我自己还高兴，有的处于青春期的学生甚至以此推断父母虚荣。直到自己步入社会，甚至有了自己的孩子，才慢慢明白，原来掌握的知识和能力都是为了自己，爸爸妈妈的催促、高兴原来只是为了几千年来父母的一个共同想法：少不学老何为？人不学不知义。而青春少年正是人生中难得的可以心无旁骛投身学习和自我提高的阶段。

可能以前每天爸爸妈妈会督促你学习，你为了能在拿出成绩单时好过一点儿，也许会更努力一些。到了国外，没有人会整天盯在你的后面，也没有人要在你的成绩单上签字，一切都要靠你自己了！懈怠是不行的，懒惰更严重，到了美国不再有人鞭策你、驱赶你，要自己鞭策自己，拿鞭子打自己，美国人会这么跟你说：You are on your own！ 你开始对自己负责。你要在意志力和习惯上培养自己对自己负责的态度。

相信在国内你一定听到过很多这样的例子，高中三年，为了那个"千军万马过独木桥"的高考，大家都早起晚睡，绷着一根紧张的神经。考入理想的大学之后，就松了口气，恨不得把过去三年"浪费"的时光都补回来。加上大学通常都是住校，离开了父母的管辖。所以有的同学上大学之后，就放松了对自己的要求，逃课、上网、看小说、打游戏、谈恋爱，似乎进了大学就万事俱备，只等着拿一张毕业证了。于是有的学生会出现肄业、拿不到学位证的情况，或者白白浪费四年大学的时间，什么也没有学到。

出国读中学的小留学生中，类似的例子也不少。很多同学三五年之后一事无成回到国内；还有的同学上了不入流的大学，形同"鸡肋"；更有甚者，知识没有学到，智慧就更谈不上，反而学会了一身的坏毛病。这不仅耽误了学业，更耽误了自己的一生。

出国留学和高考有些类似。在拿到入学通知之前，你肯定比别人付出了更多的努力，一定也在等着松那一口气。但是，千万记住，提着那口气不要松。你可以调整节奏让学习的步伐稍缓，但松了气就可能前功尽弃。你要积极准备去应对一个全新的环境了。可以在头脑里想象，你是一艘被风吹鼓起帆的船，你已经做好了一切的准备，要去驰骋更广阔的天地。这种心情，有点儿兴奋，有点儿迫不及待，当然还有点儿紧张，总之，你已经摩拳擦掌，跃跃欲试了！

（二）改变自己

既然我们要去面对一个全新的环境，改变自己，你就要做好另一个重要的心理准备。

进入新环境，对每个人而言都意味着挑战。但是从另一个方面看，这也是极好的机会。因为一个全新的环境，大家对你没有任何成见，你完全可以以一个全新的面貌开始。举个例子，也许在以前的环境里，你习惯被别人看作是一个胆小的人，你努力多次试图证明自己不是这样的人，而结果往往以失败告终。因为大家已经习惯给你这样的定义，造成心理暗示效果。在心理学上讲，暗示可以分为他人暗示和自我暗示。他人暗示是指被暗示者从别人那里接受了某种观念，使这种观念在其意识和无意识里发生作用，并使它实现于动作或行为之中。心理学家马尔兹说："我们的神经系统是很'蠢'的，你用肉眼看到一件喜悦的事，它会做出喜悦的反应；看到忧愁的事，它会做出忧愁的反应。"

只要你的意识下命令，你的潜意识就不会和你争辩，它会完全接受这个命令，他像个无知的小孩，听不懂"玩笑"话。所以，你永远不能说："我不行""干不好""我会失败"等。

心理暗示的作用是巨大的，不但能影响人的心理与行为，还能影响到人体的生理机能。因此，消极的暗示能扰乱人的心理、行为以及人体的生理机能，而积极的暗示能起到增进和改善的作用。

所以在进入一个全新的环境之前，你应该找点儿时间重新检讨自己过去的优点、缺点、世界观、方法论，把不好的东西收敛起来。重新设定自己的目标、形象。这也是一次自我整合的好机会。

我认识一个非常出色、成熟的小留学生，她的妈妈非常会教育她。她从小就是学校的优秀学生。每隔一段时间，当她在一个学校从平步青云到志得意满的时候，妈妈就要为她换一个新学校了。她讲到，每次到一个新环境她都会注意检查自己在原来学校的缺点、问题，在新学校要收敛。她的妈妈给她的整个中小学教育输入的是挑战和自我检点机制。

作为成年人，我每一次换工作的时候，都会做类似的功课。

比如在我 10 年前服务的公司，我的主管总是提醒我，我和下属相处过于随便，难以建立自己的威信。但我无法做到一夜之间和共事多年的同事板起脸来。要知道，在别人的心目里，我就是一个和善的人，即使我换上一副冷冰冰的面孔，要不就是吓坏同事，以为我发生了什么事情，要不就会完全破坏多年来在工作中建立起来的合作关系。这件事曾经非常困扰我。

但是事情在我换工作的时候发生了转变。在进入新的公司时，我做到了更高的职位，一进入这家公司，我就摆出了一副职业经理人的面孔，和下属很好地保持了距离，从而也让自己的管理工作进展得更加顺利。

所以对大家也是一样，也许以前在父母、老师、同学眼里，你的一些缺点根深蒂固，你一直有一个羡慕的榜样，却苦于无法让自己变得和他一样。去美国读书，你完全可以抛弃旧日自己那些不好的东西，以一个全新的面目示人。

还有一点，改变自己，也是为了更好地去适应新的环境。比如，国外的上课方式和你习惯的方式不同。课程要你自己选择，每天上课没有固定的教室，连你的同学也变来变去。当然，讲课的语言也不再是你熟悉的中文。这需要提前有所准备，以便尽快适应。

也许你以前会觉得学校太重视考试和成绩，给学生自己实践的机会太少了。而美国的中学会给你很大的空间。你要学着去提问，去发表不同意见，甚至是那些以前你只能在心里想想的问题，现在都可以大胆地提出来了。这是一个很大的不同，你从现在起，还要学会改变自己的思维方式。

当然，需要改变的地方不止这些。我们不可能一一列举。重要的是，你在出发之前，就已经有了这样的思想准备，那么还有什么可怕的呢？

总之，一个不疾不徐的平衡个体，像一艘大船，才适合远航，所以这也是你所要调整的目标。

第二节　提前预订机票

根据我们在第四章的时间安排，拿到录取通知书，离开学还有 5 个月，这时候就可以开始预订机票，拿到签证后出票。提前订票有两个理由：第一，每年的 8、9 月份是航空旺季，会有很多学生到美国留学，还有回国过暑假的学生，所以机票比较紧张，早点儿预订才能保证你能按时到校；第二，提前订票往往会在票价上有一定幅度的优惠。

可以通过电话或者直接前往各航空公司机票代理处预订机票，还可以通过网络订票。通常机票订好后，都会规定一个办理出票手续的时间期限，如果没有在规定的时间内办理出票，所订的机票将会被取消，或者不再保留原来的优惠价格。所以要特别注意，一定要问清楚这个时间期限。通常，越是提前订票，航空公司给出的办理出票手续的时限越长，可以是 1 — 2 周。另外，在拿到签证之后，我们应该记得办理出票手续。

无论是柜台订票还是电话订票，订票处都会给你一个订票号，要妥善保管这个号码。出票和查询时，要凭此号提取电脑记录。

还要注意的是，如果你购买的是优惠机票，需要注意航空公司附加了哪些约束条件。比如不能改期、不能退票、不准转签等。避免出现不必要的麻烦。

在没有拿到签证之前，一定不要先出票。也许订票公司会打电话催你出票，但是你需要耐心解释签证的问题，并得到对方的谅解。通常出票的最后期限是提前一周。因为万一你的签证出问题，优惠票办理退票会有一定的经济损失，或者不能办理退票，损失就更大了。最后确认出票时，应该认真核对机票的每一项，姓名、出发时间、航班号等，有误时必须立即更正。

买机票的时候，不仅要考虑从中国到美国的票价，还要考虑从美国机场到目的地的交通状况。如果到美国后，需要转乘美国国内的飞机前往目的地，最好购买联程机票。要特别注意，无论在哪里转机，都要在你到达美国的第一个城市而不是你航程的终点站办理入关手续，为了确保万无一失，要了解清楚美国国内转乘的航班时间，至少预留出 3 个小时，尤其是在旅游旺季。晚上到达目的地时，最好在机场附近住宿一晚。如果是需要从机场搭乘长途汽车前往目的地，要事先知道购买汽车票的细节。通常学校都会在开学前一天安排专门的车去机场接机，这样就安全和方便许多，所以可以提前写邮件给学校，了解学校的统一接机时间和地点，根据这些信息确定购买机票和到达机场的时间。

第三节　需要一张清单和一个时间表

虽然从拿到签证到学校开学，通常有2-3个月的时间，似乎是一个很长的悠闲假期，实际上这段时间过得飞快。很多同学都是先放松一个阶段，然后开始访亲拜友，等到最后几周准备行李时，才会发现时间根本不够用了。

就像我们刚才说过的，拿到入学通知和签证，意味着今后的生活需要你自己做主了。要不要从现在开始学习如何做计划和自我管理呢？

美国心理学之父威廉•詹姆斯说："播下日常行为的种子，你会收获一种习惯；播下习惯的种子，你会收获一种性格；播下性格的种子，你会收获一种命运。"所以，我们应该学会从小事做起，从现在做起，培养自己良好的做事思路和习惯。

现在让我先给你出两个作业吧：

作业一：把你要准备的东西列一张清单，按照清单去准备，你才有可能减少遗漏的东西。有过出国经历的人都知道，往往到了国外，打开行李，才发现忘了几样关键的东西。但是我要提醒你，这不应该是一张流水账似的清单，想到什么就去写什么。你应该有一个聪明的方法来保证这张清单既全面又适用。比如先把行李分类，然后具体到一类，例如衣服，再从头到脚去写下你需要带的东西，或者按照季节去写。总之，在动手写清单之前，你要稍稍动脑筋想几分钟。

作业二：写出一个时间表。因为出国前的这段日子，对你非常重要，你要做的事情，远比想象中多，比如要加强英语，要准备行李，甚至有的美国中学还会要求你提前读一些书。如果没有一个明确的时间表，你又处在出国前的兴奋和不安交织的复杂情绪之中，很容易前松后紧，甚至延误一些重要的事情。

建议你分两步来做这个时间表。先做个大的倒计时的时间表，比如，出发前5天需要买齐全部的东西，开始装箱。出发前15天，整理好自己以前的书等等。有的事情是环环相扣的，比如，你需要先订机票，然后知道航空公司对托运行李的要求，然后才能去购买符合尺寸的行李箱。这些都要有所考虑。在这个时间表里，你可以把自己在出国前想做的事情都列上去，例如和最要好的8个同学告别，学习自己做几个菜等等。

有了这个大的时间表之后，你再看看，为了实现这些目标，你每天都应该做什么，你一天之中有多少时间可以来做这些事。比如，你要读2本书，每本书300页，要在30天读完，这意味着你每天至少要读书20页。

如果时间不够用，你要有"要事第一"的概念，这非常关键，就是优先安排那些对你来说重要的事情，比如上英语提高班，读关于美国的书。更大的挑战是你要学会放弃一些不重要的事情（往往这些事情都是你非常想做的，但想做不代表重要），比如去海滨旅游。要注意一点，不要按照每天 8 个小时或者 10 个小时来安排这些事情，因为总会有一些突发的事情会打乱你的计划，你要给自己留出余地。

当你有了这个时间表之后，你可能会发现，自己不能每天 10 点起床了，否则上飞机之前，一定完成不了自己的目标。这就是时间表最大的好处，把你从"老虎吃天无从下口"的困境中解放出来。让你的每一天都过得充实而有意义，而且距离你想实现的目标越来越近。当我们把一个大目标分解成每天的小目标时，你是不是也觉得做起来容易了许多呢？

在本章的附录里，我们会有几个例子来给你参考，帮你更好地完成这两个作业。但我希望，在你没有完成之前，最好不要去看我们的例子，这有可能限制你的思路。相信你能做出更好更切实可行的时间计划！

第四节　行李的准备

（一）行李的准备

在前面一节，我们已经告诉大家需要准备一张行李的清单，对于日常的衣服、日用品、学习用品、书籍，大家可能比较清楚应该携带那些，这里我们给大家列出一些特别需要携带的东西，供大家参考：

变压器：如果你从国内携带一些电器，比如笔记本电脑等，一定要记得检查是否需要变压器转换插头。因为国内的电压通常 220V，国外是 110V，不带变压器，有些电器是无法使用的。当然，现在的笔记本电脑电源绝大多数已经是通用的了。

药：最好携带一些在国内常吃的药，或者是中成药。一是有的人会对国外的药品不习惯，二是身体出现一些小问题时，可以及时预防。特别需要注意的是，美国海关对中成药的检查日趋严格,请做好功课,以免误带违禁品从而在入关上带来麻烦。大部分学校也对学生服用药品有明确的规定,特别是处方药,所以要谨慎携带和服用。

电子词典:不仅携带方便,而且能够随时查阅,对学习生活帮助很大。最好买那种可以发音的,能帮你尽快学会单词。

数字录音笔:刚去美国的时候,上课可能会出现听不懂的情况,有了录音笔,能帮你在课后继续学习,尽快渡过语言关,建立信心。但应注意录音之前一定要征得老师同意。

中文的语法参考书:在当地很难买到,能帮你提升英语。

介绍中国的书籍:很多外国朋友对中国很感兴趣,最好能买到中英文两种语言的介绍中国的书籍。这样你可以找到共同话题的时候提高自己的英文水平。

中文软件:最好能带上中文版本的软件或者是汉化软件,还有杀毒软件。

太阳镜:北美地区的紫外线比较强烈,加上北部冬天多雪,准备太阳镜是非常有必要的,佩戴的时候很多。

眼镜:如果你是近视眼,最好出国前多带几副备用眼镜,因为国外配镜的价格比较高,通常在 100-200 美金。

笔记本电脑:绝大多数寄宿学校的学生都会有自己的笔记本电脑。有些学校对学生电脑有自己的要求,可能会要求学生到校后统一购买。有些学校已经实现作业电子化,可能会要求购买 iPad 等电子产品。所以这个部分一定要了解清楚学校的要求和需要后再进行购买。

有中国特色的小礼物:可以考虑携带一些有中国特色或者你家乡特色的小礼物,用于到了新的学校和你的老师、同学社交。

最后要提醒大家注意的是:中国海关对携带印刷品出境有严格的规定,美国海关也有一些规定,如美国禁止携带具有美国版权而未授权外国翻版的各种书刊、音像制品、电脑软件等入境。所以大家要有所注意。

学校都会给学生一个携带物品清单,可作为主要指南。这里是一个学校的清单示例。

表 6-1 某学校的学生携带物品清单

英　文	中　文
PACKING LIST: What To Bring	需携带物品清单
* optional	* 可选择的
Appliance—Type Items	日常用具类
alarm clock *	闹钟 *
camera *	照相机 *
computer *	电脑 *
desk lamp (not halogen) *	桌面台灯（非卤素灯）*
reading lamp for bed *	床头阅读灯 *
stereo *	小音箱 *
Bedding	床上用品
bath towels (2—4)	浴巾 (2—4)
blankets	毯子
your own special pillow *	自己的专用枕头 *
sheets (4) (single—bed unfitted)	床单 (4)（单人床宽度）
pillow cases (4)	枕套 (4)
wash clothes (2)	手巾 (2)
bedspread or quilt	床罩或者棉被
Clothes and Shoes	衣服和鞋
athletic socks (10+)	运动袜 (10+)
bathrobe *	浴袍 *
belts	裤带
dress code clothes (see page 11)	学校规定的着装
dress pants or special skirt/dress *	正装裤子或者正式场合穿着的短裙 / 连衣裙 *
dress shoes	正装鞋
jackets	夹克
jeans	牛仔裤 / 斜纹布裤
pajamas	睡衣
sandals *	凉鞋 *
shower sandals *	洗澡拖鞋 *
sneakers	运动鞋
sweaters	厚绒运动衫
sweatpants	运动裤
T—shirts	T 恤（圆领汗衫）
turtlenecks (2+)	高领衫 (2+)
underwear (lots)	内衣裤（大量）
winter boots	冬天的靴子
winter coat	冬天的外套
winter hat and glove	冬天的帽子 / 手套
(Amount of clothing depends on how often student does laundry)	（衣服的数量取决于学生洗衣服的频率）

Miscellaneous	杂项
athletic equipment as appropriate	所选课的体育用品
backpack	背包
batteries	电池
bike, lock and helmet*	自行车，锁和头盔 *
binders (2)	活页夹 (2)
bulletin board*	记事牌 *
computer disks and holder	电脑光盘及光盘盒
cup/mug**	杯子
dictionary**	词典
dry erase board*	白板 *
envelopes	信封
food	食物
graphing calculator	绘图计算器
hangers	衣架
hi-liters*	荧光笔 *
key chain	钥匙链
laundry bags (2)	洗衣袋 (2)
laundry detergent	衣物清洁剂
laundry marking pen	记号笔—用以标明自己衣物
loose-leaf paper	活页纸
notebooks (3)	笔记本 (3)
paper clips**	燕尾夹
pencils and pens (10+)	铅笔和钢笔 (10+)
plastic utensils*	塑料盒 *
quarters for laundry	25 美分硬币 (投币式洗衣机和烘衣机需要)
ruler	直尺
scissors	剪刀
sewing kit (needle, thread, buttons)	缝纫工具包 (针，线，纽扣)
small duffel bag*	运动包
small rug*	小地毯 *
stamps	邮票
stationery	信纸
tape*	胶纸带 *
thesaurus**	大辞典
thumbtacks*	图钉 *
tissues**	纸巾
wall decor*	墙上装饰品 *
watch	手表
water bottle	水瓶

续表 6-1

Toiletries and Such	化妆品等
aspirin	阿司匹林（解热镇痛药）
Band-Aids	创可贴
containers for makeup, jewelry and hairitems*	装化妆品、饰品、头饰的容器 *
cosmetics	化妆品
feminine hygiene products	女性卫生用品
hairbands*	发饰 *
hairbrush and comb	发刷和梳子
nail clippers*	指甲钳 *
razors, etc.	剃刀或者除毛腊
shampoo and conditioner	洗发及护发用品
soap and container	肥皂及肥皂盒
toothpaste and toothbrush	牙刷和牙膏

（二）行李的携带

由于航空公司对旅客携带的免费行李数量和重量有一定的限制，所以在整理行李时，先要了解航空公司的相关规定，比如全日空航空公司针对经济舱旅客的行李规定是：

托运行李可以带两件，每件的重量不超过 23 公斤。行李箱的尺寸规定：行李箱的长宽高尺寸之和不超过 158 厘米。

手提行李可以带一件（那种女式小手提包是不算的），手提行李的长宽高之和不能超过 110 厘米，三边各边长度 55cm × 40cm × 25cm 以内，重量要小于 10 公斤。

由于不同航空公司对免费行李的重量和尺寸规定不同，所以大家一定要在准备行李前咨询自己即将搭乘的航空公司。

大家在出行前一定要想办法称量一下自己的行李重量，超过上述规定的件数、重量或尺寸的行李，需要缴付逾限行李费。各航空公司对国际航班逾重行李费率和计算方法不相同，罚款金额比较高。上述全日空航空公司，从上海飞纽约，一件行李超重的罚款是 60-200 美金。三边（长 × 宽 × 高）之和超过 292cm 或单个行李重量超过 45kg 的超大行李不能托运。

我们建议大家整理行李时把行李分为三类：

第一类是随身携带上飞机的行李。这类行李是比较贵重的东西，一般包括护照、机票、现金、I-20 表格、资金证明、在飞机上阅读的书籍、学校或者目的地的联系电话、出租车的联系电话、简单的英语会话手册、小型的英汉 / 汉英电子词典、移动电话、笔记本电脑等。最好购买带锁、容易提携的箱包，如果是手提包最好是带拉链的。

另外需要特别注意的是，航空公司对随身行李有很多限制，比如刀具、剪刀、危险品、超过容量的化妆品等都是不能携带上飞机的，需要事先了解。而且由于恐怖事件的威胁，有的时候，会阶段性地加强对行李的要求，比如不能带笔记本电脑、液体状物体登机等等，也要及时了解相关信息，最好在出发前致电航空公司了解细节。

第二类是随飞机托运的行李。这类行李主要是到达美国之后近期使用的学习、生活用品。比如衣服、鞋、睡衣、洗漱用品、化妆品、常用药品等。洗漱用品和化妆品在美国都能买到，有很多和国内的品牌完全一样，价格更便宜，所以尽量携带小包装的这类用品，到美国之后再购买。

第三类是邮寄行李。特别是一些学习用的参考书，比如中文版的英语学习参考书、在美国不容易买到的中文书等等，还有一些自己喜欢的非生活必需的小东西，3 个月之后要穿的衣服等，可以通过邮寄的方式寄过去。为了避免邮寄的行李提前到达目的地，要事先考虑好邮寄的时间。

如果发现遗漏了什么东西，或者是短期用不到的衣物，可以采取海运的方式，让父母帮忙寄过来。海运所需的时间比较长，所以行李包裹一定要结实，避免途中发生破损。

一般不建议携带过多的行李，比如衣服，很多同学到了美国之后，发现美国同学的穿衣风格与中国同学大不相同，从国内带来的很多衣服就不会穿了，整理起来还很麻烦，所以衣服可以考虑在美国国内购买，相同品牌，美国还会便宜很多。现在网购非常发达，包括一些喜欢的亚洲零食，在美国通过网购都可以买到，也不需要携带过多。

第五节　出入境手续的办理

（一）出（中国）国境手续

出境手续是在你搭乘国际航班出境时办理的，你只要持有带有效签证的护照，登机牌，经边防检查站查验即可。

（二）入境手续

抵达美国后，必须在最先着陆的机场办理入境手续。在前往美国的飞机上，你会收到美国海关与边境保护局提供的"美国入境海关申报表"，简称报关单。需要完整填写并在末尾签名。

每个家庭只需填写一份，填写时一定要实事求是，因为海关有可能进行抽查，一旦发现填写的和实际所携带的不一样，会留下不良记录，对以后进入美国造成影响。

报关单示例如下，我们针对每一项做个简单说明：

1. 姓名

2. 出生日期

3. 同行家庭人数

4. （a）美国地址（酒店名／目的地）（b）城市名（c）州

5. 护照签发国

6. 护照号码

7. 居住国家

8. 此次旅行抵达美国前曾到过的国家

9. 航班号

10. 此次是公务旅行

11. 我（们）携带有：

（a）水果，植物，食品，昆虫

（b）肉类，动物，动物／野生动物制品

（c）细菌携带物，细胞培养物，蜗牛

（d）土壤或曾到过农场，牧场，草场

12. 我（们）曾经近距离接触（或触摸／搬运）家禽

13. 我（们）携带的货币或金融票据超过 10000 美元或等值外币

14. 我（们）携带有商业物品（销售品，用于吸引订单的样本或不被视作个人物品的货物）

15. 居民——包括商业货物在内，我们在境外购买或取得并携入美国的所有货品（包括带给他人的礼物，但并不包括邮寄至美国的货品）总值为美元：

访客——将留在美国境内的所有物品（包括商业货物）总值为美元：

最后在下面签名（拼音），写上抵达日期。

从 2013 年 5 月份开始，美国海关 CBP 已经实行 I-94 卡电子化，不再发放纸张的 I-94 卡。I-94 卡电子化以后，旅客入境时将不再需要填写小白卡，出境时也不需要缴回小白卡，可以简化出入境程式。I-94 卡电子化并不等于 I-94 卡取消，数位版的 I-94 卡仍将存在 CBP 的电脑系统里，如果你入境美国后，需要用到 I-94

卡，可以去 www.cbp.gov/I94 这个网站列印。需要输入你的姓名、出生年月、护照号码等资讯，输入后系统就会显示你的 I-94 卡的具体资讯，上面记载了 I-94 卡号、入境时间、入境签证种类、姓名、出生年月、护照号码等详细资讯。

I-94 卡电子化自实施以来，陆续收到一些问题报告，包括：有些人在系统里找不到 I-94 卡记录；有些人的 I-94 卡系统记录不准确，把名字、身份或截止日期搞错了。建议外国人进入美国后，第一时间到 www.cbp.gov/I94 把 I-94 卡记录列印出来，保存一份。认真地核对 I-94 卡上面的资讯。如果关键资讯（如名字、生日、入境或截止日期）有误，尽快联系 CBP 的延后审查办公室（Deferred Inspection Offices）或入关口岸（Port of Entry）纠正。CBP 延后审查办公室和入关口岸都可以帮你纠正错误，详细地址和联系方式可以通过 CBP 网站获取。

（三）办理入境手续的程序

★ 进入入境检查室，按照入境签证的不同，排队等候。通常去美国读书都是非移民签证，应该排在非移民签证（nonresidents）的队列。

★ 将护照、I-20 表及报关单一起交给移民官查验。特别要提醒大家注意：持有护照和签证，并不能保证你一定可以入境。因为签证只给持有人要求入境的权利，是否准予其入境，需要海关的移民官最后决定。移民官会核对黑名单，如果过去在移民局有不良记录，例如曾经被递解出境，那么再次入境就会有麻烦。

★ 按照惯例，移民局官员会问一些问题，这些问题最主要的是确定你来美之后的住所、来美的目的、携带多少现金等。不必紧张，从容回答即可。

★ 移民局官员将对来访者拍摄数码照片，并通过扫描装置扫描指纹。

★ 移民官员提问后，会在 I-20 表上签章，注明入境日期，签字注明签证身份及再次合法入境的期限。通常我们拿到的都是 F-1（学生）签证，美国将允许你在美停留至学业完成的必要年限，大家必须要注意入境时护照的有效期，必须始终保持比预定在美停留的期限多出 6 个月以上。如果在留学期间护照快到期了，最早可以在护照到期日的一年前到当地使领馆申请更换新护照。

（四）提取行李及验关

根据指示和电脑屏幕或告示在 Terminal 领行李处找到自己航班的行李台。从转盘上取下自己的行李，并核对行李票的号码。因为行李箱比较多，有些行李非常相似，所以这一步不要偷懒。机场有收费的手推车可供使用。

国际机场通常都比较大，领行李的时候容易找错转盘，有时航空公司也会有疏忽。如果找不到自己的行李，别紧张，持登机卡上的行李注册存根向航空公司查询。万一还是找不回来，就要填写报失单，并记下机场服务人员的姓名及电话，以备日后查询。因为有这重风险，所以关键的信息、文件一定要随身携带、妥善保管就显得更加重要了。

拿到行李之后就要排队验关。在排队的过程中，一定不要左顾右盼或者临时换行，这样有可能引起注意并遭受仔细盘查。万一被抽检，也不要紧张，应放轻松，面带笑容，态度诚恳，有问必答。但不要多话，以免自找麻烦。

入境检查是抽样检查，大部分都是问你"有没有带肉类，有没有带食物"类似的问题，偶尔会被要求开箱检查。检查行李时要主动出示证件，如海关要求开箱检查，立刻打开受检，不要迟疑。如果验关人员示意通过，应尽快带着行李离开。如果在行李中被发现有任何禁带物品，会被当场没收甚至被罚款。

某些物品可能被禁止携带入境，其他物品可能须符合某些要求或附有证书或许可证方可携入。你如果携带下列物品中的任何一项进入美国，请务必提前了解有关这些物品的规定和要求，有时不同机场入境的要求也会不同。

★ 苦艾酒；

★ 生物材料；

★ 濒临灭绝的物种及其制品；

★ 野生动物；

★ 肉、禽、蛋及其制品；

★ 水果、蔬菜和植物；

★ 危险材料；

★ 武器；

★ 中药，燕窝；

★ 含有麻醉成分的药品；

★ 注射药物。

对携入和携出的金钱（美元或外币）没有数量限制。但如果携带超过 1 万美元的金钱或等值的外币，须在入境时向海关与边境保护局人员申报。

携带药品如含可导致上瘾的麻醉成分，须附有明确的标记。请只携带你通常需要的剂量，同时也请携带医生的处方或说明，证明该药品对你的健康必不可少。

过了入境检查这一关，恭喜你，平安顺利地进入美国了！

（五）换机

如果在入境之后还需要换机，需要估算好时间，尽早到要转换的航空公司机场柜台去，行李需要重新办理托运手续。如果机场比较大，为避免走冤枉路，耽误登机时间，不妨打听一下。要注意美国的主要航空港都有一个以上的终端站（Terminal），有些终端站之间比较远，需要乘坐机场交通车（Shuttle）。

第六节　推荐书目

为了帮助大家更好地了解美国，我们推荐以下书目供阅读。

《美国地图册》；

《历史深处的忧虑：近距离看美国之一》；

《总统是靠不住的：近距离看美国之二》；

《我也有一个梦想：近距离看美国之三》；

《如彗星划过夜空：近距离看美国之四》。

林达的《近距离看美国》系列已经被列为国内一些大学法学系的参考书和必读课外读物。该书深入浅出地讲解了美国的三权分立、种族问题、移民问题等，对了解美国的整体人文也有一定的帮助。

《我在美国上中学》系列，巩昂著；

《我在美国教中学》，方帆著；

《我在美国当老师》，林杰著；

《花开彼岸：我们在美国读中学》，FindingSchool 著；

《我在美国读高中——哈佛女孩刘婷娜成长手册》，刘婷娜著，刘力明译；

《细读美国大学（增订本）》，程星著。

好的准备必然让你到美国后更容易适应那里的生活。好好把握属于你的青春，你的学习机会！

本章引子故事的结局

宗洁、方晴和齐粤确实都是在美国求学的小留学生。

宗洁刻苦、自我约束能力强、课余活跃，努力地吸收美国寄宿学校所能提供给她的养分，即使他们所在的学校并不是精英中的精英，她取其精华去其糟粕，茁壮而顽强地成长着。

方晴有对于好与坏的分辨能力，但习惯了被老师的鞭子赶着走，到了美国还是照搬中国的一套方法，学校功课不算太差，当然也不会好到哪里去。但方晴不懂得或者说没有学会自我要求、自我约束，也没有能力为了自己的目标而付出额外的努力。如果以她现在的这种情况换成小学或初中来美国或许也还行，但11 年级才来美国的她，时间无多，很可惜她最后只是考上了一所普通的二流大学。希望在大学里她能真正找到自己的动力，从而学会努力，懂得为自己的目标奋斗。可是别忘记还有一个问题，美国的大学更加自由、开放，没有自我动力、缺乏自我管理能力，她能顺利从宽进严出的美国大学毕业么？让我们拭目以待。

齐粤就属于这山望着那山高、只看表面、不肯努力的人了。他现在还在原来的学校读 12 年级，还是经常不完成作业。老师也不会去逼他，只是平时分很差，当然考试分也没有多好，刚刚及格而已。他的美国室友抽大麻被学校开除了，齐粤曾经因为好奇被裹胁进一系列的事件里面，受到学校的处分。

其实在美国的小留学生主要就是这么三种人：宗洁、方晴和齐粤，你会是他们之中的哪一个呢？

附录：制定学习和生活计划

如何做计划：

1. 量化你的任务（具体到书上是多少页或者多少字，一共有多少）。

2. 量化你的时间（每天可以抽多少时间做这个任务）。

3. 分清轻重难度。

4. 作一个时间表（每天花多少时间，甚至具体到上午作还是下午做或者是晚上）。

5. 计划做了要遵守，每天可以有波动，但至少是以周为单位要 90% 地完成任务。

6. 计划也是为了让自己和别人看清你的问题。

7. 做计划要考虑实际情况，甚至可以把日常生活也计划进来更好。比如什么时候买东西，什么时候打包。

附表 6-1　学习计划表（例）

项　　目	数量（页/字）	时　　间	每天的任务
背 SAT 词汇	6,000 个	60 天	100 个单词
学校布置的暑期阅读 Villa d' Este Style	136 页	前 30 天	5 页
Times、New Yorker 杂志	6 册	后 30 天	泛读
每天写一篇 SAT 作文	60 篇	60 天	200–500 字
美国之音	1,800 分钟	60 天	30 分钟
近距离看美国	640 页	60 天	20 页

附表 6-2　生活计划表（例）

项目	数量	时　　间	每天的任务
列需要采购物品、携带行李		5 天	
走亲访友	10 次	5 天	
练球	30 次		
看电影	3 次		

附表 6-3 　一天的生活计划表（例）

时间	项 目	备 注
7:00		
7:30		
8:00		
8:30		
9:00		
9:30		
10:00		
10:30		
11:00		
11:30		
12:00		
12:30		
13:00		
13:30		
14:00		
14:30		
15:00		
15:30		
16:00		
16:30		
17:00		
17:30		
18:00		
18:30		
19:00		
19:30		
20:00		
20:30		
21:00		
21:30		
22:00		
22:30		
23:00		
23:30		
0:00		

第七章
在美国的寄宿生活

有一天，一列火车怒气冲冲地对躺在他身下的车轨说："我从出生的第一天起，就只能在你们这两条只有一米多宽的铁轨之间活动，到现在都有10多年了啊！你们看看人家汽车，走遍了东西南北，游遍了名山大川，多自由啊！臭铁轨，你们怎么一直对我纠缠不休，不给我一点自由呢？"

铁轨笑了笑说："火车老兄，话你可不能这样说呀，我们这样做也完全是为了你好啊。只有在我们的约束之下，你才能在火车道上行动自如。假如我们不约束你，那么你离开了我们，就会寸步难行！"

火车听了，很不耐烦地说："你们别再啰唆了，今天无论如何我也不会再受你们的约束了，谁也别想再管我了，我一定要享受到最充分的自由！"

说完，这列火车奋力地一挣，挣脱了两道铁轨。他要奔向远方，去享受他心目中的最充分的自由。可是他刚奔跑了不到10米，就一头栽进了火车道旁边的深山沟里，摔了个七零八落。

世界上没有绝对的自由，任何自由都是在一定纪律约束之下的自由。一心想追求自己想象中的自由的人，最终也必然得不到真正的自由。

你到美国后面临的一个重大挑战是：在国内，从读书、睡觉到吃饭、交朋友，几乎事事都有人管；而在美国，正好相反，除非你违反规则，几乎所有事情都没人管。这个巨大反差需要一段时间来调整适应。你必须意识到这种自由伴生的应该是自我的责任和自我的约束。你要学会管理自己，否则你就可能迷失在美国的"自由"里。

首先，让我们从前人的经验里获得一些指导和先验性的帮助吧。

第一节　一个寄宿生的一天

（一）上课的日子

来自中国上海的尼蔻（Nicole）现在是新英格兰地区一所优秀的寄宿学校 10 年级的全日制住宿生，她从上海中学初中毕业后来到这所学校，从 10 年级开始就读。她所在的学校把 9 月份到来年的 6 月份的一个学年分成三个学期，中间有冬假和春假,6 月初到 8 月底是长长的三个月的暑假。

今天是 2 月一个周二的早上。醒来，宿舍窗外白雪皑皑。尼蔻的室友施黛芬尼（Stephanie）来自纽约，一转眼，她们已经同宿舍快半年了，上个冬假，也就是圣诞节的大假期，施黛芬尼邀请尼蔻去她家，在冬假里，尼蔻游览了纽约。

7 点 30 分,尼蔻和施黛芬尼从她们的宿舍出发去食堂吃早餐。虽然积雪很厚，尼蔻还是穿了短校服裙，外面裹着厚厚的长羽绒服。这里和秦皇岛同纬度，比上海冷很多，但因为室内温度宜人，所以并不会觉得很冷，年轻人大多穿着单薄。

8 点，学校的大餐厅里，周围大部分学生都走了，尼蔻和施黛芬尼早上第一节没有课，所以还不紧不慢地边说话边吃早餐，尼蔻选了法式煎蛋卷。

吃过早饭尼蔻去学习室做自由学习。

今天尼蔻一共有三节课，她一般每天都有三到四节课。

上午先是一节拉丁文课，研读古罗马诗人卡图鲁斯的作品。课上，大家先是探讨了诗歌的一些拉丁文翻译，尼蔻的拉丁文老师表示对卡图鲁斯作品中清新自然、隽永明丽的短诗无比欣赏。尼蔻在卡图鲁斯作品中看到了这样的字句："我热爱亚洲那些明亮的城市"。她不禁微笑着问老师："这是基于卡图鲁斯对世界独特的观察还是对异域情调的偏执？"

然后是一节生物课，这是一节 AP 跳级课程。今天课程讨论的是新的 DNA 重组技术。上课前尼蔻已经预习了这一节的 25 页内容,现在被老师讲的内容迷住了,尼蔻发现自己非常喜欢生物课。

再后面是一堂英文课，今天学习的主题是童话故事的象征意义。老师向学生们介绍了心理学家布鲁诺·彼特海姆（Bruno Bettleheim）, 他以弗洛伊德派心理学角度分析西方传统童话故事的寓意、隐藏的社会根源, 赋予童话更深的解读空间。课上, 尼蔻也提出了中国传统童话故事诸如牛郎织女的童话叙述特点、社会背景和同学们分享、讨论。

下课了，尼蔻和同英文班的其他五位同学一起走向食堂，尼蔻中午吃的是三明治和海鲜浓汤。

吃过午饭，尼蔻赶快回了宿舍，换了衣服要参加下午的游泳训练。两个小时的游泳训练运动量很大。

训练结束后，尼蔻还有俱乐部活动，今天是亚洲社团集会，大家一起做了日本寿司，也就顺便吃了晚饭。集会的时候大家讨论要建立一个社团基金，很快又否决了。

社团活动结束尼蔻就赶快回宿舍读书了。尼蔻每天晚上要一直学习到 11 点多，今天也不会例外。

（二）周末

美国学生的周末一般都是用来放松休息的。尼蔻所在的学校隔周的周六是要上课的。

周日早上 10 点钟尼蔻起床、洗澡（美国学生一般都是每天早上洗澡）。

上午 11 点，到食堂吃了早中餐（Brunch）。尼蔻一向觉得这顿饭是最好的，今天吃的是自助餐，有很多选择。

下午 2 点，尼蔻和朋友们打球。

下午 5 点，在学校所在的小镇上吃晚饭，看了场电影。

晚上 9 点，在学校的学生中心看学校乐队的表演。

晚上 11 点，回宿舍签到。

第二节　毕业生如是说

以下是 Aiden、Jerry、Elena 等 7 名学生对所在寄宿学校的三个问题的回答，看看寄宿学校的毕业生都是怎么说的。

（一）关于整个寄宿生活，好的、坏的你想说点什么呢？

Aiden（康涅狄格州肯特学校 Kent School）：

寄宿学校会帮你找到自己的闪光点，当然同时也看到自己的最大缺点，因为感觉上，你好像在经历生活中最困难的日子，所以好的和坏的就都显出来了。所以你最好能有个可以信得过的人，老师呀、同学呀、朋友呀，你得知道有些事情可能自己去碰会比较难。

在寄宿的日子里，有时我会想要回到公立学校去。现在毕业了，我挺怀念我们学校的，怀念和同学朝夕相处的日子，我很高兴自己留下了、挺过去了。

那些好的日子会让你觉得，即便有那些不好的经历，也都值得了。微笑会比眼泪多。

你会在这里找到你最好的朋友。多和朋友们在一起，因为大家住在一起所以更容易接近，也更容易了解。

Jerry（新泽西州佩迪学校 Peddie School）：

在我的寄宿生活里最棒的就是和同学之间的友谊啦。我交到了好几个真正的朋友，而且和班级里的同学即使不是好朋友也都很亲近。我还交了不少老师朋友，在课堂外、甚至在毕业后我们经常联系。在个人发展上，我变得更独立，愿意尝试。我也懂得了为什么要用功，但还是和教授不能很亲热，还是有些怕求助于人。

不过我现在当进入一种新环境的时候会比较自信。

Elena（弗吉尼亚州圣公宗高中 Episcopal High School）：

我的寄宿学校迫使我快速成长。和室友相处让我领会怎样做个更好的朋友。没有父母在身边，自己花钱，自己洗衣，促使我像成年人那样做事，为上大学做好了准备。沉重的课业让我学得更有效率更有规律。在社团作领导使我回顾完善了自己的很多想法，行为也更成熟。圣公宗教的奖励制度和南方特有的传统灌输了一种很强的正误观念。总的来说，我在 EHS 学习了三年，这三年我的成熟度是远远超过在公立学校可以达到的。

Edward（北卡罗来纳州阿什维尔学校 Asheville School）：

我现在进入哈佛了。以前，在阿什维尔时，我是个非常非常怕羞的小男孩儿，从未想象自己可以去做竞选演讲，去礼拜堂里率众讲话，毕业前写两份各 18 页的论文——但这些真的在阿什维尔发生了，我在很多方面以难以想象的程度成长了起来，我学会走出自己局限的舒服的范围。当你被挑战的时候你才会惊喜地发现原来你可以做到如许之多。阿什维尔学校就是你自己认为它是什么就是什么——它可以是你父母遣你去的地方，也可以是一个培养人的环境、缘遇朋友的地方。你可以选择拒绝改变，还保持和以前在老学校里时一样，但你也可以选择重新发现自己、尝试不同的新东西。

Chase（宾夕法尼亚州西城学校 Westtown School）：

西城使我成为对周围更有意识的人，更懂得尊重的人。教给我很多可以受用终身的技巧。它使我发掘自身的特长、特点，并喜欢我之为我。西城引导学生寻找自己真正能够热爱的学科和体育运动项目，它能使一个以前没有踢过足球的小孩成长为获得地区奖章的大学代表队的体育健将。西城还是一个有着自己精神品质的地方，它的贵格主义精神成为学校思想精神的支撑。我本人和家庭并非虔诚教徒，但从西城的宗教课程和集会中我真的领会并接受了它的精神内涵。在宗教课程上我们讨论基督教、犹太教、印度教、佛教，甚至巫术。由于学生团体的多样性，校园里都不乏这些宗教的信仰者，而我们的宗教讨论课正是为这些不同信仰的学生所牵引。教师鼓励学生分享他们自己的故事、自己的文化。西城要求

11 年级以上学生必须住校，更加紧了学生团体联系的紧密程度。

我要说，西城不仅仅是我的学校，它也是我未来生活的坚实基石。我知道我随时可以回到我的校园，回到大厅，回到这个更大的大家庭。这是西城所特有的独特的敬重与爱。

Ava（俄亥俄州西储学校 Western Reserve Academy）：

如果你让我把我的寄宿生活概括一下，我得说它有点像我大学第一年的翻版。我完全没有准备好离开家独立。我吃比萨饼，吃垃圾食品，从不吃早餐，发现午觉很重要，参加宿舍活动多于课业活动，这么一说你就知道了吧？很不幸，在高中就得做在大学才做的那些事情，而你还没具备那个成熟度。往回一看，我得说15 岁的时候我还是很需要父母的，我觉得我的很多同学也有同样的感受。但是在西储，只有那些老师整天盯着我是否犯规是否穿错了服装，他们并不关心我其他的问题。我并不责怪我的老师们，因为他们也不是派来当 400 名学生的爸爸妈妈的。我想对大多数学生来说他们也没搞清楚这中间的差别，而且我怀疑这是大多数寄宿学校里的普遍现象。有趣的是我注意到日校生比住宿生的成绩普遍好得多，并且适应得也好——他们很少会和酗酒、吸烟、吸毒有关，而寄宿生这种问题一堆。最后呢，虽说经过了这所谓的像"大学第一年的翻版"的一段寄宿生活，没有哪个日校能这样把我推向边缘。所谓的大学预科倒是教会了我：学着住宿舍；意识到早餐的重要性；和老师或教授接触更像人和人之间的交往；别太执迷于酗酒或者聚会之类的东西。我想这些就是在宣传手册之外你所能从寄宿学校得到的吧。直到上了大学——我管它叫寄宿学校之二——大结局，我才意识到我比其他大学新生可老成了很多。因为有过西储的经历，上大学只是些微的调整，小事一桩。

Jack（田纳西州麦克凯利学校 McCallie School）：

最伟大的变化对我来说，就是自己价值观的转变。我长成一个信奉荣誉、真实、有责任心的人，而且我成为一个更虔诚的基督徒。我开始懂得整个社会会因个人行为的真诚、有荣誉感而运转更平顺。我开始明白这个世界之所以精彩是因为那些有天赋的人和资源丰富的人因无私因责任感而不图回报地回馈社会、帮助那些不那么有特权的人。在我寄宿生涯的第一年，我拒绝借钱给一个同学就是因为他经常还不上。最后一年，我尽量多地施予整个学生团体，因为我知道不计得失的施予比计算回馈更有福的道理。我能完成这一重大转变和周围的老师同学的巨大影响是分不开的。

我有机会和那些有相同道德和伦理倾向的年轻人做朋友。哪儿都能交到朋友，但找到亲近的可以信任朋友就难了，更何况能带给你积极影响的朋友。我的朋友带给我的是保持荣誉、追求成功，谦卑的胸怀。

作为男校，一个好的地方就是重视培养男人的性格，锻造你独特的个性。和其他寄宿学校一样，麦克凯利试图让学生学业体育达到优异，达到最好，不同于其他学校的，麦克凯利更要求它的学生保持良好的道德伦理观、性情的养成。

在单一性别的环境下，我们没有了讨好女孩子、给女孩子留下好印象的压力。我们更自由地参加各种科目，诚实地表达我们的想法而不会觉得怕羞或有不安全感。在远离家庭的学校里，我们在学术压力、体育挑战面前，同学间形成了不可分割的同志情谊。我们迄今仍旧有着强有力的 McCallie 网络，我们仍旧会一起旅行，一起活动。

学校是男校，但我们有个女校是我们的友谊学校，还有其他男女混校，我们可以去社交，可以和女孩子在一起。课堂上老师讲的是为长期利益着想宁愿得 C也不能偷看邻桌的答案，运动场上，教练强调公平竞争、适当的行为。麦克凯利在这些方面不是口头上说说，而是非常当真的在执行。当然有些男生没把这些价值观当回事儿，但也有不少深深受其影响，像我就是其中一个。即使不当回事儿的那些在毕业的时候也会比进来的时候更像个男人。

（二）在学业上，好的、坏的你想说点什么呢？

Aiden（康涅狄格州肯特学校 Kent School）：

学术上我在肯特受到了前所未有的挑战。到了大学里，我觉得一开始老师的课程设计、环境等等和肯特都基本类似，所以非常容易适应。Kent 的老师很诙谐，因为是私立学校，所以老师谈话更自由。此外，老师学生比例更高，老师都比较了解学生的状况。整体设计上老师目标明确，为我们成功进入人生下一阶段提供了非常好的帮助。绝大多数老师都是随时向我们提供各种帮助的。

不好的是，我觉得师资不稳定，老师来来去去的。如果你和你的指导老师关系不和谐赶快换老师，换几次都没关系，关键得找到一个合适的指导老师。需要的时候一定要去找老师寻求帮助，否则你就很容易漏知识点甚至就落在后面了。一定不要害怕寻求帮助，老师一般都很愿意帮忙——不管需要付出多少努力。要多和老师联络感情。

Jerry（新泽西州佩迪学校 Peddie School）：

佩迪学校在学业上是非常具有挑战性的，所以我是前所未有地用功。我感觉老师和我在课业上投入了等量的努力，这样的感觉实际上使我更加努力认真。佩迪的师生关系是我们学校学业上最重要的部分。师生间非常尊重，这份尊重根本性地定义了你的学校是怎样的一个学校。还有就是课程特性也是能够定义一个学校程度和水平的东西。我喜欢学校鼓励学生探索不同的学习领域，并在那些自己感兴趣的领域一门深入地引导、寻求适当的学习方式。每一门课对我来说都是非常特别的，除了教学本身的知识内容，我从中学到更多的是想法和处理问题的思路。我几乎认识每位老师，甚至那些没教过我课的老师，学校的教职员工是非常关心学生的。当需要额外帮助的时候我总能找到很多人帮忙。

不好的是，我在学校的那几年不太喜欢佩迪的科学教研室，但现在我觉得当初在佩迪的科学学习为我现在所学的工程专业打下了很坚实的科学底子。所以，想起来呢，当初觉得不好的其实也没有那么坏，而且现在科学教研室也在改进。

Elena（弗吉尼亚州圣公宗高中 Episcopal High School）：

圣公宗高中的课业要求非常高，但不会让人觉得被压倒。一方面我们在课堂上总是被挑战，另一方面老师是最希望我们体会成功的，并且只要你需要，他们总会提供帮助。每班都是小班教学分组讨论，课堂活跃有趣，并且促使学生去独立思考。现在我上大学了，特别感谢圣公宗高中所要求的大量的写作作业。我现在即使在杜克（Duke）写作都是处于领先地位。这绝对得益于圣公宗高中的超量书写，谁也比不上我在中学里写得多。我还得提提我们的课程安排。每周3天，每天7个时段，每个时段是45分钟。一般学生都会每天选5到6个时间段的课，剩下 1 到 2 个时段自由学习。中间的两天把每天的 7 个时段换成 70 分钟 1 个时段，这样让第二天的课程到中午就结束。余下的那个下午就做实地考察或者去华盛顿特区参观。

Edward（北卡罗来纳州阿什维尔学校 Asheville School）：

阿什维尔的学业强度大同时收益也非常大。AP 考试的准备课超级棒。大量的课外作业，每天晚上得做 4 小时以上，但同时你就学会了时间管理，而且有问题不要怕没人帮忙，那有一个支持体系——你的课业老师，你的指导老师，学习中心的老师，他们都非常愿意帮忙，他们都盼望能看到你成功，达到你的最好。准备议论文写作是非常重的学习工作量。人文教研室的老师不可思议地致力于教学工作。高年级实证课是 12 年级开始到春季学期末的，为大学写作打下坚实的基础。

Chase（宾夕法尼亚州西城学校 Westtown School）：

在西城，最大的班是 18 人，最小的班只有 2 名学生。由于这种小班教学，老师非常鼓励班级学生进行讨论，而不是照抄黑板笔记。全班都会参加讨论，每个学生都会提出自己的想法。西城最棒的事情就是学生找老师太容易了。老师们随时准备出来帮助学生——学术的、感情的支持，你都可以从老师那儿找得到。西城另一个好的模式就是课程的弹性。比如今年我选 AP 西班牙语 6，AP 微积分，AP 生物 II，进阶犹太大屠杀历史，以及英语 12。那些对数学和科学更感兴趣些的学生如果想的话可以在 12 年级完全把注意力集中到那些课程上。在任何科目上老师是愿意把你带到你想达到的任何高度的。西城的学术环境是它学校整体氛围的一部分、一个重要代表。我们分组学习，分组完成项目，非常有竞争性，但绝不是互相争斗。

Ava（俄亥俄州西储学校 Western Reserve Academy）：

西储学校的学术课程最好的地方就是老师下大力气提高课程质量，使得它和普通高中大有不同。大多数课程都是研讨会的形式，特别是人文相关课程绝大多数时候是大家坐在一张会议桌前讨论。同时，每个老师都有对外办公时间，学生可以进来问问题。英语教研室是西储学校实力最强的一个室。每周一次，英语课换成一对一的"写作讨论"，老师和学生针对上一个月的写作作业回顾讲解，特别会指出好的和不足的部分，并且探讨一种下一篇写作更合适的写作思路和技巧。

不好的，我觉得很多老师给分不够客观，至少英语和历史如此。哪个学生如果已经成为了荣誉生，那他交白卷都能拿个及格分。相反，如果一个学生成绩中上，有纪律问题，也会因此影响有些老师的给分。

Jack（田纳西州麦克凯利学校 McCallie School）：

麦克凯利作为军事化学校有两条学术轨道：普通和荣誉/AP。每个学生都可以在自己的基础条件之上挑战自己的能力达到最好。但我觉得好老师都在荣誉/AP 轨道上。根据我所接受的建议，我选的课程适合我自己的能力和需求，而不是选太多的荣誉/AP 课程以至自己承受不了。但是后来又通融让我重新选了一开始认为对我太难的那些课。我很喜欢这种弹性。

我在麦克凯利最好的经历是我可以接触到的那些好老师。学习中心帮助我的第一节数学课顺利通过。12 年级学习中心的老师们倾听我的大学申请文章，组织演练面试。在他们的帮助下我获得了弗吉尼亚大学和北卡州立大学的全额奖学金。

（三）如果时光倒流，你还会去做哪些当时在寄宿学校时没有做的事情呢?

Aiden（康涅狄格州肯特学校 Kent School）：

我不会再拖着不参加社团、俱乐部的活动了。在学校里参加的活动、干的事情越多，你认识的人越多，交到的朋友越多。有些朋友可能就会成为你终生的朋友。

Jerry（新泽西州佩迪学校 Peddie School）：

我可没什么后悔的。在学校里我挑战自己的极限，享受学校时光。所以现在回看在佩迪的四年，都是美好回忆。

Elena（弗吉尼亚州圣公宗高中 Episcopal High School）：

我只遗憾一件事情，我是从 10 年级才进的圣公宗高中，我其实应该从 9 年级开始在这里上满整个高中。从头到尾地就读圣公宗高中，会让你得到一种完整的成就感、一种归属感。

Edward（北卡罗来纳州阿什维尔学校 Asheville School）：

应该选择7天住宿，你不好既住在家里又住在学校，5天住宿使得哪边都挺难。

Chase（宾夕法尼亚州西城学校 Westtown School）：

应该多体会寄宿学校所提供的学生团体的多样化、文化的多样化，听听不同人的不同故事，和全世界交朋友。在大学里待了一年，我回来才意识到绝大多数同学以前无缘接触这种多样性的全球化教育氛围。

Ava（俄亥俄州西储学校 Western Reserve Academy）：

我希望自己在高中时候更自信些，但那也不是我能改变的。我想，我应该每天吃早餐，少睡下午觉。

Jack（田纳西州麦克凯利学校 McCallie School）：

刚进寄宿学校的时候要尽可能地多接触新朋友，甚至可以少花点时间学习。如果你能和室友发展好的关系，那你就获得了内部和平。如果你能和整个寄宿生社团发展良好的关系，那你就获得了广泛的社交群落。你可能会想家，但如果你能保持活跃，时常参加校园生活，那想家的痛楚就没那么明显。每个人不同，有些人第二年才开始想家，而这种感伤会蔓延到那些独立的学生。你的寄宿学校的朋友可以变成你终生的朋友。你可以把触角尽早伸到日校生那边，这样你就有更大的可能被邀请到朋友那里去、离开校园、有更多的活动。有时觉得宿舍像监狱，所以如果能有机会离开是很值得的一件事情。一旦你走进了校门，爸爸妈妈就不再能拉着你的手、把你推向成功了。你得自己有动力有愿望去追求成功，否则你爸爸妈妈的钱可是白付了。寄宿学校是个造就人的地方，但对有些人来说，成就不了什么。

（四）你有什么话要留给你的学弟学妹么？

Aiden（康涅狄格州肯特学校 Kent School）：

如果你在乎你借记卡上的钱，就别买零食。先买衣服，然后再买书，因为万一钱不够的话，在学校里仍旧可以买书，但不可以买其他的东西。别忘了一定要去瀑布巨石上看看，那儿的景致无可比拟，我们经常在那边的小径上散步。别在河里游泳。尽量外向。如果可以选择的话，住在费尔德（Field）宿舍楼里，并请别忘记装饰你的墙壁。尽你所能地保持学校的传统。

Jerry（新泽西州佩迪学校 Peddie School）：

要时刻敞开你的选择。别一找到一帮朋友就不接受其他人了。应该总试着去接触新人、开始新的关系。也别害怕选你从未选过的课，加入你从未加入的俱乐部、运动队，甚至是你以前害怕的项目。最重要的，你要和老师多接近，多参与，多投入，享受你的寄宿生活。记住一个毕业生对你的忠告吧：你属于这个社区的时光只是太短暂，珍惜它！

Elena（弗吉尼亚州圣公宗高中 Episcopal High School）：

当你选择学校的时候一定要亲自先去看看。当你第一次参观的时候，招生办公室老师和学生肯定都会向你推荐这所学校。记住这一点：所有的学校都有所不同有所取舍，没有一个完美的学校。找一所让你感觉最好最舒服的，不是你的爸爸妈妈、爷爷奶奶、兄弟姐妹觉得最好的，而是你。因为是你要在这个学校里度过几年，经历所有享受，所有。

Edward（北卡罗来纳州阿什维尔学校 Asheville School）：

参加学校报纸的编写，尽量要在 11 年级或者 12 年级选一门邦纳（Bonner）先生的课。如果实在不能，也尽量要去亲近这位卓越的英文老师！

Chase（宾夕法尼亚州西城学校 Westtown School）：

去西城参观一定要去看看湖和船屋。在湖的周围还有条可以散步的小径。还有就是新建的美丽的体育馆和网球场。

Ava（俄亥俄州西储学校 Western Reserve Academy）：

早餐很重要。好好对待你遇到的每个人。如果你来西储，别太刻板地遵循"储备（Reserve）"风范。我有时就不理 11 点熄灯的禁令，和朋友出去玩。我觉得有些规定就是为了规定而规定。

Jack（田纳西州麦克凯利学校 McCallie School）：

不管是寄宿学校还是军事化学校或者是麦克凯利，都不会是适合所有学生的。

适合我并不等于适合你。如果你父母另有说法，千万别听。我身边就有些失败者，完全是浪费时间和金钱。但如果你觉得感兴趣，不妨一试，而且值得一试。你在学校里肯定比在家里学得多、长得快。我很接受那种说法：人这种动物只有离开家庭那个温暖的茧的保护才能真正成长、展开翅膀飞翔。但是什么时候呢？是寄宿中学还是等大学呢？这原是你可以选择的。

当你参观学校的时候，先问自己学校所推行的价值体系是不是你所能接受的。还有就是你愿意不愿意挑战自己——在学业上，在吮吸生活的精髓上，在领会柏拉图的精髓上。

第三节　适应全新的环境——理解、接受、敞开与融入

来美国之前，你肯定听说过、读到过不少关于美国文化、美国人的故事。等你来了，会发现好多说法都对，但又似是而非。是的，很多思想当用语言表达出来的时候，就难免产生了偏颇、歧义。但所有的知识都会在某一刻帮到你，重要的是你要用自己的心和灵慧去接触、了解、认同，以及被接受、被认同。这里介绍的十大方向，是你应该注意的：

1．学会尊重并服从规则

美国是讲规则的国家，很多事情都有法规，千万要尊重这些规则。规则在美国人的心目中有着特殊的地位。大到一个国家的宪法，小到一个社区的规范，美国人的各种社会规则，林林总总，都得到绝大多数国民的尊重和遵守。在这个不同的国度里，由于对违规的严厉惩罚，如果你抱着在规则面前投机取巧，自以为聪明的态度，迟早会搬起石头砸了自己的脚。

每个学校都必然有一份《学校手册》，还没到美国，学校就巴巴地把两厚本手册越洋过海地寄了过来，学生、家长人手一册，你八成不会看它，它那么的厚，那么琐碎……

你把它放在你房间的桌子上，最后又打包放进李里带来了美国。

你自以为是地想，美国人对规则的态度，又能怎样，不过是说说吓唬人的罢了。不是说他们学生最散漫、最自由？

但你要知道美国的学校纪律管理以校规为准，这本手册申明了行为规范，包括学生在校的一切活动，从学分要求、选课注册、考勤请假、课堂学习、课后作业、课外活动、成绩评定、公物使用、衣着发式、语言举止、餐厅制度、停车规则、出入校、访客规定等甚至厕所使用，事无巨细，凡学生在校所能涉及的范围都有明确规定，并详细列出违纪程度与相应处罚。校规还具体阐述学生在各方面应享有的包括申诉权在内的各种权力。校规即为校内法律，凡事均有法可依，任何人进入校园，都须严格遵守，借此实现依法治校。

有的学校规定寄宿学生离开校园要事先征得父母或监护人的同意，再报备宿舍监护人后才能离开。但美国的校园绝大多数都没有保安守卫，甚至没有围墙圈围，看起来似乎全都没关系。美国人也都各管各事……有的学生试过两三次自己出校也全无人问津，于是胆子越来越大，想来校规不过如此而已。

这个问题我觉得有必要深入认真地说一说，如果不启动美国的各种规则体系，你会觉得美国自由得一塌糊涂，但一旦那个规则体系由于某种原因启动了，他们是真得认真。

每年寄宿学校平均开除学生（迫使学生自动退学）的比例达到 10% 以上。学校和学生家庭签订的是无条件、不退款合同。就是说，为了保证学校的秩序，学校有权单方面决定学生是否适合继续留在学校里就学，学校有权单方作出决定，而不一定要征得学生本人和家庭的认可。

很多在中国绝对不可能遭受开除、退学、处分之忧的学生，在美国寄宿学校里遭遇了他们各自的滑铁卢。问题中最大比例的肇因是学术剽窃（抄袭）。

在美国的学生很快发现，老师抓抄袭竟然是准确异常，有老师查抄袭的工具，更有老师对学生水平的了解。据我们做的抽样调查显示，直接到美国读私立中学的学生，遇到或多或少的抄袭问题的占到了近一半的学生！学校、老师对"抄袭"的处理轻重不一，基本上越是选择性强、要求严格的学校对"抄袭"的处理越严重。最严重的可以因为一次"抄袭"而被开除、勒令转学；其次是警告和处分并记入学生档案；还有就是要进行学校校内法庭的裁决；再次就是该次考试或者作业记零分；再次一档就是老师口头、笔头警告、提醒。

表 7-1　抄袭原因和解决方法

	原　因	解决方法
抄袭	和自己以前在中国的要求变了，对变化不明白或者不适应	事先了解抄袭的定义，如何界定合理引用，以及不同课程老师对学生做相应研究的要求
	缺乏思路、想法、创造力，也不自信	多读书、勤于思考、写读书笔记、多写作
	希望找捷径拿高分	了解美国学校的情况、校规校纪，并对可能产生的严重后果建立深刻的认识
	侥幸心理	
	压力过大，无所适从	降低选课难度；通过运动、谈话、记日记适当释放和纾解压力

2．选择积极

虽然美国的民族性是好的，并不赞赏消极的、玩世不恭的态度，但你的周围仍旧会有嫉妒、狭隘、偏激、歧视，你应该选择积极的态度，学习积极的东西，因为只有选择积极才能保证你的生活积极向上。

我发现有一定比例的中国学生，到了学校以后觉得不满意。这时候怎么办，也是你可以做出的一种选择。

我们提出：机会来了，不着急，要慎重选择，该做什么做什么。已经选择了就要调整自己适应环境。

3．人生就是不断做出合理的阶段性调整

机会来的时候对自己是个挑战，同样的机会对某些人是危险的，对另一些人是好机会。你能把握的只是：当方向定了，不要担心没有机会，而应该调整自己把心思放在怎么做好自己上。该做的自己做到了，下一次选择的时候，利用积累的经验和学习到的判断作为基础，完成飞跃。所以，改变、调整自己才是正道，不偷懒、不抱怨——不怨天尤人。

这是心态的问题，做好充分的准备，有了机会要珍惜。

4．承认文化差异的存在，不要用自我的价值标准去衡量别人的言行

比如穿衣服的习惯，美国孩子下着雪就穿一件超短裙，有时会穿着暴露，或者打扮夸张，但不能按中国的标准定位他们是坏孩子，实际上他们有自己的审美取向。穿着，体现的只不过是不同的文化。无论我们的穿着有多大的差异，但思维方式还是比较相近的。就是三字经里说的，性相近，习相远。

说起这个问题，身为少数族裔的中国学生最普遍的感受是：自己会有一些很亲近的美国朋友，但怎么都觉得只有亚洲人之间的友情才足够真实可靠——讲义气、互相帮助、互相支持、理解。

最简单讲，就是因为关心的事情不一样，着眼点不同，兴趣点也有差异。比如朋友之间怎么才叫适当的距离，这一点因为美国的文化强调独立，一切都要靠自己，而中国人在彼此距离上有一个很混沌温暖的模糊区间。中国人很驾轻就熟彼此互相帮扶做的一些小事情，美国人却觉得有点不可思议甚至怪异。

来了美国，很多学生都充满期望觉得美国是一个公正的社会，很快，他们又会愤懑于种种的不公平：因为是亚洲人，自己被同学另眼相看；同样是违反校纪，处罚不一致，中国学生们不免在私下里倾泻自己的不满：歧视！

我们必须承认一个事实：在这个国家，我们是少数族裔，要通过争取才能得到尊重。我们也要明白自己有实力，别人就不能轻视你；而我们更可以通过自己的修养、自重、尊重他人，同时为集体做贡献而树立自己甚至族群的威信。下面通过这个学生的经历，希望大家体会一下在挑战面前如何做更好的自己。

圣蒂莫西女校的毕业生黄谈到她竞选国际生主席的经历：那时我已经在STT待了三年，同时也感受到了国际生与美国学生之间的隔阂。甚至我还感受到了些许歧视。有些人老说一些国际生不融入美国人的社交圈，但当时我认为是很多美国人不愿意接受不一样的文化。但当我竞选当上国际生主席的位置，我分享了我想分享的 ideas，做了我想做的事。

5．尊重宗教信仰

美国是一个信仰多元化的国家，在美国青少年中有着各种信仰。大多数美国

人信奉基督教，其他各种教派很多，无神论者也相当多。大部分私立学校由宗教团体开办。在这些学校，宗教教育是课程的一部分，但学生的信仰仍旧是自由的。信仰的内容和方式完全由个人决定。很多青少年在宗教方面做出的选择受到家庭的影响。有些人参加由教会组织的活动，但也有些人根本不参加任何一种宗教活动。很多宗教组织为吸引年轻人而做出改变并具有了一些当代青少年文化的特征。

不要说生长在中国的文化背景下，即使在美国，也存在着对其他宗教的成见。要知道，成见往往是不正确的。有了这种出发点，在遇到多元的信仰文化时，就会真正尊重，并乐于汲取新知识。

宗教和政治在美国都属于个人隐私的一部分，如需涉及要以诚恳的态度，只探讨知识。正因为思想的自由，大家各有观点，可以差异很大，而这些都是很复杂的话题。因为文化的不同，尽管觉得很多方面不好理解，也不要随便对自己不了解的事情妄加议论、更不能拿别人的信仰开玩笑。

6．礼貌

在美国，礼貌被认为是人和人之间交往的润滑剂。最起码的规则是受惠于人要真诚地道谢（Thank you, I appreciate it）。在公共场所，如果有可能打扰到其他人，比如走过别人身旁，要说抱歉（Excuse me）。比如要问路，也要先说，Excuse me；触犯了对方要道歉（I am sorry）；进入公共场所后要为后面的人扶住门；男生应扶住门让女士先进。

在人少的地方随便走着，碰见陌生人，只要目光注视彼此超过一秒，应友好地微笑并招呼，说声"Hi"或者"How are you"。

倾听别人的谈话，不要随意打断别人。

即使是反面的意见和看法也要尽量用礼貌温和的言辞，避免过激。比如即便说一个人做了件傻事，措辞上选用 unwise 也要好过用 stupid。

7．培养自己的团队合作精神

在美国有很多作业都是分组完成的。即使你的能力再强，但如果缺乏与组内成员的交流能力，也是不行的，所以要勇于交流、善于合作。

8．照顾自己的需求

美国社会文化讲究直接，这和中国人传统的"含蓄"有很大差别。在美国，很多社会规则的基础是：以个人为中心和保证人人能够充分发展，在这种不同的思维逻辑下，如果你有什么需要，自己不表达，别人是不太会揣测你的意图的。你也要学会不因照顾自己的需要而感到内疚。比如同学要去体育活动，你想要学习，就应该礼貌地说明并做出自己的决定，大家也会尊重你的选择。

正是基于对个体的承认和重视，所以个人的想法就非常重要，值得尊重。换一个角度就是不要把自己的意思强加给别人，即便是善意。好比在中国吃饭的时候，大家认为是好的东西就往朋友碗里夹，"劝"食。在美国，这是绝对不会发生的。比如看见老人从车里拿了很多东西主动提出帮忙是好的，但对方若拒绝，不能强行帮忙。一般和美国人出去吃饭是各自付账，如果有必要请客应提前提出，如果对方不愿接受，不能太过坚持。

9．守时守信

重承诺守信用、不要说谎、不要随便迟到，做错了事情要真诚向对方解释、道歉。

10．真诚平等

不论你的同学、老师来自哪个国家、什么肤色，有着什么样的差异，你要真诚平等地对待每一个人，才可能得到同样真诚的友谊。切不可自高自傲，目中无人，但也不要随便对自己进行贬低。无论你多么能干，具有自信很重要，但也应避免孤芳自赏，更不要让自己成为一个孤岛。利用三餐时间、社团活动、课前课后，多与同学老师沟通，增进感情——既要交来自中国的朋友，也要交美国朋友、来自世界各地的朋友，这才让你拥有真正在北美的学习机会——开阔眼界，亲身体会一下国外的风土人情，广交朋友。

要懂得在家靠父母出门靠朋友，和同学、朋友相处要以诚相待。

这里还有一个入乡随俗的问题，在美国大家很注重个人隐私，对自己和别人的物权分得比较清楚，不可以翻看别人的东西；去别人家作客，要先得到对方的邀请或者打电话询问，到了别人家作客，如未经主人允许，不可自作主张到处探看，应保留在会客区域。

前面的章节已经说了，到一个全新的环境之前，你应该找时间重新检讨自己过去的优点、缺点，世界观、方法论，把不好的东西收敛起来。一个全新的环境，大家对你没有成见，你可以以一个全新的面貌开始。重新设定自己的目标、形象。这也是一次自我整合的好机会。谦逊和低调也许是一个线索。

参考：美国迈阿密大学雷欧·克里斯顿教授制定的 21 条学生品德规范准则：

(1) 明确自律的重要性，把自律作为动力，去做我们认为应该做的事，即使我们不愿意。

(2) 做到值得信赖。这样，当我们说要做什么或不做什么时，别人能相信我们。

(3) 讲真话，尤其是在讲真话对自己不利的时候，更要这样做。

(4) 一生中，在所有的问题上都要诚实，包括在工作上和与政府的关系上。

(5) 独自一人时，要有勇气；当有人要我们做自己应拒绝做的事时，要顶得住压力。

(6) 不要矫揉造作，弄虚作假，但要显示出自己最佳的自然状态。

(7) 用不侵犯他人权利的正当方法，达到个人和集体的目的。

(8) 在注重道德行为的场合，大胆地表现自己。

(9) 要有勇气承认错误。

(10) 具有良好的体育道德，认识到，虽然求胜的愿望很重要，但胜利并不是最重要的。

(11) 在与他人的交往中，做到谦恭有礼，包括认真倾听别人的发言。

(12) 己所不欲勿施于人，确认这项原则适用于对待所有的人，不分阶层、种族、国籍和宗教信仰。

（13）认识到没有一个人是生活在真空中的，那些看起来纯粹是属于个人范畴的行为，实际上常常会影响到自己周围的人或影响到所处的社会。

（14）牢记我们身处逆境时的表现，就是对自己的意志和是否成熟的最好考验。

（15）不论干什么工作都要干得出色。

（16）爱护他人财产——如学校财产、企业财产、国家财产、公有财产。

（17）遵守法律。与法律相抵触的行为必须是非暴力的，而且要接受法律的制裁。

（18）尊重言论自由、新闻出版自由、集会自由、宗教自由和进行正常法律活动的民主权利。认识到这个原则同样适用于我们所憎恨的演讲、我们所讨厌的团体和我们所鄙视的人。

（19）养成有益于身心健康的习惯，制止那些有害于达到这些目标的活动。

（20）避免产生性早熟的经历，应养成与家庭生活准则相适应的对性的认识。

（21）认识到人生最重要的问题是自己将成为什么样的人，对将具有的性格和道德品质做出选择。

第四节　关于语言、服装、就餐和社交

（一）关于语言

我有一个小朋友，她在国内时英语课的成绩很好，但到了国外高中第一堂课，她只听懂了两个字。现在她已经是一所非常优秀的大学法学院的学生了。我讲这个故事是想说：不要怕，每个人到了一个全新的国家都会有个适应期，你只不过是他们中的一分子。外国人的语音语调跟在国内中国老师教的还是有很大差别的。怎样尽力缩短这个适应期呢？从你决定出国的那一刻，就应该开始针对如下几点进行准备：

1. 张嘴。你必须勇敢面对自己英语不行的现实才可能进步。如果你以自己的口语不好作为借口，总是不好意思说，你就无法进步。美国人都非常友好，即使你的口语不是很流利，他们也绝对不会嘲笑你，反而会觉得你能说成那样，已经很了不起了。只有这样你才可能随时得到他人的指点。在课上你要尽量争取发言的机会。

2. 在刚到美国的半年左右时间里，听课会比较吃力，所以课前的预习是非常重要的，这要比课后再自学效果好得多。下课还可以考虑向同学借笔记，有不懂的要主动与老师、同学讨论。

3. 积极参加社团活动，尽量跟当地人做室友，尽快提高自己的英语水平、了解当地文化。

4. 积累。到了美国，你每天都可以遇到很多新鲜又有趣的单字或是对话，很多都是在书上所看不到的又是日常生活当中常会用到的，你大可以将这些对话归纳整理，这样你也就能非常生活化地正确表达出自己的意思，你交流的自信心会进一步增长。

5. 大声朗读英语文章、模仿电视和生活中美国同性别者的语音和语速甚至腔调。

6. 在思想上要把英语真正当作一种语言、工具来应用，而不只是当作一门功课。既然是常用的语言和工具，就要从使用中不断寻求提高。美国人的用语是非常简单而精确的，你从考虑留学的一刻就要开始用心地学习他们的语言使用、甚至发音方法。力图学会正确的表达方法。

关于英语这门语言，要真正做好打持久战的准备。英语达到一个真正高水平的表达，是很不容易的事情，一句话同时达到含蓄、婉转、直接的境界才是上品英文，不多读英文书，不多积累，不多修正自己的问题，是不可能达到这样有"文化"的表达水平的。所以，既不要怕英语难，同时也不要以为英语很容易就可以学好。读书破万卷，不读上百本英文书，不真的爱读书，英文再好也好不到哪里去。在英语国家行走，英文技巧不是"雕虫小技"，而是表现深邃思想、委婉交流的基本工具。

（二）关于服装

有一半的寄宿学校要求学生穿校服，很多私立寄宿学校会对学生的穿着有明确规定，什么场合需要穿正式的衣服，什么场合可以穿着随便一点儿，还有一些特殊的服装要求，比如，在一些正式的晚会或者宴会上需要穿礼服。有的学校在给学生的录取资料中会有一张清单，列出了学生需要准备的衣服，甚至细到要准备普通袜子和运动袜子。如果已经拿到清单，学生和家长只要照着清单去准备就可以了。如果学校没有提供清单，可以通过查询学校网站上的学生手册之类了解学校的规定。

在美国，大多数情况下，人们的穿着都比较随便，不拘泥于形式。休闲装是最常见的，比如牛仔裤、T恤、运动鞋、休闲鞋。穿衣的原则就是舒适、美观、大方。

但是对于礼服，美国的概念和中国不一样。在中国，对普通人而言，穿着礼服的机会比较少，即使是参加婚礼和出席会议，也都是接近便服的穿着。美国对于礼服有专门的定义。比如对男性而言，需要穿正式的西装，系领结或者打领带。对女性而言，礼服没有一定的规则，通常是长裙，短袖开领或者是无袖高领。黑色是比较保险的颜色，不过也可以选择白色，或者鲜艳的颜色。

美国的礼服价格比较昂贵，建议可以在国内购买。不一定需要名牌，但质地要好，裁减合体。作为学生而言，一定不要比照好莱坞明星走红地毯的穿着方式，应该追求简洁大方，能体现出个人的特色最好，也不要佩戴过多的装饰物。时刻要提醒自己，以学生本色示人是最美的。

在对服装没有特别要求的场合，也不要穿得过于正式，这样会显得和环境不融合，只要自己穿着舒适大方就可以了。

（三）就餐礼仪

学生在学校的餐厅就餐应该还是比较随便的，只要注意不要浪费食物，嘴里有东西的时候不要说话，吃相优美，嘴和盘碟不要发出声响就可以了。通常美国人是比较随意的，经常会见到用手拿着比萨直接吃的。但如果有机会去比较正式的餐厅吃饭，特别是那种要求穿着正式服装的餐厅，还是要适当注意礼仪。下面把正规的西餐礼仪作一介绍，供你参考。

首先，到达餐厅时，不要直接入座，需在接待处等候带位。有侍者带位时，女士先行，男士跟在后面。

其次，每个人都会有一个菜单，当你选择好食物之后，要合上菜单，放在桌子上，这时侍者就知道可以过来点菜了，如果选择好之后还不停地翻阅菜单，会影响大家点餐。

如果遇到不认识的单词（这非常正常，就像把我们的油条翻译成英文，很多美国人都看不懂一样），不要贸然点菜，可以问一下侍者再确定，避免点了自己不喜欢吃的东西。

一套完整的西餐包括开胃菜、汤、沙拉、主菜、甜点、水果及咖啡（或茶），要注意的是，点菜的时候最好不要点两种主菜，以免分量过多。而且也不一定完全按照顺序都点。

用餐之前，先将餐巾对折成三角形，最长的一边放在靠自己的腰部。

通常会先上面包，放在一个共用的盘子里，由众人各自取食。可以先取一些黄油及面包，放在自己左边的小面包盘内。面包的吃法：先用手撕下一口大小的面包，涂上黄油后一次性放入嘴内，吃完再撕第二块。并不是把一片面包全部涂满黄油，整个拿起来啃。

舀汤也有规矩。汤勺要由身体内侧向外舀，喝到盘底时，应将盘身往前倾斜取用。喝汤时不可以发出声音，要注意自己姿势的美观，不能以口就物。喝完汤后要把汤勺放在汤盘里。

吃主菜时，应左手拿叉，右手拿刀，正确的吃法是切一口吃一口，叉子叉在要吃的地方，每次切下的大小，以一口的量为准。切时不要发出声音。吃到中途休息时，可以将刀叉的尖端放在盘上，尾端靠在桌上。这代表用餐尚未结束。如果是将刀叉并排，垂直或者横放在盘子上，说明用餐已经结束，服务员会上前把餐具收走。

喝咖啡或茶时，调味的小勺千万不能放进嘴里，也不能用小勺一勺一勺舀喝咖啡。需要用糖或者牛奶时，如果这些东西正好放在自己面前，就可以直接拿取，如果离得太远，就必须请同桌的人帮忙传递，千万不能越过别人自行取用，这样会很失礼。

结束用餐时，将餐巾折好，放在桌上再离位。

还有两个细节需要注意：

如果有两三副餐具排在一块，需要注意使用次序，通常从最外面开始用起，往里面对称地一套一套使用，吃完时，餐具也应该正好用完。（如果不知道用哪套，可以留心看同行伙伴的做法。）

用餐途中，如果餐具掉在地上，不必弯腰去拾起，也不能拿餐巾来擦拭，请服务员再换一副干净的餐具即可。

自助餐（Buffet）和烤肉（Barbecue）

除了围坐一桌的就餐形式之外，美国人还经常用自助餐（Buffet）和烤肉（Barbecue）两种方式招待客人。

自助餐（Buffet）一般是客人比较多的情况下，在室内或者室外摆上一个长桌，有各种冷盘、热菜、点心和饮料，客人可以随意选择。通常是一手持盘，一手拿叉，边吃边交流。

自助餐的用餐顺序和一般正常西餐相同，吃自助餐的正确观念是：每次量少，多拿几次。不可以拼命拿爱吃的菜，把餐盘装得像小山，也不可以将热的冷的甜的咸的通通堆在一个盘子里，既难看又难吃。自助餐最好拿三次，沙拉、冷食可以放在一盘内，主食拿一次，甜点和水果再另外拿一次。

烤肉（Barbecue）是夏天在户外的一种聚餐方式，在草地上架起炭火烤肉，边烤边吃，非常放松有情趣。

吃烤肉时可以穿得很休闲随便，休闲短裤和 T 恤是最佳装扮。

吃烤肉时要注意主动帮忙，不要"拿来主义"，只顾着自己吃。

中餐

不论是在学校食堂或者是西餐、自助餐、自助烤肉都是各人份的，而中餐和我们在国内一样，是分食。如果一同出外就餐的是美国人或者是我国台湾省人，你要尊重大家的用餐习惯，一般要使用公筷取盘子里的菜放进自己的小盘子。大家习惯把米饭也放进盘子里吃。

另外，帮美国人点菜的时候，介绍给你他们最喜欢吃的三个中国菜：左宗棠鸡、甜酸鸡、芝麻鸡。

小费

在外面就餐要给服务生 15%-20% 的小费。服务生的工资来源主要是客人的小费，这样的初衷是为了提高服务质量，其中有利益机制在起作用。但只要服务生没有故意怠慢，客人还是应该尽自己的义务，给服务生相当的小费。一般中午饭是 15%，晚饭是 20%。当然，如果你对服务生的服务满意或者不满意，可以相应增加或者减少。自助餐是 10%。现在有些自助餐厅和西餐厅，为了方便客人，已经把小费计在账单内了，这样就不必另付小费。如果你想表示额外的感谢，再放两三美元在桌子上也是可以的。

（四）社交与性

美国哈佛大学的一项研究表明，大学时代广泛接触来自各种宗教和种族背景的同学，并学会在一个多元文化的环境中生存，是大学生们大学时代所有经验中感到最吃力同时又是收益最大的体验。你现在能从中学就开始这种体验，对你的整体发展是一个难得的机遇。

人的交往有三个层次。请见图 7-1。深灰色，是你的社交圈，包括你所在的学生群体、家族、社会关系。浅灰色会更进一步，是你的朋友、亲人。从浅灰色圈中走来的是对你影响至深的人们，比如，你的父母、好友。有些关系是生而有之的，比如父母、兄弟姐妹，他们自动走入白色地带，还有些人，是你选择他们，请他们走入白色地带。白色地带是你的核心地带。

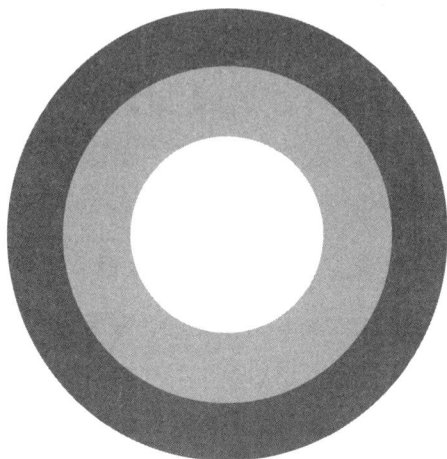

图7-1　人品交往三个层次图

所以，父母能做的是提供好的教育，给你提供一个好的环境，这就像为你找到选择好的邻居，也就是帮你选择好的生活环境，有了好的生活环境才能拥有美好的生活方式。接下来，你要进一步进行自我选择。交友既要主动热情又要懂得慎重和选择。你必须对准备放进更内层圈的人要认真对待。要问问自己，你要做一个什么样的人？你打算允许什么样的人对你施加更强有力的影响？真正的友谊不在乎有多少甜言蜜语，也不在怎样邀朋引伴，而在于激发彼此正直、向上的热情，在于心灵的相通、精神的共鸣。

一只狐狸掉在一口井里，转了很久琢磨怎样再跳上去。这时一只山羊来到这里，它正想喝水，便问狐狸这井水好不好，还多不多。狐狸掩饰起它的真实危险处境，回答说："下来吧，我的朋友，这水好得使我喝不够，而且多得用不完。"于是山羊立刻跳进了井里，狐狸踩着它"朋友"的犄角，敏捷地跳了上去，并且冷淡地对受了骗的可怜的山羊说："如果你的脑子有你胡子一半多，你就会先思而后行了。"

在交朋友问题上，真正要非常严肃地先思后行的是我们下面要谈的：男生和女生。先给你讲一个真实的故事。

这个女孩子现在已经快 30 岁了。她是刚上大学不久和一个干净体面的男生有了性行为，他们的性行为是使用了避孕套的。很戏剧化的是，避孕套破了。你以为这只是在电影里才会发生，是吧？那电影下面的情节就是，女孩子怀孕了。有时难以相信的是，生活可以比电影更戏剧化，男生告诉她，他 HIV 阳性。

幸运还是不幸呢？她感染艾滋病毒已经 10 年了，还处于潜伏期。10 年来，她的身体和生活都是在艾滋病的阴影下。她的父母也一直不能原谅她。很戏剧化是么？她也曾经天真、纯洁、快乐。在这件事情上，天真和纯洁改变不了命运，能改变命运的是你要为自己设定界限。你要知道什么是你能够控制的，什么是你无力处理的。

你无力面对的是：你尚没有能力为人父母。你尚且没有足够的选择另一半的辨别能力。你尚没有准备好对一份感情做出承诺。

你能够控制的是：设定自己的底线。我建议，你可以把自己的底线设定在：20 岁之前不谈男女朋友，大学毕业前不发生性行为。我还特别想对女孩子说，要懂得爱护自己。

也许有的女孩子对我的说法嗤之以鼻——都什么年代了，阿姨，现在高中谈恋爱已经算晚恋了。我也无话可说，只是希望你能做出属于自己、适合自己的选择，不要随波逐流。

世界上有很多可以欣赏的东西，不要过早把自己沉浸在男欢女爱的狭窄中、感情的旋涡中不能自拔。三字经上还说，少不学，老何为？很朴素的真理，希望你能悉心体会。在对的年龄，做对的事情，你会发现你的生活之途平顺很多，会有很丰富的收益。现在，你是一个高中学生，好好学习知识、发现自己、发现世界，爸爸妈妈把你送到一个不同的国度，凭着站在巨人肩膀上的力量，你也可以走得很高，很远，看看这个世界到底有什么不一样。

是不是决定了不谈恋爱就可以假装没有生理变化这回事情呢？我认为你应该像面对其他事情一样，客观地面对生理变化，了解性常识，知道自己在发育过程中遇到的问题都是很正常的。建议你至少读一本性知识科普读物。并且在遇到性困扰的时候要知道向谁去求助、倾诉。

孔子说君子有三戒，"少之时，血气未定，戒之在色"。如果在青年时代把这一关把握好了，就可以发展得比较平顺。

第五节　财物管理

（一）证件和个人信息

以下信息要妥善保管，不要把证件交给任何人，也不要把证件借给任何人。

1. 护照和签证应该自己和在国内父母处留存复印件，以防万一。到学校后，护照、签证和 I-20 表格都应妥善保存。

2. 到校时还应携带：学校要求的体格检查证明、预防接种证明、医疗档案。如果患有某种疾病，必须带上病历卡等病史记录档案和处方。

3. 通讯录

★ 国内父母监护人的姓名、地址和电话号码；

★ 录取学校的联系人的姓名、地址和电话号码；

★ 美国监护人或者亲友的姓名、地址和电话号码。

4. 社会安全号。这里特别要提到的是社会安全号。在学校期间，只有有工作的学生才能够申请社会安全号，比如说你需要在校内书店找份兼职的工作，学校的国际学生顾问会给你办理社会安全号所需的相应信息，你一般是拿着护照、签证、I-94 卡、学校的其他证明到当地的社会安全局（Social Security Bureau）

办理社会安全卡。获得这个卡后，你最好将卡上的号码记住，并妥善保存该卡片。在美国所有的信用记录都会与这个号码相联系。可以建立信用分数，而这个分数对于以后你在美国申请信用卡或租房租车，都会有很大的帮助。

（二）资金

寄宿生的费用已经包括了学费和食宿费用，在学生入学前应已由父母汇到学校。另外就是学生的健康保险，一般是 1000 美元左右，应在学生出发前购买，在学生离开中国后开始生效，可以一次购买全学年的保险。

学生仍旧需要带一些零用钱。在学生真正学会管理自己的财务收支之前，这部分一开始最好由父母每月发放。

最好能制定一份预算并根据预算来安排生活。每个月也可以记个账。从这样的日常小事中，学习自我管理和自我约束。

下面是一个表格，给你记账作个参考。

表 7-2 5 月花费记账列表

日 期	收　入		支　出（美元）			备　注
	项　目	金　额	项　目	金　额	类　别	
5 月 1 日	上月余额	125.80				
5 月 3 日	本月预算	500.00				
5 月 6 日			交手机费用	40.00	杂　费	
5 月 12 日			超市购买洗衣液，洗发水等	28.50	日常用品	
5 月 19 日			购买学习参考书	23.50	书本费	
5 月 25 日			购买牛仔裤及衬衫	75.90	服　装	
5 月 31 日			和同学外出就餐，看电影等	59.80	交际娱乐	
合　计	收　入	625.80	支　出	227.70	余　额	398.10

为了让你的预算有根据，我们来分析一下常规的支出范围：

书本费和其他学杂开支：一学年约 200-400 美元。平均到每个月只是 20-40 美元的样子。

杂费：手机费、文具、洗衣服、理发、文化娱乐活动、偶尔上馆子招待朋友、添置衣服、交通费。

假期的费用因为旅行计划不同，上下幅度可以很大。

不包括假期费用，基本学杂费开支每个月 100 美元~500 美元之间。如果你是个节俭主义者，这一部分预算上还大有可为。作预算也要考虑自己家庭的经济情况、父母的意愿。零用钱，够用就好，免得过多分心。

第六节　紧急情况下的联系方式

如果你真的遇到了问题，不论是心理上的还是生理上的，是内在的或者是外界的，不论遇到什么样特殊情况，首先要保持镇静、自信，然后要积极寻求来自外界的帮助。

911

在美国遇到任何紧急情况，无论火警、匪警、紧急医疗需求以及任何意外都可以拨打 911，可以得到立即救助。任何电话——包括收费电话都提供免费直接拨打 911 的服务。电话拨通后可能会是电话录音，这时千万不要挂机，调度员马上会出现。如果英文表达不清楚，可以说"Chinese"，调度员会接转华语翻译。最后，一定要等调度员提示再挂断电话。

如果是固定电话，911 还可以自动追踪到你拨打电话的地点。

拨打 911 的紧急情况可以包括：失火、盗窃、抢劫、中枪、中毒、酒后驾车、急病发作、需要救护车等。除了警察，其他所有服务都是收费的。

这里要特别说明，美国文化和中国在这里有大的不同。讲个小故事就明白了。

我有个好朋友读研究生的时候荣幸地经过多次竞选、考试，当选了一个大宿舍楼的楼长，这可是个授薪职位。一天晚上正是朋友当班，有个美国同学，是残疾人，要上厕所，可是她的看护没有来。朋友就帮她上了厕所。交班时候要填写异常情况报告，我朋友的这一助人行为被她的领导批评并指出：她根本没有这个权利这样做。

如果我的朋友是不当班的时候，以个人身份帮助这个残疾人，那是她自己的判断、选择，个人行为自己负责，没有关系。但由于这时候朋友是公职，如果帮对方上厕所时出了问题，责任是学校的。所以作为楼长，朋友没有这个权利去帮残疾人上厕所。正确的办法是拨打911。

急诊

如遇急病，尚能自行前往医院，也可直接到医院的急诊室。最好随身携带自己的保险卡，但万一没有带也不用惊慌，在医院写下你的名字和社会安全号，事后再提供保险卡也没有问题。照顾好自己身体是第一位的。

大使馆

如果是外交有关的、需要本国大使馆出面保护的事件，则应联系中国驻美大使馆或学校所在州所属的领事馆。这些中国驻美的使领馆分别代表中国政府管理本辖区的中国公民的对美事务。

表 7-3 中国在美国的一个大使馆和五个总领馆

领馆名称	辖 区	地 址	电 话
中国驻美大使馆	华盛顿特区、特拉华、爱达荷、肯塔基、马里兰、蒙大拿、内布拉斯加、北卡罗来纳、北达科他、南卡罗来纳、南达科他、田纳西、犹他、弗吉尼亚、西弗吉尼亚、怀俄明	Embassy of the People's Republic of China in the United States of America 3505 International Place,N.W. Washington, D.C., 20008	(202)495-2266
纽约总领馆	康涅狄格、缅因、马萨诸塞、新罕布什尔、新泽西、纽约、俄亥俄、宾夕法尼亚、罗得岛、佛蒙特	Consulate General of P.R.C in New York 520 12th Avenue, New York, NY 10036-1003	(212)244-9456
芝加哥总领馆	科罗拉多、伊利诺斯、印第安纳、艾奥瓦、堪萨斯、密执安、明尼苏达、密苏里、威斯康星	Consulate General of P.R.C in Chicago I East Erie Street,Suite 500 Chicago, IL 60610	(312)803-0095

休斯敦总领馆	阿拉巴马、阿肯色、佛罗里达、佐治亚、路易斯安那、密西西比、俄克拉荷马、得克萨斯	Consulate General of P.R.C in Houston 3417 Montrose Bld., Houston, TX 77006	(713)520-1462
旧金山总领馆	北加州、内华达州、俄勒冈州、华盛顿州及阿拉斯加州	Consulate General of P.R.C in San Francisco 1450 Laguna Street, San Francisco, CA 94115	(415)852-5900
洛杉矶总领馆	亚里桑那、南加利福尼亚、夏威夷、新墨西哥、太平洋岛屿	Consulate General of P.R.C in San Francisco 443 Shatto Place, Los Angeles, CA 90020	(213)807-8088

第七节　孤独、想家的时候

学习生活上的困难还不是最大问题，孤独才是留学生最大的敌人。由于文化的差异，加上语言方面或多或少存在的沟通障碍，且国外人口密度较小，中国学生在国外普遍会感到孤单。为从根本上化解心灵上的孤独，有些留学生会积极利用各种手段来交友，除了当地人，周围或许会有中国大陆同学，香港、台湾来的也都有一些，亚洲同学逢年过节也会举行活动，但静下来后，小留学生内心深处往往还是会感到一种因缺乏知心朋友的无助和孤单。同时更发现，在时空距离和心理距离上，原来的朋友离你也开始远了，你似乎变得没有归属，没有属于自己的圈子。

只要能正确面对，你肯定能战胜困难。首先，在心理上不要逃避，面对它、承认它。这种孤独状态是留学生活中重大挑战的一个组成部分，当你能够慢慢习惯了这种孤独，克服这种挑战，你的人生水平就会有一个飞跃。时间会改变很多东西。你需要朋友，朋友需要积累，需要交流，需要信任，需要理解，更需要时间。所有的一切都不可能一蹴而就。忍受孤独，更积极的一面是，给你一个空间和时间，让你有机会学会独立生活、独立观察、独立思考。

在出国前应对留学有着明确的目标，参考下一章，要对自己 3 到 5 年内的规划、目标有很清楚的了解，这样你既能在孤独中集中精力学习，也不会被异国的孤独感淹没，减少漂泊感，达到化挑战为动力的效果。

纵观来美国的小留学生的整体情况，由于其选择性比较强，人数尚比较少，整体水平还是比较高的。但我们也见过有的小留学生非常不成熟，缺乏自我认识和对周围情况的认知，而美国人又普遍热情、礼貌，有的同学就觉得自己非常受欢迎，大搞社交，把自己弄得跟交际花一样，交来的"朋友"水平素质都不高，给自己带来很多麻烦。

身在异国，特别是第一年，肯定会有遇到挫折、感到苦闷的时候，向谁倾诉好呢？本能的反应是，不想在电话里告诉遥远的父母让他们着急，也不想告诉身边不够信任的人。这时你要判断形势，找到自己的同盟军。有几个选择供你参考。第一，父母；第二，你在美国的监护人；第三，写日记或者网络日记；第四，学校的心理医生或者国际医生辅导老师；第五，你的新老朋友。尽量让你郁闷的心情得到舒缓。

最后，一定要有一个能给自己带来快乐的兴趣爱好，一个自得其乐的娱乐方式。这样，孤独感就不会在你失意时将你击倒。

第八节　给家长的建议

作为父母，你选择了把孩子送到国外接受教育，扩大他的视野、拓宽他的世界，其实这也是父母的机会，从孩子身上，你有机会去拓展自己的视野、自己的生活范围。孩子刚到了一个全新的环境，需要精神上的支持，父母应是孩子最大的支持者。一定要明白，他们需要细心抚慰和贴心关注。

这里有几个建议：

★ 第一年里，争取每天保持交流，现在用微信无论是语音还是文字沟通都会非常方便。多交流，才能彼此了解，不会成为彼此生活中的陌生人。交流才能在孩子的新生活里建立畅通无阻的亲子沟通渠道，在重要事情上为孩子提供意见。

★ 通过支持增进了解，同时也建立一个渠道，孩子仍旧需要你的建设性的意见建议、人生经验，指导他少走弯路。

★ 告诉孩子遇到什么样的情况该到哪里寻求帮助。最好能在当地给孩子找到合适的监护人。最主要的要告诉孩子，一周 7 天，一天 24 小时，什么时间孩子都可以找到父母。即使是最急切希望孩子独立的父母，这时候也不能担心自己的关注会耽误了孩子走向独立。有自信、被关爱的孩子才更有勇气迎接生活的挑战。

★ 学习。总在说怎么教育孩子，其实我看，从孩子一出生，就是家长和孩子共同学习、共同成长的过程。你看，孩子生下来，虽然有吮吸本能，但就连喝奶都要慢慢学会，何况是以后更复杂的事情？作为一对聪明的家长，踏过心理的国界，跟随孩子的脚步，和他们一起成长。在孩子的成长过程中，生活中会有疑问，当孩子无法从家长身上获得答案时，就会从别的渠道去寻找答案，如果想自己作为家长能提出意见，能在孩子的生活中起到积极的作用，就需要不断学习、更新自己。当遇到和孩子产生分歧的时候，也不要怨天尤人，有很多参考书籍可以看看，有心理学的、教育学的、甚至美国的留学情况介绍都可以看看，也许没有一个直接的答案，但有了科学的经验借鉴，再加上对孩子的了解和关爱，很多问题都会有解决方案的。

★ 完成从老板到顾问的转变。不要再把你的孩子"救"出困难了，遇到任何问题都要把解决的权责交给孩子，要让他自己面对困难。父母只能给他提供自己人生经验，而不能再一味指令他做什么。你所能提供的最好就是让他觉得安全，遇到困难的时候随时可以得到你的支持、理解和建议。你不能再向孩子表达失望、批评、沮丧、愤怒、焦虑、绝望的感情，而要代之以感同身受的倾听。当孩子询问时再提出建议。你可以表示：是他所做的决定使他面临困境，而你有信心，相信他同样有能力付出努力并走出困境。你的态度应该是不评价、不干涉、尊重、坚定、爱。作为一个顾问，你也要同时回顾反思自己教养孩子过程中的得失，从而帮助孩子搞清楚哪部分做得好、走得直，那些走歪了、做错了，下次怎样做更好。要让孩子知道错误是学习和进步的基础。人生只有一种失败是真正的失败——就是停止尝试。

★ 家庭焦虑。在一个全新的环境里，孩子需要支撑、引导。成年人也同样需要。你们在一起或者分别寻找新环境的各种要素，并用各自的方式寻求成功。随着孩子的独立、自己对美国的探索加深，家长往往觉得对孩子失去原有的控制力。家长开始对孩子各种的患得患失感到焦虑，这种焦虑投射给孩子，成为不必要的压力；孩子逃避家长，想自己消化吸收，但家长因而变得加倍焦虑。这种不必要的压力会使得孩子的行为走形。家长如能克服自己的焦虑，孩子探索的脚步才会走得更加自信。其实孩子本身并不怕跌跤，对他们来说，跌跤也是学习的过程。千万不要用自己的焦虑耽误了孩子的成长进程。

★ 回归。如果你的孩子在你们共同决定的尝试里失败了，在外面的世界没有找到合适的土壤根基，需要回家休整，你要支持这个决定，让你的孩子有一个安全的地方，简单的生活，好好想一想，休养、修复自己。但要事前协商出一个合理的时间段。此后还是要他继续向前走，不论在国内还是国外。

不管家庭情况如何，出国留学对中学生，是一种特权，而不是一种权利。所以，做出这个选择的时候家长一定要想清楚，为什么走出这一步。如果是因为时髦，或者因为邻居家的二舅的三姨父的外甥去美国了，考上了优秀大学，更有甚者，是因为父母实在管不了了，如果这样，那你让孩子出国留学的想法还只能是一个想法而已。

你首先要问自己一个问题：以你的判断，你的孩子足够成熟，以至于你们能够委以非常大的自由活动空间么？是否存在潜在的、可能对他整个发展进程产生破坏作用的自由活动？最坏的可能是，你让自己才十几岁的孩子在遥远的世界某处完全失控。一个十几岁的孩子去操控如此大的自由也许会付出极大的代价，对自己、对家庭、对他人造成极大的伤害。我们看到这样的例子还少么？除了那些免费进入一流学院的成功案例，在暗流的深处，有些孩子在国外并没有读书，他们开车撞人、杀人、吸毒、滥交。

尽职的父母不会允许一个有不负责任记录的孩子、一个在中学没有显现出合理的转变、成熟、适应的孩子过早去掌握这么大的自由。如果孩子表现出做事冲动、盲目、尚且不懂得为自己行为的后果负责，过分容易受周围环境影响，那么父母就不应该让孩子在中学期间就出国留学，一定要等到他准备好的时候——足够成熟的时候，再迈出这一步。

显然，这本书是一本出国留学的参考书，但我们绝对不是说所有的中学生都适合出国留学。没有一条路是大家都一定要走的，出国读中学也只适合一部分人。

第 八 章

美国，一个新的开始

不断有家长问：孩子到了美国之后，有没有最简单、最基本的指导原则？在思考怎么回答这个根部的问题时，我梳理出了四条定律。在每一个人的成长过程中，有快乐的记忆，也会有一些不那么美好的体验和感受，但如果孩子们成长的环境明显违背了这些定律，孩子们的心灵就会受伤，他们的精神成长就会停滞，言语、行为、态度、知识的呈现，是生命所生出的枝条和"果实"，有赖于心灵与精神的滋养。

【女孩的故事】：

布莱达那时五岁，和父亲一起去海滩。父亲让她试试海水的温度。她很高兴地跑到水边，让脚趾浸在水中。

"我把脚伸进水里了，水很凉。"她对父亲说。

父亲毫无预警地把她扔进了水里。她起先吓了一跳，但马上因为恶作剧开心地笑了。

"水怎么样？"父亲问。

"棒极了！"她答道。

"没错，从今以后，如果你想了解什么，记住要全身心投入。"（摘自保罗·柯爱略的《少女布莱达灵修之旅》）

这是说，做事情需要全身心投入，否则你得出的结论都是片面的；也是说你不投身河水中，其实你根本不可能学会游泳，也并不能真正感受被水环绕拥抱的滋味。

【男孩的故事】：

一个男孩在高中的年纪，先学做游侠，后又学习骑马射箭、练武、再到爱上了写文章诗词，继而又改学了冥想，都觉得不够达成内心的追求，兴趣转向其他，直到他发现了孔子的圣人之学，决心作圣人。

这就是中国历史上的圣人王阳明。即便王阳明这样的天纵英才，追随内心的探索，也尝试了五个方向。这就是兴趣、好奇、探索、发现，然后才是毕生的追求。

据观察，不论是全家移民过来美国，还是学生独自来美国读初、高中，有 3 成的学生会拓宽自己的界限、转化阻碍自己成长的东西，取得大幅度的进步，就像人生开挂了一般；5 成学生保持和过去类似的成长走势——随着年龄逐渐成熟；还有 2 成学生切断和周围建立丰富联系的可能性，逐渐自我封闭起来，过早进入停滞状态。

本章开头提到布莱达的故事，表明大多数孩子其实并没有全身心投入到他们的新生活中去：他们把脚伸进水里，说水很凉，然后就让自己停在那里，呆了 4 年甚至更长的时间。为什么呢？一个孩子在远离祖国的地方学习，学着融入，就像要孤身潜入黑夜。他们必须已经学会相信自己、相信付出终会有回报，才敢在陌生的黑夜里深入其中，并且会终究慢慢理解沿途发生的一切。如果他们被自己、被父母老师、被周围环境吓到了，就会一直站在水边，不敢投入进去，会逐渐封闭起来。所以，要想学有所成，首先要全身心地投入。

所以就经常会有这样的对话：

"上课要多回答问题。"妈妈说。

"我不喜欢我的学校。老师和同学都不怎么样。"孩子说。

"我把脚伸进水里了，水很凉。"他们一直这么说，让自己有一个理由来应付父母的和自己对自己"不够好"的评判。

遇到困难，好多时候，父母会分不清是环境问题、心理问题、态度问题还是技能问题？就寄希望再换个学校，搬个家，换个人群就可以一揽子地解决所有问题。其实在采取很多复杂昂贵的解决方案之前，对新环境的认识、资源的利用本身就可以带来更多的提升机会。

定律 1　投入地做自己才能获得最充分的发展

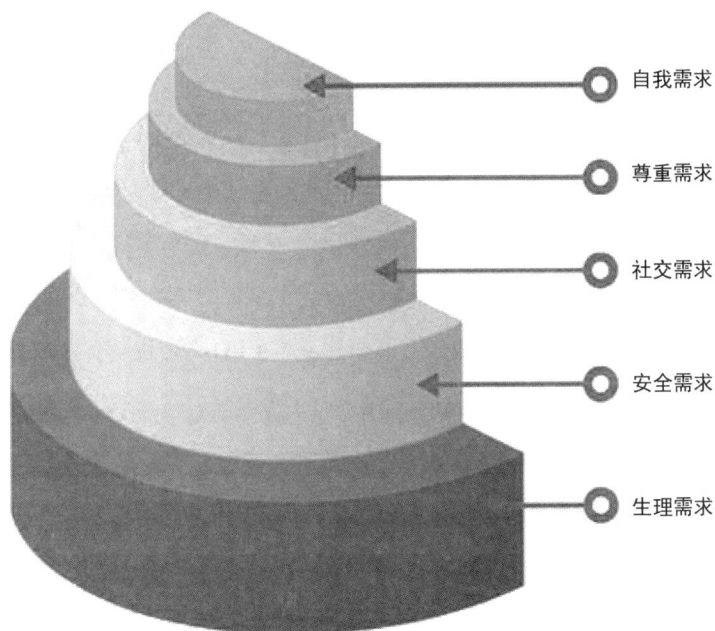

内在动力是孩子成长的源头活水，我们生命的根本动力是成为自己，所以投入地做自己才能获得最充分的发展。美国的人文环境更大程度地为做最好的自己提供了可能。

美国社会心理学家、人本主义心理学的创建者之一马斯洛认为，人有五个层次的心理需要：生理上的需求（比如饮食）属于较低层次的需求；自我实现的需求，也就是成为自己是人类最高级别的需求。生理、安全、社交、尊重、自我实现，人都潜藏着这五种不同层次的需求，但在不同时期表现出来的各种需求的迫切程度是不同的。最迫切的需求才是激励人行动的主要原因和动力。人的需求是从外部得来的满足逐渐向内在得到满足转化的。马斯洛说：人的身上有无限的潜在能力。如果适当地运用它们，人的生活就会变得像幻想中的天堂一样美好。

成为自己，是一个人的内在需求决定的，特别是现在衣食无忧的孩子们成长的源头活水。生命的根本动力就是成为自己，所以投入地做自己才能获得最充分的发展。而美国自由开放、个人主义的人文、教育环境更大程度地为孩子做最好的自己提供了可能。

（一）留学提供的大机遇是更有机会建立属于自己的核心优势

英语对留学美国的重要性再强调也不过分，原因不言自明，就因为语言是一个重要的工具。而掌握了工具，想要长足进步，却抱着碰运气、等靠要的思想去行动，肯定也不会有太理想的效果。我们读书、进入更好的学校、参加各种活动，都是想通过学习、做事情，帮助孩子找到和建立自己的核心优势，也就是常说的所谓"天赋点"。其实每个人都有自己的天赋，有的孩子发现得早，有的人发现得晚，有的一直都没有办法确立起来。

美国更自由的氛围、更多元的选择、更丰富的教育和实践资源保证了孩子"寻找"的最大化可能性。然而在美国虽然更有机会，但寻找这个过程本身还是需要学生自己去探索、实践、思考、确认，以逐步建立起属于自己的独特的"核心优势"。这是在培养一个人的核心，因为只有建立起自己的核心优势，同时学会了利用自己的优势去调动周围的各种资源，包括学校、老师、同学、父母、朋友，甚至社会上的资源，那这个人才真正强大了。

一个孩子到大学毕业后还找不到自己的核心优势，其实在"教育"这条轨道上就已经走得不是很有效率了，但他将来在社会这条更宽广多变的道路上逐步磨炼成长，他还是有机会能够找到并建立自己的核心优势。

案例：允许他们做自己

小 A、小 B 和小 C 都在进入大学前后爱上了物理。

小 A 从小一直课业成绩优异、兴趣广泛，投入自己心心念念热爱的物理学习乃至忘记竞赛，不计较名利得失。物理专业的小 A 除了自己的物理水平远超学校同年级同学几个梯次以外，他还每天投入一小时弹钢琴，更投入大量时间读文艺复兴的书籍和英美文学。

高中以前，小 B 对学校学习没什么兴趣，各个方面也没体现出什么过人之处，一直到 11 年级来了美国，才发现了课业学习的乐趣、体育的乐趣，也逐渐明白了学习对自己很重要。大二的时候，学业越来越上轨道的小 B，竟然还成了中国国家曲棍球队的队员！这让周围人都觉得是意外的惊喜。

这时我们不得不谈谈小 C。天资聪颖的小 C 从很小，比小 A 和小 B 都早，就已经表现出了自己对物理的兴趣，但对小 C 寄望甚高的父母一直忽视小 C 的兴趣，却不断努力向他脑里灌输着自己的声音：金融才有出路，爸爸妈妈给你在金融行业铺好了路，你可以一生顺利。小 C 在大学里学了金融，还在为更高的 GPA 做不懈的挣扎和努力。成绩普通，整个人也并没有发展起来。小 C 父母总在批评小 C 不努力学习。其实，我看到的小 C 投入专业学习的"努力程度"比小 A 和小 B 都要高。但内心没有真正的认同，很难让自己投入的努力有一个好的成果，核心优势就难以建立起来。

小 A 和小 B 这两个物理专业的学生为什么要学习文学、钢琴、打球？因为乐趣，因为想透过钢琴了解世界的秩序感、美感；透过文学了解人类的思想感情、社会变迁；靠打球去打出不断运动变化的自己，打出自信心和创造力。不为更高的 GPA，不为更高薪的工作，说到终极的，只是想满足作为一个人了解自身和周围这个世界的好奇心。周围人都觉得这两个孩子发展得很好，可他们并不是为了讨好众人，只因为父母允许他们做自己。选择自己最喜欢的事，把它做到极致，是人生最大的快乐，成功就是从任何事情上开始的。父母不要站在自己的角度去看待孩子的现在和未来，因为所处的时间、潮流必然会变化，特别是当今的数字时代本身就是变化无穷，如果总是希望靠老一辈有限的经验去"决定"孩子的未来，其实不如让他们做自己：要及早选择他最喜欢的事做到极致，把当下做好了，未来必然会好。

（二）努力和恐惧

我们中国家庭有一种恐惧就是怕孩子有缺点有劣势。其实这种恐惧让孩子从小就习惯了用很简陋而花巧的方式在父母、老师、朋友面前进行种种的掩饰，造出一个假象出来，造成的结果是他大部分时间都是努力在做一件事情，那就是要尽可能的显得比自己的真实的状态要好，在将自己伪装成另外一个人。家长不自知，还很鼓励，觉得这就是努力。其实努力的只是一个光鲜的外表，而孩子内在缺乏什么呢？

通过探索不同的课外活动，一个学生会找到自己真正喜欢做的事情、热情所在，否则个人动力系统还是外在驱动或者受恐惧驱动，很难能实现自己的潜能。课外活动可以帮助学生扩大认知范围，合成他生命的打火石，使他在活动中、在和周围人的互动中，可以获得热情、突破自己。

课外和课内其实是不可分割的，都是在探索和寻找，不是做给别人看的表演。当两者的协调切实做好了的时候，就可以点燃一个人学习知识的热情——利用学校提供的学术轨道提高完善自己的知识结构。学术轨道肯定有不完全吻合自己需要的部分，但他可以有意识地判断并主动从外部寻找资源进行弥补。这就是小 C 和小 A、小 B 的差距。其实如果允许他做自己，小 C 也许会有机会更早地建立自己的核心优势。

问题出在哪里呢？发现并承认自己的核心优势，也会同时认知到自己的核心劣势。成长是必须付代价的，因为成长永远包含着冒险、犯错、面对未知、尝试新经验、扩展个人的极限与改变。若不必成长，我们就不用改变自己，不用面对未知的危险，更不用花心思面对生活的挑战，从各种选择中做出新的决定。但恰恰是这些内在的挑战，才能让孩子成长为一个真正自信的人，学会面对真实的自己，知道怎么系统建设自己的优势，同时也敢于面对和接受自己的核心劣势，并进行建设性地修补。父母因为害怕孩子跌跤犯错而剥夺了他们犯错的机会，就像《一仆二主》中杨树对杨树苗那样，不敢、不相信孩子可以走过这样的自然的过程，反而给孩子成长过程造成了巨大的挑战。

所以，我们爱孩子的家长们，送孩子们远行美国，远离父母、家族，一年在学校里花 150 天（详见第三章林的行事历）左右的时间学习；每年付出高昂的学费；把他们送上 TOEFL、SAT 的考场，再写下一篇篇申请文书，再加上异国文化的隔膜和无力感……我们承担了这么多，一定要明白这条路的机遇和挑战是什么。当我们希望帮孩子利用好年轻的智力和时间走好"教育"这条路径，让他们的人生起点更高一些，走得更远一些，我们要明白教育是什么？唤醒一个人的自尊、自信的天性；唤醒做人的良知；唤醒作为人的自强、自律、自省的能力；唤醒沉睡的潜能；唤醒开拓创新的意识；唤醒自主参与、协作团结的精神……这一切都比知识的学习更重要。

定律 2　发展的最终方向应该能体现出高度的社会责任感

在大学申请 College Confidential 论坛上，曾经出现了一篇有意思的帖子。一个被顶尖大学拒绝的学生万分沮丧地写道：

我非常失望！我的 SAT 考了 2290 分，因成绩卓越而成为美国优秀学生奖学金（National Merit Scholarship）的获奖者，我的 GPA 达到 4.54 分（注：GPA 学分采用 4 分制，4.54 为根据课业难度加权计算后的分数），我有一打的领导职务，推荐信也很不错。从 8 月份开始我就着手写申请作文，全心全意反复修改。我参观了学校，进行了面试。我竭力表现了我对学校的兴趣和热情。我很早就进行了申请，当我被拒时，我的心都快碎了。我真不知道自己到底哪做错了？！我有那么多的课外活动，以至于我的所有课余时间都被占得满满当当的。我知道申请是一种残酷的竞争，我知道他们只需要最优秀的学生。但我觉得他们的要求太不切实际了！简直是非人的！似乎如果你不能像个机器人一样 24 小时运转，你就没法成功进入这些顶尖学校。

（资料来源：College Confidential 网站）

每年放榜,总是悲喜轮番戏剧性上演的时节。其中不乏像上述那样愤懑的学生，想对苍天大喊几声：为什么？为什么？我到底输在了哪？当然，也不乏一些乐滋滋的学生如同中了乐透大奖，在论坛激动疾呼：不可思议啊，我居然被录取了！

是运气还是必然？有没有规律可循？在众多类似的顶尖选手中如何才能脱颖而出？事情似乎变得扑朔迷离。美国大学非客观的录取，到底有没有标准可言呢？我得做到多好才叫好呢？

要回答这个问题，我们必须面对一个重要的课题：什么样的顶尖选手才是美国最顶尖大学心目中真正的种子选手和目标群体？

根据多年对美国中学和大学教育体制与招生视角的观察、探访与研究，平氏认为即便最顶尖的哈（佛）耶（鲁）普（林斯顿），虽然表面上似乎全世界的优秀青年任它们挑选，但我们认为每年它们所能招到的一直在寻找的"种子选手"只能占录取名额的三分之一左右。而剩下的三分之二名额基本是给了用以配合这三分之一"种子选手"的学习、活动与交友需求而录取的"太子侍读"来陪"太子"读书。

听到这颠覆传统观念的解读，很多学生似有所悟，往往会脱口而出：我有希望成为"太子"或者是一名"太子侍读"吗？

种子或者"太子"本身具备如下两个特点——自我且无我；各方面的优秀品质：极高的天分，在同龄人中表现突出，让人们看到其个体高度完满的自我追求与完善；无我的投入——对自己所爱所追求的不求回报的爱和全身心的付出；无我的奉献精神体现在有担当有投入的高度社会责任感。

也可以这样代入理解一下：前文提到的小 A 和小 C 两个青年，假设他们具备同样的外在成就，但其中小 A 有着明确的自我追求的目标，为之付出孜孜以求的努力并很快乐，表现为"衣带渐宽终不悔，为伊消得人憔悴"。小 C 感到自己所做的一切"简直是非人的！似乎如果你不能像个机器人一样 24 小时运转，你就没法成功进入这些顶尖学校。"那么"太子"和"太子陪读"是不是开始有点线索了呢？

既然是"太子"自然就拥有天下，所以我们说，投入地做自我是起点，要走的方向，应该体现出高度的社会责任感。

定律 3　选择"最好的环境"是为了更好地学习和成长

选择让孩子在大学阶段，甚至早于大学来美国读书，家长看重的不仅是美国的教育学术环境，还会考虑文化因素，往往希望通过孩子成长环境的改换，给予孩子成长更积极的影响。希望通过扩展出更广阔的生活维度扩展人生大厦的基石，最终把这些影响沉潜到他的人格、气质、思维方式和品味中去。

"最好的环境"使他能得到认可，也同时获得智力和成长上的挑战。如果挑战过度，就要花更多的时间去准备和适应。

一个私立中学的家长会上，毕业于耶鲁大学的生物老师对我说：一些中国学生来美国以后变懒了，他们以为这就是美国和美国文化，他们把自己最起码的优势都丢了，但是，这还不是他们最大的问题。

接下来，他列举了一系列的评价词汇，简直让我目瞪口呆：优柔寡断、想赢怕输；经验缺乏，不知己彼（文化）；被动应变，行动迟缓；不懂深入思考、懒于长远计谋；感觉不准，顾此失彼。生物老师老师说的所有这些问题每一项看起来都是环环相扣，如果真有这种种毛病，那些中国学霸在美国学习期间确实是无法获得人们所期待的成功。

（一）中国留学生的优势

我一边听这位老师的忧虑，一边担心他是否在暗指我的那个优秀学生小D。幸亏他话锋一转，又说出一大组溢美之词，我的心才算踏实下来："您的学生小D很好，他和上面那些人不一样。他有进取心，懂判断，知道自己的目标，会管理和把握自己的节奏。他做事情既不急功近利，也具备应有的求胜心。他懂得看时机，凡事会有自己的判断，非常知道怎么增加自己机会。我觉得这是中国学生的优势：精明、有韧劲儿"。最后，生物老师总结到："人无所舍必无所得。小D热爱生物，但奥赛失败了，但正是这个失败，让我看到他和其他中国学霸不同，他不怕输。他把时间都用在探索他感兴趣的知识领域而不仅仅是为竞赛，所以这才保证了他能赢，会赢。我会给他写一份最高级别的推荐信，因为他天资卓著。"

听完生物老师长篇的评价后，我接着提问："那你说的这些问题是中国学生因文化背景不同产生的特性问题还是常春藤的共性问题呢？"

生物老师回答出了三层意思：

"有些留学生根本就不听人家，不去理解人家背后的意思，只是从自己单一的思维去表达对世界的认识。他们往往因为学了一些技术层面的表达就拥有一种优越感，并急于做出表现技术的表达。

"年轻人容易在迷茫的时候抑制了自己的思考，对社会和对自己的看法和外界对不上。他们虽然有思考又并不擅长听别人讲，听别人讲也更注重表面的因果逻辑，辩驳的也是因果逻辑，走不深也看不广，最后就是进不去一个更深广的境界。再加上这群学生在写作和表达方面都比不上同龄的美国学生。其实他们在美国学习的发展前途有限。

"小D比其他分数完满简历完满的学生更加独特和超群，因为他好学、好奇、钻研、从自己出发。再加上中国人文化中固有的优势，精明、有韧劲儿，所以他有潜力，我看好他。他比那些美国人强。"

我开玩笑地问他："那您是哪儿的人？"他也笑说"我是芝加哥来的美国人，所以从骨子里懒。"

作为教育顾问，我参与了很多交流、教学和考察活动。曾经会谈过众多美国大学或中学校长、校董和捐助人，与他们探讨单个学生的前途，并会谈到华裔学生在美国的发展，然而，更多的学习、经验还是来自我们每天和不同的学生及家长的交流。

深度陪伴一个个孩子走过4年、8年从中学到大学毕业，甚至更长的求学之路，让我有机会充分深入地分析学生和家庭的心智模式，他们是怎么看待这个世界的？在文化冲突面前，他们的内应力发生了怎么样的变化？在一个遥远的，文化迥异的国度接受教育，机遇有多大，挑战就有多大，驾驭好了，人生就可以上一个新台阶。

一个学生跟我说："家长有很多不切实际的想法，觉得孩子一到美国就应该英语比美国学生都好；适应融入各个群体；但父母根本没有想过，有很多他们想当然认为我们懂的东西，其实我们并不是很懂。"这个学生的话一针见血。

家长总是误以为，只要把孩子放在一个"好环境"他理所当然就应该可以适应。但当孩子在学习上遇到困难时，社交上遇到挑战时，家长也会感到措手不及；当事态越变越糟，家长会把自己焦虑和愤懑的情绪不自觉地倾泻给孩子。实际上，大人到一个新环境都需要很长时间适应，何况一个未年成年的小孩子。突然离开熟悉的环境，甚至离开家庭、父母和朋友，他们更需要时间适应。

（二）万事开头难和挑战即是机遇

换环境本身就是很大的挑战，更何况是走进一个文化大熔炉一样的国度，语言、文化、人群都和原来大不相同，不管做了多充分的准备，都有一个适应期。面对每一个成员的进入，他需要不断成长和变化，这对整个家庭也是一个发展的机会，因为家庭同时也有适应的过程。最终，这个机遇既可能谱成一首新的和谐一致的生命交响乐章，但也可能成为一个起点开启一场令人绝望的斗争：家庭发展成一个功能不良恶性循环的家庭"操作系统"，孩子则在痛苦和自我挣扎中不断被塑造扭曲。

（三）起点低没什么，只要客观面对

小 E 十分淘气，从小学起就没老师搞得定他，其实父母也搞不定他。很自然地，小 E 的学校学习成绩也很糟糕，直接体现出了这种无法理顺的纠结状态。

深爱孩子的父母带小 E 移民美国就是希望有一个全新的开始，但到了美国学校才发现，小 E 比在中国的表现更差了。父母很绝望。

"中国的教育制度不适合他，他懂得事情多，就是考试不行，上课不守纪律，大家都歧视他，我们搬到美国最富有的东部小城，公立学校在全美排名前 10，生活、教育、人群各方面都很有北美富裕生活的代表性。一到学校可好，本来在中国什么都不在乎的小 E，哭哭啼啼，说什么都听不懂，想回中国，搞得我们也很焦虑。以前给他请了家教都被他气走了。现在可怎么办？"

小 E 的爸爸妈妈在来美国前也深入了解过，私立名校必须通过考试才能进入；而现在这个全美有名的公立学校比其他私立学校要求宽松一些，爸爸妈妈打算让小 E 经过 7-8 年级两年的适应期好好学习，将来 9 年级进入高中，私立公立名校都可以，可以为以后激烈的顶尖大学竞争打下基础。计划是好的，听起来事业成功的小 E 爸爸妈妈也是用了做事业的态度深深地了解了美国的学校系统。但问题是，孩子不是机器，在中国有的问题不会仅仅因为换了一个环境就得到彻底解决。

小 E 的问题其实也是很典型的。障碍来自认知、基础、行为、性格、关系，当这些长期积累的问题正好都卡在一起的时候，沟通、关系的难点无法突破，孩子成长的可能性就被局限住了。

学校、家长忙着解决塔尖的高大上问题，比如考试培训、职业发展等；却不知道，更影响学生努力程度的，塔底的基本问题，比如"我知道学习对我的要求""我有完成学习的动力""我理解我在学什么""我有学好这门知识所需的基本的帮助和适当的重复""让我在学校轨道上成功的技能"。小 E 可以说是这几点都不同程度地匮乏：他不知道该怎么做，也不知道遇到问题去哪里找资源找帮助，比如数学就是在基础之上一级一级建造上去的金字塔，不学好基本的加减乘除法，其实有再好的天赋也无法直接享受微积分的逻辑世界。

所以，换了大环境会面临新的挑战，父母和孩子更需要找到适当的"同盟军"，直接面对问题本身，而不是被孩子所谓"我不想学"的态度卡住。就像小 E 的父母，他们不再停留在"批评教育"的阶段，而是向孩子提供切实的帮助的时候，小 E 的学校教育开始逐步上了轨道。

像小 E 这样的很多孩子无心上学和家长、老师、同学之间冲突不断，其实根本上是因为没有解决好一些最基本的问题。教育孩子真正拼的不是智商，不是时间管理，而是兴趣管理，是能量管理。当孩子境界还很低的时候，周围人会本能地觉得一切都不太对头，父母对孩子都不太有信心，就好像把孩子留在了山脚下，父母和孩子看到的都不一样；当把孩子带到了半山腰，虽然还是有一些不同，但能沟通了；直到把他带到了山顶，几乎所有人看出去都一样。并不是孩子境界低，不能进步，只是还没有带上去而已。学习和沟通中有难点很正常，当难点得到解决，孩子就可以在更高的层面上运作、发展。

我们从旧有的教育制度中出走或者寻求更好的"教育"，希望孩子摆脱"应试"，能得到更多关注，关注孩子的精神和内心世界。

所以，当我们进入一个新的教育环境，走入新的竞争之前，极其有必要先停下来想一想，我们要寻找的教育的本质是什么？许多人只是知道自己不想要什么，但还不知道在教育中到底想要得到什么，也就很难真正把握和利用好新的环境和新的选择。

不管是选择在哪种文化环境中进行学校教育，作为家长，根据如下三点标准确定孩子在走向"好的"教育：

★ 适当的轨道提供适当的学习资源、可以帮助孩子利用好时间；

★ 孩子在环境中受到鼓励、并主动寻找自己内在的驱动力所指向的兴趣点；

★ 孩子在环境里有安全感，敢于探索和犯错。

在这样的教育学习环境里，孩子才拥有探索的乐趣，进行有效地学习、可以拥有持续发展的学习能力。这才是教育自由的目标。

定律 4　父母需要摆正自己的位置

父母和孩子的关系很重要，比"批评、教育、指导"都重要太多。因为孩子在心理上会把和父母的关系内化成为内资的关系模式，就是自己和他人，自己和世界的关系模式。父母的重要性并不取决于父母的言行有多么完美，重点取决于爱与核心的出发点，父母给予孩子的塑造、培养到底是让孩子成为他自己，还是塑造成为父母自己想象中的样子。

当孩子面临环境的挑战时，如果父母能不批评，而给予支持，孩子就会去面对实际生活，从中学习。这时，如果周围的成年人能恰如其分地给孩子以真实有益的指引和点拨，孩子就能少陷入误区，因而走得高远。

下面是一封 F 妈妈在美国接受高中教育过程的反思信，我们可以看到矛盾冲突、看到超越的可能：

孩子顺利进入 11 年级后，我和他才深刻理解了，在美国什么是自由，还有"人外有人，天外有天"。SAT 考试，他没有复习就直接考，别人说他牛，可我们知道是因为无奈。孩子参加各种活动时间排得太满，根本没时间复习，只好硬着头皮上。他有许多不足我也无奈——希望他努力追求学业卓越，但他热心的事情太多，很难集中精力复习 SAT 和写申请作文。他是有实力的，要是能像其他孩子那样在考试前多做题，成绩是可以达到学霸水平的。他不是不努力，他做自己感兴趣的事情也很难说他不对，但我就变得很焦急。他的事情我都不能代他决定，所以只能从旁说说。有时也真有点郁闷。孩子却开始逃避和我沟通。

在论坛上我看到有顾问说："他想进顶尖大学，较低的 SAT 是一个污点。污点留下了，可惜啊，多好的一个孩子。"我就更焦虑了。

这期间，平老师给我写来邮件，她说："看来美国大学的非客观录取过程还是挺磨人的——像您想得清楚、做得到位的妈妈都这么忐忑。我觉得他确实是利用他的高中生涯完成了自我的整合和飞跃。他也要学着不断地调整：包括他自己、他的目标。学习是要花时间的，他调整了，他周围的支撑系统也得调整。您和他都是真真儿做到了极好的调整和支撑。他自己内心也已经具备了极强的学习和探索的动力。"

是呀，他在调整，我也需要调整。轻呼了一口气，我顿时觉得放松了很多。

虽然一直以来都明白，不能用分数和大学来定义一个孩子，但真正看到自己孩子的分数不是那么理想的时候，心中还是不安和焦虑。毕竟我是希望他能进入理想的大学，也相信那样会更有助他的成长。这几年我亲眼目睹着他在美国高中的进步，也深刻地感受到老师们对他的关爱和严格要求在各方面促进着他的成长。我也由衷地感激他们对孩子的帮助，将他这样一个普通的孩子带进了这样一所好学校；有了现在的平台，我就更希望他能进一个好一些的大学，但是这样想未免又有点急了，真是忘记了初心。我该相信我的孩子，他的确已经很不错了！我相信孩子一直以来的努力会将他带到一个更高的地方！

亲子间的这种信心和融洽的关系让孩子在他的生活中不断探索前进。即便成绩不完美，但也完全不会是污点，他不仅进了自己梦想的大学，同时还具备各种能力，高中生活也是丰富快乐的。

孩子读美高，父母应该做些什么？要我说，就是要相信孩子、鼓励孩子。如果他没法像学霸那样努力，父母也可以接受他。因为爱他，所以总希望他能高高兴兴，而且相信他，所以即便他会走弯路，也没关系，会找到正路的。

不论在中国还是在美国，大部分学生还都是在奖励和惩罚之间被动努力的，他们的学习逐渐被固化成了根深蒂固的答题模式。他们前进，却不是受内在的好奇心驱使，而是被摆在面前的奖励、排名诱使，又被身后各种各样的压力压迫。在这种唯绩效论的教育中，大家只注重阶段性目标，而忽略了教育的本质是要给孩子注入一种整体的内在使命感和动力源。说到底，仍旧是缺乏对孩子的精神和内心世界的关注，对自然规律的理解和尊重。

而且这种前诱后推式的所谓"教育"的负面作用迟早必定会显现：一旦身后的威胁和压力消失，他们就走不动了，因为这样的模式让他们荒废掉了作为自然人本身就具备的好奇心，也就丢掉了自己的内在驱动力。正需要孩子们走上社会对社会有所贡献的时候，是孩子们需要自己给自己出题的时候，他们反而会变得不知所措，因为他的思维和行为模式被训练成了答题模式。

斯坦福大学教授威廉·戴蒙也通过研究发现，现代教育越来越成为一种泛职业教育。孩子们在各种威逼利诱和一个个阶段性目标的驱使下努力，被强行拖着向前走，长此以往，他们会逐渐丧失自己的内在动力。

没有了内在动力的孩子就像是无源之水、无本之木，其实走不远，也活不出自我来。可是大家知道么？这些诱惑和压力往往来源于老师和父母的赞许、奖励与迫使，让孩子在荣耀和不得不之间游走，似乎暂时可以走得比较快，却殊不知，已经在渐渐迷失了自我。

孩子们需要家长的认同和鼓励，而家长则希望他们的孩子能够健康和成功。前面写信的F妈妈口中所说：相信孩子、允许他走弯路，是给予孩子受教育的过程以发展内在自我以自由的空间感。耶鲁教授德雷谢维奇写出了《优秀的绵羊》一吐胸臆：孩子们你们有这样好的基础，何必被条条框框限制住了心性？

一个人上学期间，是形成世界观、人生观、价值观的关键阶段。在这个阶段，如果我们是在一场场考试的驱动下学习，被一个个阶段性的外在目标来驱使自己向前，那么这种外在的压力和阶段性目标会自动抑制我们的内在驱动力和终极目标的形成。如果受教育者的学习动机都变成了外驱式的"要我学习"，而不是内驱式的"我要学习"。这样的"绵羊式"培训让我们一旦告别考试的年龄，进入阶段性目标不明确，需要自己为自己设定目标的年龄，我们就会陷入一种巨大的迷惘和绝望。当不再面对非常明确的奖惩时，孩子们甚至不知道该怎么走了。

作为孩子，学着投入实际的生活；作为父母，要允许孩子投入，而不是一味做"头脑的批判"。不论在什么学校的平台上学习、不论在哪个国家发展，孩子的能力得以充分发展都是关键，这关系到他能够成为自己生活中充满希望和未来的"太子"。

校内外的学术学习，还有无论是打球、跳舞、画画、做研究，还是旅行，孩子都能从这些事情里面学到很多。其实好好利用，孩子是可以在美国学校丰富的活动中获得很多重要学习经验的。离开应试教育，走入更广阔的教育，我们更要把关注点调整好：调整到真正的重点上：孩子通过他们的知识学习、通过他们所做的事情获得了哪些成长的机会。

比如大学规划和申请给学生很好的长期学习的机会，体会如何为未来做好规划、自主决定人生重大问题；利用好了，这都是让孩子获得最充分成长的机会。如果忙着表演给别人看，坚定不移地想用父母的意志操控孩子的生活和学习，只能让孩子再次错过自我成长、自我成就的机会。

实际生活比书本更立体和多元，在新的环境中适应就是很重要的学习。在学习中遇到困难和挑战时，孩子更需要时间适应，也需要各种各样的支持和引导。父母不要强迫孩子作"绵羊"，他们就始终可以从挑战中学到自己该学的东西，并逐渐成长起来。

一个家庭投入了各种努力把孩子带到美国，希望提升孩子的起点和视野，至少也能让他身心得到良好的发育；更理想一些，家长希望孩子能成为一个极具独立判断能力和丰富的创造力的人。

结 语

"到美国读书，对于我来说，最好的是学习就像朋友一样。如果一定要找一个自己厌恶的人做朋友，就很为难，建立起来的恐怕都是自我压抑和对对方的嫌恶。

关于所谓的快乐学习，好多美国学生也有不明白的地方，比如他们往往没意识到需要系统的知识积累才有长久的快乐。可中国人也往往没搞清楚，谈到学习就说：要努力、要坚持。其实快乐学习是因为感兴趣而投入努力，学习起来没有那么拧巴费劲，所以会不断主动思考、建立起自己的思考和知识体系。否则当不压的时候，压进去的总有再全数弹出来的一天。

通过在美国 8 年的学习，得到最大提升的是什么？人生哲学吧，一个人只拥有此时此刻是不够的，他还应该拥有诗意的世界，过去和将来；对我来说，我是世界居民，所以总要为这个世界做点什么。

关于成功，如果用货币来比喻，我想人生有三种：第一种叫幸福货币，因为我现在做的是一件自己特别热爱的事情，自然就收获了幸福货币；第二种是社交货币，在做喜欢的事情时，发现原来还有志同道合的朋友，就会形成属于自己爱好的社交关系，这种货币在推进我事业的进展；第三种才是现金货币，我相信大学毕业肯定能养活自己。至于更大的成功，我觉得，我现在已经有了一个属于自己的故事，这对我很重要。"

在美国读了 8 年书的 G 这样检视自己的美国求学生涯。

作为导师，我在 G 的毕业纪念册里写道："走向生活，会遇到更多学习的机会。有些学习，不求记住，甚至也暂时还不求理解，但它会在你心中种下一枚种子。随着年纪增长，种子会慢慢发芽，驱使你不时回过头来看这段日子。"

附表 1 平氏分类：一类学校名录

序号	学校名称	州别	地址	网址
1	Blair Academy	新泽西州	2 Park Street, Blairstown, NJ 07825	http://www.blair.edu/
2	Brooks School	马萨诸塞州	1160 Great Pond Rd., North Andover, MA 01845	http://www.brooksschool.org/
3	Cate School	加利福尼亚州	1960 Cate Mesa Rd., Carpinteria, CA 93013	http://www.cate.edu/
4	Choate Rosemary Hall	康涅狄格州	333 Christian Street, Wallingford, CT 06492	http://www.choate.edu/
5	Concord Academy	马萨诸塞州	166 Main Street, Concord, MA 01742	http://www.concordacademy.org/
6	Cranbrook Schools	密歇根州	39221 Woodward Ave., Bloomfield Hills, MI 48303	http://www.schools.cranbrook.edu/
7	Deerfield Academy	马萨诸塞州	7 Boyden Lane, Deerfield, MA 01342	http://www.deerfield.edu/
8	Emma Willard School	纽约州	285 Pawling Avenue,Troy, NY 12180	http://www.emmawillard.org/
9	Episcopal High School	弗吉尼亚州	1200 North Quaker Lane, Alexandria, VA 22302	http://www.episcopalhighschool.org/
10	Georgetown Preparatory School	马里兰州	10900 Rockville Pike North, Bethesda, MD 20852	http://www.gprep.org
11	Groton School	马萨诸塞州	Box 991 Farmers Row, Groton, MA 01450	http://www.groton.org/
12	Hill School	宾夕法尼亚州	717 E. High Street, Pottstown, PA 19464	http://www.thehill.org/
13	Hotchkiss School	康涅狄格州	11 Interlaken Road P.O. Box 800, Lakeville, CT 06039	http://www.hotchkiss.org/
14	Hun School of Princeton	新泽西州	176 Edgerstoune Road, Princeton, NJ 08540	http://www.hunschool.org/
15	Lawrenceville School	新泽西州	2500 Main Street, PO Box 6008, Lawrenceville, NJ 08648	http://www.lawrenceville.org/
16	Loomis Chaffee School	康涅狄格州	4 Batchelder Road, Windsor, CT 06095	http://www.loomis.org/
17	Mercersburg Academy	宾夕法尼亚州	300 East Seminary Street, Mercersburg, PA 17236	http://www.mercersburg.edu
18	Middlesex School	马萨诸塞州	1400 Lowell Road, Concord, MA 01742	http://www.mxschool.edu/
19	Milton Academy	马萨诸塞州	170 Centre Street, Milton, MA 02186	http://www.milton.edu/
20	Northfield Mount Hermon School	马萨诸塞州	One Lamplighter Way Mount Hermon, MA 01354	http://www.nmhschool.org/
21	Peddie School	新泽西州	South Main Street, Hightstown, NJ 08520	http://www.peddie.org/
22	Phillips Academy Andover	马萨诸塞州	180 Main St., Andover, MA 01810	http://www.andover.edu/
23	Phillips Exeter Academy	新罕布什尔州	20 Main St. Exeter, NH 03833-2460	http://www.exeter.edu/
24	Shady Side Academy*	宾夕法尼亚州	423 Fox Chapel Road, Pittsburgh, PA 15238	https://www.shadysideacademy.org

续附表 1　平氏分类：一类学校名录

25	St. Albans School	华盛顿特区	Mount St. Alban Washington, D.C., DC 20016	http://www.stalbansschool.org
26	St. Andrew's School	特拉华州	350 Noxontown Road, Middletown, DE 19709	http://www.standrews-de.org/
27	St. George's School	罗得岛	372 Purgatory Road, Newport, RI 02840	http://www.stgeorges.edu/
28	St. Mark's School	马萨诸塞州	25 Marlborough Road, Southborough, MA 01772	http://www.stmarksschool.org/
29	St. Paul's School	新罕布什尔州	325 Pleasant Street, Concord, NH 03301-2591	http://www.sps.edu/
30	Taft School	康涅狄格州	110 Woodbury Road, Watertown, CT 06795	http://www.taftschool.org/
31	The Hockaday School	得克萨斯州	11600 Welch Road, Dallas, TX 75229	http://www.hockaday.org/
32	The Thacher School	加利福尼亚州	5025 Thacher Road, Ojai, CA 93023	http://www.thacher.org/
33	Webb Schools	加利福尼亚州	1175 West Baseline Road, Claremont, CA 91711	http://www.webb.org/
34	Westminster School	康涅狄格州	995 Hopmeadow Street, Simsbury, CT 06070	http://www.westminster-school.org/
35	Woodberry Forest School	弗吉尼亚州	898 Woodberry Forest Rd, Woodberry, VA 22989	http://www.woodberry.org/

附表 2　平氏分类：二类学校名录

序号	学校名称	州别	地址	网址
1	American Heritage School	佛罗里达州	两个校区 12200 W. Broward BLVD Plantation, FL 33325 & 6200 Linton Blvd Delray Beach, FL 33484	http://www.ahschool.com
2	Annie Wright School*	华盛顿州	827 N.Tacoma Ave, Tacoma, WA 98403	http://www.aw.org/
3	Archbishop Riordan High School	加利福尼亚州	175 Phelan Ave, San Francisco, CA, 94112	http://www.riordanhs.org/
4	Asheville School	北卡罗来纳州	360 Asheville School Rd. Asheville, NC 28806	http://www.ashevilleschool.org/
5	Athenian School	加利福尼亚州	2100 Mt. Diablo Scenic Blvd. Danville, CA 94506-2002	http://www.athenian.org/
6	Avon Old Farms School	康涅狄格州	500 Old Farms Road, Avon, CT 06001	http://www.avonoldfarms.com/
7	Baylor School	田纳西州	171 Baylor School Road, Chattanooga, TN 37405	http://www.baylorschool.org
8	Berkshire School	马萨诸塞州	245 North Undermountain Road Sheffield, MA 01257	http://www.berkshireschool.org/
9	Bolles School	佛罗里达州	7400 San Jose Blvd., Jacksonville, FL 32217	http://www.bolles.org/
10	Brewster Academy	新罕布什尔州	80 Academy Drive, Wolfeboro, NH 03894	http://www.brewsteracademy.org/
11	Cambridge School of Weston	马萨诸塞州	Georgian Road, Weston, MA 02493	http://www.csw.org/
12	Canterbury School	康涅狄格州	101 Aspetuck Avenue, New Milford, CT 06776-2825	http://www.cbury.org/
13	Chatham Hall	弗吉尼亚州	800 Chatham Hall Circle, Chatham, VA 24531-3085	http://www.chathamhall.com/
14	Cheshire Academy	康涅狄格州	10 Main Street, Cheshire, CT 06410	http://www.cheshireacademy.org/
15	Christchurch School	弗吉尼亚州	49 Seahorse Lane, Christchurch, VA 23031	http://www.christchurchschool.org/
16	Church Farm School	宾夕法尼亚州	1001 East Lincoln Highway, Exton, PA 19341	http://www.gocfs.net/
17	Colorado Springs School	科罗拉多州	21 Broadmoor Ave, Colorado Springs, CO 80906-3612	http://www.css.org/
18	Colorado Rocky Mountain School	科罗拉多州	1493 County Road 106, Carbondale, CO 81623	http://www.crms.org/

续附表 2　平氏分类：二类学校名录

19	Culver Academy	印第安纳州	1300 Academy Road, Culver IN 46511-1291	http://www.culver.org/
20	Cushing Academy	马萨诸塞州	39 School Street, Ashburnham, MA 01430	http://www.cushing.org/
21	Dana Hall School	马萨诸塞州	45 Dana Road, Wellesley, MA 02482	http://www.danahall.org/
22	Darlington School	佐治亚州	1014 Cave Spring Road, Rome GA 30161	http://www.darlingtonschool.org/
23	Dunn School	加利福尼亚州	2555 W. Highway 154, Los Olivos, CA 93441	http://www.dunnschool.org/
24	Ethel Walker School	康涅狄格州	230 Bushy Hill Road, Simsbury, CT 06070	http://www.ethelwalker.org/
25	Flintridge Sacred Heart Academy	加利福尼亚州	440 St. Katherine Drive, La Cañada Flintridge, CA 91011	http://www.fsha.org/
26	Fountain Valley School of Colorado	科罗拉多州	6155 Fountain Valley School Road, Colorado Springs, CO 80911	http://www.fvs.edu/
27	Foxcroft School	弗吉尼亚州	22407 Foxhound Lane, Middleburg, Virginia 20117	http://www.foxcroft.org/
28	Fryeburg Academy	缅因州	745 Main Street, Fryeburg, ME 04037	http://www.fryeburgacademy.org/
29	Garrison Forest School	马里兰州	300 Garrison Forest Road, Owings Mills, MD 21117	http://www.gfs.org/
30	George School	宾夕法尼亚州	1690 Newtown-Langhorne Rd. Newtown, PA 18940	http://www.georgeschool.org/
31	Gould Academy	缅因州	Bethel, ME 04217	http://www.gouldacademy.org/
32	Governor's Academy	马萨诸塞州	1 Elm Street, Byfield, MA 01922	http://www.thegovernorsacademy.org/
33	Gunnery	康涅狄格州	99 Green Hill Road, Washington, CT 06793	http://www.gunnery.org/
34	Harvey School	纽约州	260 Jay Street, Katonah	www.harveyschool.org/
35	Hawaii Preparatory Academy	夏威夷州	65-1692 Kohala Mountain Road, Kamuela, HI 96743	http://www.hpa.edu/
36	Holderness School	新罕布什尔州	Chapel Lane (Route 175), Plymouth , NH 03264	http://www.holderness.org/
37	Indian Springs School	亚拉巴马州	190 Woodward Drive, Indian Springs, AL 35124	http://www.indiansprings.org/

续附表 平氏分类：二类学校名录

38	Kent School	康涅狄格州	One Macedonia Road, Kent, CT 06757	http://www.kent-school.edu/
39	Kimball Union Academy	新罕布什尔州	P.O. Box 188 Main Street, Meriden, NH 03770	http://www.kua.org/
40	Lake Forest Academy	伊利诺伊州	1500 West Kennedy Road, Lake Forest, IL 60045	http://www.lfanet.org/
41	Lake Ridge Academy	伊利诺伊州	37501 Center Ridge Road, North Ridgeville, Ohio 44039	http://www.lakeridgeacademy.org/
42	Lawrence Academy	马萨诸塞州	26 Powderhouse Road, Groton, MA 01450	http://www.lacademy.edu/
43	Lexington Christian Academy	马萨诸塞州	48 Bartlett Avenue, Lexington, MA 02420	http://www.lca.edu
44	Madeira School	弗吉尼亚州	8328 Georgetown Pike, McLean, VA 22102	http://www.madeira.org/
45	Masters School	纽约州	49 Clinton Avenue, Dobbs Ferry, NY 10522	http://www.themastersschool.com/
46	McCallie School	田纳西州	500 Dodds Avenue, Chattanooga, TN 37404	http://www.mccallie.org/
47	Midland School	加利福尼亚州	5100 Figueroa Mtn. Rd. Los Olivos, CA 93441	http://www.midland-school.org/
48	Millbrook School	纽约州	School Road, Millbrook, NY 12545	http://www.millbrook.org/
49	Miller School	弗吉尼亚州	1000 Samuel Miller Loop, Charlottesville, VA 22903	http://www.millerschool.org/
50	Miss Hall's School	马萨诸塞州	492 Holmes Road, Pittsfield, MA 01202	http://www.misshalls.org/
51	Miss Porter's School	康涅狄格州	60 Main Street, Farmington, CT 06032	http://www.missporters.org/
52	Newman School	马萨诸塞州	Marlborough St.Boston, MA 02116	http://www.newmanboston.org
53	New Hampton School	新罕布什尔州	70 Main Street, New Hampton, NH 03256	http://www.newhampton.org
54	Northwest School	华盛顿州	1415 Summit Avenue, Seattle, WA 98122	http://www.northwestschool.org/
55	Oregon Episcopal School	俄勒冈州	6300 SW Nicol Road, Portland, OR 97223	http://www.oes.edu/
56	Pennington School	新泽西州	112 W. Delaware Avenue, Pennington, NJ 08534	http://www.pennington.org
57	Pomfret School	康涅狄格州	P.O. Box 128, 398 Pomfret Street, Pomfret, CT 06258	http://www.pomfretschool.org/
58	Portsmouth Abbey School	罗得岛	285 Cory's Lane, Portsmouth, RI 02871-1352	http://www.portsmouthabbey.org/
59	Proctor Academy	新罕布什尔州	P.O. Box 389, Andover, NH 03216	http://www.proctoracademy.org/

续附表 2 平氏分类：二类学校名录

	School Name	州	Address	网址
60	Putney School	佛蒙特州	Elm Lea Farm, 418 Houghton Brook Road, Putney, VT 05346-8675	http://www.putneyschool.org/
61	Rabun Gap-Nacoochee School	佐治亚州	339 Nacoochee Drive, Rabun Gap, GA 30568	http://www.rabungap.org/
62	Saint Andrew's School	佛罗里达州	3900 Jog Road, Boca Raton, FL 33434	http://www.saintandrewsschool.net/
63	Saint James School	马里兰州	17641 College Road, St. James, MD 21781	http://www.stjames.edu
64	Saint John's Preparatory School	明尼苏达州	1857 Watertower Road, Collegeville, MN 56321-4000	http://www.sjprep.net/
65	Saint Mary's School	北卡罗来纳州	900 Hillsborough St, Raleigh, NC 27603	http://www.saint-marys.edu/
66	Salem Academy	北卡罗来纳州	500 Salem Avenue, Winston-Salem, NC 27101	http://www.salemacademy.com/
67	Salisbury School	康涅狄格州	251 Canaan Road, Salisbury, CT 06068	http://www.salisburyschool.org/
68	Santa Catalina School	加利福尼亚州	1500 Mark Thomas Drive, Monterey, CA 93940-5291	http://www.santacatalina.org/
69	Shattuck-St. Mary's School	明尼苏达州	1000 Shumway Ave., Faribault, MN 55021	http://www.s-sm.org/
70	Solebury School	宾夕法尼亚州	6832 Phillips Mill Rd, New Hope, PA 18938-9682	http://www.solebury.org/
71	St. Andrew's-Sewanee School	田纳西州	290 Quintard Rd., Sewanee, TN 37375	http://www.sasweb.org/
72	St. Anne's-Belfield School	弗吉尼亚州	2132 Ivy Road, Charlottesville, VA 22903	http://www.stab.org/
73	St. Stephen's Episcopal School	得克萨斯州	2900 Bunny Run	http://www.sstx.org
74	St. Timothy's School	马里兰州	8400 Greenspring Avenue, Stevenson, MD 21153	http://www.sttims-school.org/
75	Stevenson School	加利福尼亚州	3152 Forest Lake Road, Pebble Beach, CA 93953	http://www.rlstevenson.org/
76	Stoneleigh-Burnham School	马萨诸塞州	574 Bernardston Road, Greenfield, MA 01301	http://www.sbschool.org/
77	Stony Brook School	纽约州	1 Chapman Parkway, Stony Brook, NY 11790	http://www.stonybrookschool.org/
78	Suffield Academy	康涅狄格州	185 N. Main St., Suffield, CT 06078	http://www.suffieldacademy.org/
79	Tabor Academy	马萨诸塞州	66 Spring Street Marion, MA 02738	http://www.taboracademy.org/

续附表 2 平氏分类：二类学校名录

序号	School	州	地址	网址
80	Tallulah Falls School	乔治亚州	Tallulah Falls, GA 30573	http://www.tallulahfalls.org
81	Thomas Jefferson School	密苏里州	4100 South Lindbergh Boulevard, Saint Louis, MO 63127	http://www.tjs.org/
82	Tilton School	新罕布什尔州	30 School Street, Tilton, NH 03276	http://www.tiltonschool.org/
83	Trinity Pawling School	纽约州	700 Route 22 Pawling, NY 12564	http://www.trinitypawling.org/
84	Villanova Preparatory School	加利福尼亚州	12096 North Ventura Avenue, Ojai, CA 93023	http://www.villanovaprep.org/
85	Virginia Episcopal School	弗吉尼亚州	400 VES Road, Lynchburg, VA 24505	http://www.ves.org/
86	Wayland Academy	威斯康星州	101 North University Avenue, Beaver Dam, WI 53916	http://www.wayland.org/
87	Webb School	田纳西州	319 Webb Road East, Bell Buckle, TN 37020	http://www.thewebbschool.com/
88	Western Reserve Academy	俄亥俄州	115 College Street, Hudson, OH 44236	http://www.wra.net/
89	Westover School	康涅狄格州	1237 Whittemore Road, Middlebury, CT 06762-0847	http://www.westoverschool.org/
90	Westtown School	宾夕法尼亚州	1045 Westtown Rd., West Chester, PA 19382	http://www.westtown.edu/
91	White Mountain School	新罕布什尔州	371 West Farm Road, Bethlehem, NH 03574	http://www.whitemountain.org/
92	Wilbraham and Monson Academy	马萨诸塞州	423 Main Street, Wilbraham, MA 01095-1715	http://wmacademy.org/
93	Williston Northampton School	马萨诸塞州	19 Payson Avenue, Easthampton, MA 01027	http://www.williston.com/
94	Windermere Preparatory School	佛罗里达州	6189 Winter Garden-Vineland Road, Windermere, FL 34786	http://www.windermereprep.com/
95	Woodside Priory School	加利福尼亚州	302 Portola Road, Founders Hall, Portola Valley, CA 94028-7897	http://www.woodsidepriory.com/
96	Worcester Academy	马萨诸塞州	81 Providence Street,Worcester, MA 01604	http://www.worcesteracademy.org/
97	Wyoming Seminary Upper School	宾夕法尼亚州	201 North Sprague Avenue, Kingston, PA 18704-3593	http://www.wyomingseminary.org/

附表 3　平氏分类：三类学校名录

序号	学校名称	州别	地址	网址
1	Andrews Osborne Academy	俄亥俄州	38588 Mentor Avenue Willoughby, OH 44094	http://www.andrewsosborne.org/
2	Auburn Adventist Academy	华盛顿州	5000 Auburn Way South, Auburn, WA, 98092	http://www.auburn.org/
3	Ben Lippen School	南卡罗来纳州	7401 Monticello Road Columbia, SC 29203	http://www.benlippen.com/
4	Besant Hill School (Happy Valley School)	加利福尼亚州	8585 Ojai-Santa Paula Rd., Ojai, CA 93024	http://www.besanthill.org/
5	Blue Ridge School	弗吉尼亚州	273 Mayo Dr.St. George, VA 22935	http://www.blueridgeschool.com/
6	Brenau Academy	佐治亚州	500 Washington Street SE, Gainesville, GA 30501	http://www.brenauacademy.org/
7	Buxton School	马萨诸塞州	291 South Street Williamstown, MA 01267	http://www.buxtonschool.org/
8	Canyonville Christian Academy	俄勒冈州	250 E. 1st Street, Canyonville, OR 97417	http://www.canyonville.net
9	Chaminade College Prep School	密苏里州	425 South Lindbergh Blvd., St. Louis, MO 63131-2799	http://portal.chaminade-stl.com/
10	Chapel Hill-Chauncy Hall	马萨诸塞州	785 Beaver Street, Waltham, MA 02452	http://www.chch.org/
11	Carlisle School	弗吉尼亚州	300 Carlisle Road, Axton, VA 24054	http://www.carlisleschool.org/
12	Christ School	北卡罗来纳州	500 Christ School Road, Arden, NC 28704	http://www.christschool.org/
13	Colorado Timberline Academy	科罗拉多州	35554 Highway 550, Durango, Colorado 81301	http://www.ctaedu.org/
14	Cotter High & Junior High School	明尼苏达州	1115 West Broadway Street, Winona, MN 55987	http://www.winonacotter.org/
15	Darrow School	纽约州	110 Darrow Road, New Lebanon, NY 12125	http://www.darrowschool.org/

续附表 3 平氏分类：三类学校名录

16	Dublin School	新罕布什尔州	18 Lehmann Way, Dublin, NH 03444	http://www.dublinschool.org/
17	Fairmont private school	加利福尼亚州	1575 West Mable Street, Anaheim, CA 92802	http://www.fairmontschools.com/
18	Foxcroft Academy	缅因州	975 West Main Street, Dover-Foxcroft, ME 04426	http://www.foxcroftacademy.org/
19	George Stevens Academy	缅因州	23 Union Street, Blue Hill, ME 04614	http://www.georgestevensacademy.org
20	Gilmour Academy	俄亥俄州	34001 Cedar Rd. Gates Mills, OH 44040	http://www.gilmour.org/
21	Grand River Academy	俄亥俄州	3042 College Street, Austinburg, OH 44010	http://www.grandriver.org/
22	Grier School	宾夕法尼亚州	Rt. 453, Tyrone, PA 16686	http://www.grier.org/
23	Hebron Academy	缅因州	Hebron, ME 04238	http://www.hebronacademy.org/
24	Henderson International School	内华达州	1165 Sandy Ridge Ave, Henderson, NV 89052	http://www.hendersonschool.com/
25	High Mowing School	新罕布什尔州	222 Isaac Frye Hwy. Wilton, NH 03086	http://www.highmowing.org/
26	Hoosac School	纽约州	Hoosick, NY 12089	http://www.hoosac.com/
27	Houghton Academy	纽约州	9790 Thayer Stree, Houghton, NY14744	http://www.houghtonacademy.org/
28	Hyde-Bath *	缅因州	616 High Street, Bath, ME 04530	http://www.hyde.edu/
29	Kents Hill School	缅因州	PO Box 257, 1614 Main St., Rt. 17, Kents Hill, ME 04349	http://www.kentshill.org/
30	Kiski School	宾夕法尼亚州	1888 Brett Lane, Saltsburg, PA 15681	http://www.kiski.org/
31	La Lumiere School	印第安纳州	6801 North Wilhelm Road, La Porte, IN 46350	http://www.lalumiere.org/
32	Lake Mary Preparatory School	佛罗里达州	650 Rantoul Lane	http://www.lakemaryprep.com/
33	Linden Hall School	宾夕法尼亚州	212 East Main Street, Lititz, PA 17543	http://www.lindenhall.org/
34	Long Trail School	佛蒙特州	1045 Kirby Hollow Road, Dorset, VT 05251	http://www.longtrailschool.org/

续附表 3　平氏分类：三类学校名录

35	Lyndon Institute	佛蒙特州	168 Institute Circle, Lyndon Center, VT 05850	http://www.lyndoninstitute.org/
36	Maharishi Academy of Total Knowledge	新罕布什尔州	100 Old North Branch Road, Antrim, NH 03440	http://www.maharishiacademy.org/
37	MacDuffie School	马萨诸塞州	One Ames Hill Drive, Springfield, MA 01105	http://www.macduffie.com/
38	Maine Central Institute	缅因州	125 South Main Street, Pittsfield, ME 04967	http://www.mci-school.org/
39	Marianapolis Preparatory School	康涅狄格州	PO Box 304 Thompson, CT 06277	http://www.marianapolis.org/
40	Marvelwood School	康涅狄格州	476 Skiff Mountain Road, Kent, CT 06757	http://www.marvelwood.org
41	Maur Hill-Mount Academy	堪萨斯州	1000 Green St, Atchison, KS	http://www.maurhillmountacademy.com
42	Monte Vista Christian School	加利福尼亚州	2 School Way, Watsonville, CA 95076	http://www.mvcs.org/
43	Montverde Academy	佛罗里达州	17235 Seventh St.Montverde, FL 34756	http://www.montverde.org/
44	Nawa Academy	加利福尼亚州	17351 Trinity Mt. Rd., French Gulch, CA 96033	http://www.nawa-academy.com/
45	North Broward Preparatory School (NBPS)	佛罗里达州	7600 Lyons Road Coconut Creek, FL 33073	http://www.nbps.org
46	Northwood School	纽约州	Lake Placid, NY 12946	http://www.northwoodschool.com/
47	Oak Hill Academy	弗吉尼亚州	"2635 Oak Hill Road • Mouth of Wilson, Virginia 24363-3004"	http://www.oak-hill.net/
48	Oakdale Christian Academy	肯塔基州	5801 Beattyville Rd, Jackson, KY 41339	http://www.oakdalechristian.org/
49	Oakwood Friends School	纽约州	22 Spackenkill Road, Poughkeepsie, NY 12603	http://www.oakwoodfriends.org
50	Ojai Valley School	加利福尼亚州	723 El Paseo Road, Ojai, CA 93023	http://www.ovs.org/

续附表 3　平氏分类：三类学校名录

51	Oldfields School	马里兰州	1500 Glencoe Road, Glencoe, MD 21152	http://www.oldfieldsschool.org/
52	Oliverian School	新罕布什尔州	Mount Moosilauke Highway, Haverhill, NH 03765	http://www.oliverianschool.org/
53	Olney Friends School	俄亥俄州	61830 Sandy Ridge Road, Barnesville, OH 43713	http://www.olneyfriends.org/
54	Orme School	亚利桑那州	Mayer, AZ 86333	http://www.ormeschool.org/
55	Perkiomen School	宾夕法尼亚州	200 Seminary Avenue, Pennsburg, PA 18073	http://www.perkiomen.org/
56	Purnell School	新泽西州	51 Pottersville Road, Pottersville, NJ 07979	http://www.purnell.org/
57	Ross School	纽约州	18 Goodfriend Drive, East Hampton, NY 11937	http://www.ross.org/
58	San Domenico School	加利福尼亚州	1500 Butterfield Road, San Anselmo, CA 94960	http://www.sandomenico.org/
59	San Marcos Baptist Academy	得克萨斯州	2801 Ranch Road 12, San Marcos, TX 78666	http://www.smba.org/
60	Sandy Spring Friends School	马里兰州	16923 Norwood Road, Sandy Spring, MD 20860	http://www.ssfs.org/
61	Scattergood Friends School	爱荷华州	1951 Delta Avenue, West Branch, IA 52358	http://www.scattergood.org/
62	South Kent School	康涅狄格州	40 Bull's Ridge Road, South Kent, CT 06785	http://www.southkentschool.org/
63	Squaw Valley Academy	加利福尼亚州	235 Squaw Valley Road Olympic Valley, CA 96146	http://www.sva.org/
64	St. Andrew's School - RI	罗得岛	63 Federal Road, Barrington, RI 02806	http://www.standrews-ri.org/

续附表 3　平氏分类：三类学校名录

65	St. Bernard Prep School	阿拉巴马州	1600 St. Bernard Dr., S.E., Cullman, Alabama 35055	http://stbernardprep.com
66	St. Croix Lutheran High School	明尼苏达州	1200 Oakdale Ave - West St. Paul, MN 55118	http://www.stcroixlutheranhs.org/
67	St. Johnsbury Academy	佛蒙特州	1000 Main Street, St. Johnsbury, VT 05819-0906	http://www.stjohnsburyacademy.org/
68	St. Margaret's School	弗吉尼亚州	444 Water Lane, Tappahannock, VA 22560	http://www.sms.org/
69	Stuart Hall School	弗吉尼亚州	235 W. Frederick St. Staunton, VA24401	http://www.stuart-hall.org/
70	Subiaco Academy	阿肯色州	405 North Subiaco Avenue, Subiaco, AR 72865	http://www.subi.org/
71	The Brook Hill School	得克萨斯州	Bullard, TX 75757	http://www.brookhill.org/
72	The Delphian School	俄勒冈州	20950 SW Rock Creek Road, Sheridan, Oregon 97378	http://www.delphian.org/
73	The Forman School	康涅狄格州	12 Norfolk Road, Litchfield, CT 06759	http://www.formanschool.org/
74	The Gow School	纽约州	2491 Emery Rd., South Wales, NY 14139	http://www.gow.org/
75	The King's Academy	田纳西州	202 Smothers Road, Seymour, TN 37865	http://www.thekingsacademy.net/
76	The Knox School	纽约州	541 Long Beach Road, St. James, NY 11780	http://www.knoxschool.org/
77	The Leelanau School	密歇根州	One Old Homestead Road, Glen Arbor, MI 49636	http://www.leelanau.org/
78	The Linsly School	西弗吉尼亚州	60 Knox Lane, Wheeling, WV 26003	http://www.linsly.org/
79	The North Broward Preparatory Schools	佛罗里达州	7600 Lyons Road, Coconut Creek, Florida 33073	http://www.nbps.org/
80	The Outdoor Academy	北卡罗来纳州	43 Hart Road, Pisgah Forest, NC 28768	http://www.enf.org/oa.html

续附表 3　平氏分类：三类学校名录

81	The Phelps School	宾夕法尼亚州	583 Sugartown Road, Malvern, PA 19355	http://www.thephelpsschool.org/
82	The Storm King School	纽约州	314 Mountain Road, Cornwall-on-Hundson NY12520	http://www.sks.org/
83	The Winchendon School	马萨诸塞州	172 Ash Street, Winchendon, MA 01475	http://www.winchendon.org/
84	The Woodhall School	康涅狄格州	P.O. Box 550,58 Harrison Lane,Bethlehem, CT 06751	http://www.woodhallschool.org/
85	St Thomas More School	康涅狄格州	45 Cottage Road,Oakdale, CT 06370	http://www.stthomasmoreschool.com/
86	Thornton academy	缅因州	438 Main Street,Saco, Maine 04072	http://www.thorntonacademy.org
87	Verde Valley School	亚利桑那州	3511 Verde Valley School Road, Sedona, AZ 86351	http://www.vvsaz.org/
88	Vermont Academy	佛蒙特州	P.O. Box 500, 20 Pleasant Street, Saxtons River, VT 05154	http://www.vermontacademy.org/
89	Wasatch Academy	犹他州	120 South 100 West, Mt. Pleasant, UT 84647	http://www.wacad.org/
90	Washington Academy	缅因州	P.O. Box 190, 66 Cutler Road, East Machias, Maine 04630	http://www.washingtonacademy.org/
91	West Nottingham Academy	马里兰州	1079 Firetower Road, Colora, MD 21917	http://www.wna.org/
92	Woodlands Academy	伊利诺伊州	760 E. Westleigh Road Lake Forest, IL 60045	http://www.woodlandsacademy.org/
93	Woodstock Academy	康涅狄格州	57 Academy Road, Woodstock, CT 06281	http://www.woodstockacademy.org

附表 4 平氏分类：军事类学校名录

序号	学校名称	州别	地址	网址
1	Admiral Farragut Academy	佛罗里达州	501 Park Street North,St. Petersburg, FL 33710	http://www.farragut.org/
2	Army and Navy Academy	加利福尼亚州	P.O. Box 3000 Carlsbad, CA 92018-3000	http://www.armyandnavyacademy.org/
3	Camden Military Academy	南卡罗来纳州	520 Hwy 1 North, Camden, SC 29020	http://www.camdenmilitary.com/
4	Culver Academies	印第安纳州	1300 Academy Road, Culver, IN 46511	http://www.culver.org/
5	Fishburne Military School	弗吉尼亚州	225 South Wayne Avenue,Waynesboro, Va 22980	http://www.fishburne.org/
6	Florida Air Academy	佛罗里达州	1950 S. Academy Drive, Melbourne, FL 32901	http://www.flair.com/
7	Fork Union Military Academy	弗吉尼亚州	4744 James Madison Highway,Fork Union, VA 23055	http://www.forkunion.com/
8	Hargrave Military Academy	弗吉尼亚州	200 Military Drive, Chatham VA 24531	http://www.hargrave.edu/
9	Howe Military School & Summer Camp	印第安纳州	5755 North State Road 9,Howe, IN 46746-0240	http://www.howemilitary.com/
10	Massanutten Military Academy	弗吉尼亚州	614 S. Main Street, Woodstock, VA 22664	http://www.militaryschool.com/
11	Missouri Military Academy	密苏里州	204 Grand Ave., Mexico, MO 65265	http://www.mma-cadet.org/
12	New Mexico Military Institute	新墨西哥州	101 West College Blvd, Roswell, NM 88201	http://www.nmmi.edu/
13	New York Military Academy	纽约州	78 Academy Avenue,Cornwall-on-Hudson, NY 12520	http://www.nyma.org/
14	Randolph-Macon Academy	弗吉尼亚州	200 Academy Drive,Front Royal, VA 22630	http://www.rma.edu/
15	Riverside Military Academy	佐治亚州	2001 Riverside Drive,Gainesville, GA 30501	http://www.cadet.com/

续附表 4　平氏分类：军事类学校名录

16	San Marcos Baptist Academy	得克萨斯州	2801 Ranch Road 12，San Marcos, TX 78666	http://smabears.org
17	St. John's Northwestern Military Academy	威斯康星州	1101 North Genesee St. Delafield, WI 53018	http://www.sjnma.org/
18	TMI The Episcopal School of Texas	得克萨斯州	20955 West Tejas Trail,San Antonio, TX 78257	http://www.tmi-sa.org/
19	Valley Forge Military Academy	宾夕法尼亚州	1001 Eagle Road,Wayne, PA 19087- 3695	http://www.vfmac.edu/
20	Wentworth Military Academy & Jr. College	密苏里州	1880 Washington Avenue,Lexington, MO 64067	http://www.wma1880.org/

附表 5　平氏分类：艺术类学校名录

序号	学校名称	州别	地址	网址
1	Idyllwild Arts Academy	加利福尼亚州	52500 Temecula Rd. Idyllwild, CA 92549	http://www.idyllwildarts.org/
2	Interlochen Arts Academy	密歇根州	4000 Highway M–137Interlochen, MI 49643	http://www.interlochen.org/
3	Walnut Hill School	马萨诸塞州	12 Highland Street Natick, MA 01760	http://www.walnuthillarts.org/

附表 6　平氏分类：特别类学校名录

学校名称	州别	地址	网址
Advanced Academy of Georgia	佐治亚州	Honors House,State University of West Georgia,Carrollton, GA 30118	http://www.advancedacademy.org/
Putnam Science Academy	康涅狄格州	18 Maple Street, Putnam,CT 06260	http://www.putnamscience.org/
Belmont Hill School	马萨诸塞州	350 Prospect Street, Belmont, MA 02478	http://www.belmont-hill.org/
Bridgton Academy	缅因州	11 Academy Lane,N. Bridgton ME 04057	http://www.bridgtonacademy.org/
Conserve School	威斯康星州	5400 North Black Oak Lake Rd.,Land O' Lakes, WI 54540	http://www.conserveschool.org/
Hackley School	纽约州	293 Benedict Avenue,Tarrytown, NY 10591	http://www.hackleyschool.org/
International High School	加利福尼亚州	150 Oak Street,San Francisco, CA 94102	http://www.internationalsf.org/
Pine Ridge School	佛蒙特州	9505 Williston Rd, Williston, VT 05495	http://www.pineridgeschool.com/
Eagle Hill School	马萨诸塞州	P.O. Box 116 242 Old Petersham Road, Hardwick, MA 01037	http://www.ehs1.org/about_us/letter/
Devereux Glenholme School	康涅狄格州	81 Sabbaday Lane, Washington, Connecticut, 06793	http://theglenholmeschool.org/
Landmark School	马萨诸塞州	P.O. Box 227, Prides Crossing, MA 01965	http://www.landmarkschool.org
Pine Ridge School	佛蒙特州	9505 Williston Rd, Williston, VT 05495	http://www.pineridgeschool.com/
Bement School	马萨诸塞州	Main Street,Deerfield, MA 01342	http://www.bement.org/
Cardigan Mountain School	新罕布什尔州	62 Alumni Drive,Back Bay Road,Canaan, NH 03741	http://www.cardigan.org/
Eaglebrook School	马萨诸塞州	271 Pine Nook Road, Deerfield, MA 01342	https://www.eaglebrook.org/page
Fay School	马萨诸塞州	48 Main Street, Southborough, MA 01772	www.fayschool.org
Fessenden School	马萨诸塞州	250 Waltham St, West Newton, MA 02465-0246	www.fessenden.org
Fox River Country Day School	伊利诺伊州	1600 Dundee Ave. Elgin, IL 60120	http://www.frcds.org/

续附表 6　平氏分类：特别类学校名录

Hillside School	马萨诸塞州	404 Robin Hill Road, Marlborough, MA 01752	http://www.hillsideschool.net/
Indian montain school	康涅狄格州	211 Indian Mountain Road, Lakeville, CT 06039-0603	http://www.indianmountain.org/
North Country School	纽约州	4382 Cascade Road, Lake Placid, NY 12946	http://www.northcountryschool.org/
Rumsey Hall school	康涅狄格州	201 Romford Rd,Washington Depot, CT 06794	http://www.rumseyhall.org
The Rectory School	康涅狄格州	528 Pomfret Street,Pomfret, CT 06258-0068	http://www.rectoryschool.org/

名词汇编
（按照英文字母顺序排列）

ACT—American College Testing，美国学院测试。ACT 考试与 SAT 考试均被称为"美国高考"，它们既是美国大学的入学条件之一，又是大学发放奖学金的主要依据之一，还是对学生综合能力的测试标准。和 SAT 不同，ACT 考试更像一种学科考试，它更强调考生对课程知识的掌握，同时也考虑到了对考生独立思考和判断能力的测试。从难度上看，ACT 考试比 SAT 更容易一些，尤其对中国的考生来说，选择 ACT 考试可能更容易在短期内获得相对满意的成绩。ACT 考试包括英语、数学、阅读、科学四个部分，其中阅读包括社会科学、自然科学、人类科学的内容，科学部分包括生物科学、物理、化学、地球科学的内容。

AP 课程—Advanced Placement，大学预修课程，是对高中生开放选修的，北美和世界大多数大学承认学分的大学一年级课程。高中生只要上了这些课，就可以学习大学的课程，预修大学学分，并有单科标准化 AP 考试。但有些顶尖大学入学后并不承认该学分，只是作为学生在中学阶段学习深入程度、自我挑战的一种重要判断线索。

Endowment—校务基金也称永久基金。指捐献或赠予给学校的金钱或财物，这种财产通常都附有投资的附加条款：本金永久性或规定时间内不得动用。这样可使捐赠在更长时间内保持更大的效用。通常以年金收入作为学校运营的有力支持，而基金本金部分不被动用。

ESL— English as a Second Language，英语作为第二语言的非母语英语教程。是任何教授英语的课程的总称，不论在英语国家或者是非英语国家，都可以说成是学的 ESL 课程。大多数寄宿学校提供 ESL 课程。

GPA—Grade-Point Average，总平均成绩。以学生每门课的平均成绩标记学业表现的系统。GPA 期评成绩一般包括三个方面：平时的考试成绩约占 50%，期末考试约占 20%，课堂发言和作业约占 30%，GPA 计算方法是把各科成绩按等级乘以学分再以总学分除之。以百分制为例，90 至 100 为 A 等＝ 4.0，80 至 89 为 B 等＝ 3.0，70 至 79 为 C 等＝ 2.0，60 至 69 为 D 等＝ 1.0，60 分以下为 F 等＝ 0 点。

Honor Classes—荣誉课程，为学生设置的难度较高、更具挑战性的学习课程。

I-20 表—是由美国国土安全局授权的学校发给外国学生的文件，用以申请学生签证。上面载明了持该表学生就读的学校、在该校学习的期限，及所需学费金额等重要事项，并载有国土安全局编的序号：SEVIS number，该文件由学校报备国土安全局管理。不论何种原因学生提前离校终止学习，学校有责任及时向国土安全局报告停止该学生的有效签证。

IECA—Independent Educational Consultant Association，美国独立教育顾问协会。

ISEE—Independent School Entrance Exam，独立学校入学考试。是私立学校 5-12 年级的入学考试之一，由独立学校入学考试办公室（ISEE Operations Office）和位于纽约的教育档案局（Educational Records Bureau）主办，主要考查学生的文字和数字推理能力。整个考试时间是 3 小时。ISEE 分三个级别：

级 别	就读年级	申请年级
Lower Level 初级	4 – 5 年级	5 – 6 年级
Middle Level 中级	6 – 7 年级	7 – 8 年级
Upper Level 高级	8 –11 年级	9 – 12 年级

Need Blind—录取过程中择优录取，而不管学生是否需要财务资助，一视同仁。一些顶尖的大学和寄宿高中在招生过程中采取这种录取方式。只要学校认

为是优秀的学生，即便家庭一贫如洗，学校也会从自己的口袋里掏出钱来供其上学。

PG—Post-Graduate，类似国内高中的复读班，给那些尚未准备好上大学或者没有申请到自己满意大学的 12 年级毕业生再修习一年的机会。

Rolling Admission—滚动招生。有些学校招生过程无申请截止日期，随时申请随时合格随时录取。

SAT—Scholastic Assessment Test，学术能力评估考试。SAT 与 ACT 考试均被称为"美国高考"。SAT 成绩是世界各国高中生申请美国名校学习及奖学金的重要参考。基本上假期以外的月份外每个月有一次考试，全年有七次考试机会，准备好了就可以注册考试了。很多学生在 11 年级下学期已经结束 SAT 考试了。SAT 又分为两部分，SAT I 是通用部分，包括阅读、数学、语法、作文，这一部分更像是大学录取的"高考分"；SAT II 是专科考试，有 20 科可选，包括如文学、历史、数学、物理、化学、生物、外语（德、日、法、英、西、汉）等科目 。一般常春藤盟校要求考生的数学加一门理科以及一门外语共三科的考试成绩，其他学校则只要求两门 SAT II 科目考试的成绩。对招生委员会来讲，SAT I 代表学生的智力水平，从 SAT II 可以看出学生的学业功底。

SEVIS—全称为 Student and Exchange Visitors Information System，是指学生及交流访问学者信息系统。SEVIS 负责储存并报告 F、J、M 非移民的信息。

SSAT—Secondary School Admission Test，中学入学考试，该考试包括两大部分：多项选择和作文。主要考查学生解决数学问题的能力、使用英语言的能力以及阅读理解能力。详见本书第四章。

SSN—Social Security Number，社会安全号，是美国政府给予有工作的人的一个号码，用于从工资上扣除老年福利、家庭生存成员福利以及残疾保险。任何正规工作的人必须获得一个社会安全号。许多学校使用社会安全号作为学生的身份号码。

The Ivy League——常春藤盟校。通常是指美国东部八所高学术水平，历史悠久的私立大学：布朗、哥伦比亚、康奈尔、达特茅斯、哈佛、宾夕法尼亚、普林斯顿及耶鲁。除康奈尔外，所有这些学校均在北美独立战争前创立，每所院校对学生都有很高的选择度。这些学校之间也彼此展开学术与体育比赛。这八所大学都是公认的一流大学，它们的特点是历史悠久，治学严谨，教授水平高，学生群体的选择性高。渐渐常春藤成为顶尖名校的代名词。

TOEFL—Test of English as a Foreign Language，托福考试，是全世界适用范围最广的考试之一，目的在于测试申请就读美国学校的非英语国家学生的英语水平和掌握英语的熟练程度。事实上，包括澳大利亚在内的所有英语国家都将TOEFL 考试成绩作为非英语国家学生申请本科、硕士和博士入学的必备成绩之一。TOEFL 成绩在很多院校也成为非英语国家学生申请奖学金的重要依据。

USCIS—全称为 U. S. Citizenship and Immigration Services，美国公民及移民服务局。它是美国政府处理在美外籍人士事务的主要负责机构。

参考书目

Timothy D. Hillman, *Behind the Walls: A Parent's Guide to Boarding schools.* Old School Press. 1988.

Celeste Heiter, *American Boarding Schools: Directory of U.S.* Global Directions. 1988.

Lila & Lohr, *Game Plan for Getting into Private School.* Peterson's. 2000.

Howard R. Greene & Matthew W. Greene, *The Greenes' Guide to Boarding Schools.* Peterson's. 2006.

Private Secondary Schools, Peterson's, 2008.

张光前、孙强华：《美国生活会话》，合肥：安徽科学技术出版社，1994 年；

伍夏阳：《美国留学完全手册》，北京：世界图书出版公司，2003 年；

张苓等：《美国留学事典》，北京：外语教学与研究出版社，2004 年；

施芳：《准备去美国读书——美国教育细节》，北京：人民日报出版社，2005 年；

巩昂：《我在美国上中学》系列，北京：中国盲文出版社，2005 年；

方帆：《我在美国教中学》，上海：华东师范大学出版社，2006 年；

程星：《细读美国大学（增订本）》，北京：商务印书馆，2006 年。